JN302498

Master of Business Administration
MBAのための企業家精神講義

小樽商科大学ビジネススクール [編]

*E*ntrepreneurship

同文舘出版

はじめに ―講義がめざすもの―

　人生に立ちはだかる壁を乗り越えることはつらく，孤独は不安を増大させ不安は勇気を消失させる。だからこそ，サイモンとガーファンクルの『明日に架ける橋』のように，困難な問題に出会ったときには逃げ出さず明日に橋を架けて乗り越えていくことが大切だ。

　筆者が今から30年ほど前，大学学部を卒業直前のとき，あまりにも将来がみえず，心配して，職業の選択に苦しんだ日々が，まるで昨日のように思い起こされる。現在，キャンパスを巣立つ大学生の就職活動における試練と将来への不安は，親兄弟すら到底理解できないほど底が深い。だが，30年先輩の社会人として断言できる。いったん飛び込んでしまえば，案外道は開けるものだ。ただし，困難にひるまなければ。本書執筆の動機には，そうした若い読者の背中を押してあげたいという思いがある。

　学部卒業後12年間勤務した民間企業を退職し，筆者が母校に戻ったのは1995年4月であった。その1年半後の1997年11月に起きた**拓銀・山一証券の経営破綻と消滅**は，国内の学生や若いサラリーパーソンの行動に顕著な変化をもたらした。変化とは，これまでは終身雇用が当然と思われてきたし，長く勤めることが人生最良の結果をもたらすと信じられてきたのに，一部上場の都市銀行や国内2位の証券会社が数ヵ月程度の危機説のあと全面崩壊するといった事態に直面して，彼らが会社を信じられなくなってしまったのだ。

　その結果，圧倒的に多くの日本企業が，未だなお終身雇用を前提とした新卒採用を行っているにもかかわらず，高卒の70%，大卒の30%の人たちが，入社3年未満で離職ないし転職するといった事態が発生している。これは，一見会社にとっての危機のように思えるが，それ以上に深く憂慮されるのは離職・転職する本人の危機だ。というのは，1つのことを10年くらいのスパンで継続できなければ，将来にわたる人生の蓄積（古典派経済学では本源的蓄積ともいう）ができないからだ。そしてそれは，優れた料理人・大工・陶芸家・理髪師はもちろん，企業人・産業人などすべてのプロフェッショナルに共通する原理である。

　だから最近の離職転職ブームをみるにつけて，若い人の10年先が心配でな

らない。ところが，そうして転職しようとするOB学部生に「今回の転職に関して，君の親は何といっているの？」と質問すると，驚くべきことにその多くの返答が「石の上にも3年というではないか，辛抱しなさい。今が勉強時だ」ではなく（！），「おまえの人生なのだから，思うようにしなさい」という回答だ（？）。これでは，本人が辛抱を覚悟しても周囲がイヤなことは辞めたらいいといっているようなものである。

　こうした経済環境の激変，教育現場における指導体験から，"人は，就職や結婚，昇進や転職，退職や独立などの局面で困難という壁に必ず直面する。だからこそ，人生のさまざまな局面で企業家精神が求められるのではないか？"と考えるようになった。そして，これらの壁を乗り越えるためには明日に架ける橋が必要だが，その橋こそが**イノベーション**と呼べるものだろう。それゆえ，人は，さまざまな壁を乗り越えるための行動原理，すなわち企業家精神を必要としており，本人の出自や気質もさることながら，**歴史上の理論や事例を学ぶことによって企業家精神は後天的に身につけることが可能**との仮説を立てるに至った。

　以上の仮説を検証するため，かつてドラッカー博士が米国で第2次世界大戦後初めて米国ニューヨーク大学に開設した，現役社会人が働きながら夜学べる大学院プログラムと同様のプログラムを，筆者は小樽商科大学の教員有志6名とともに札幌サテライトにおいて1997年春開始した（これが国立大学が法人化された2004年，小樽商科大学専門職大学院ビジネススクールへと発展した）。

　1997年以来，大学院講義と並行して現役社会人のみで構成されるゼミナール研究指導を札幌のビジネス中心地で続けた。後述するように，その後，ゼミOBが卒業前または卒業後に起こしたイノベーションはまさに劇的であった。そして，**彼らの活躍と企業家精神に触れながら，企業家精神は学習可能であることを**確信した。これらの経験を基に，2004年に開校した国内初の国立大ビジネススクールである小樽商科大学ビジネススクール（OBS）における1年生基礎科目『アントレプレナーの系譜とリーダーシップ』を過去3年担当してきた。本書はその講義録で，タイトルが『企業家精神講義』の所以である。

はじめに —講義がめざすもの—

＊＊＊

　現在の国内大学院では，1科目当たり15講義（1講義90分）に対する予習，受講，復習を経て，最終試験に合格すると2単位が与えられる。平成16年に，それまでの旧大学院から分離独立させた専門職大学院（通称「ビジネススクール」）では，会計・戦略・情報など全員必修7科目14単位を含め，自己の将来にあわせた多様な講義を合計20科目40単位，および卒業年次にビジネスワークショップ3単位の計43単位を取得すると，国立大MBA（経営管理修士（専門職））の学位が授与される。

　本書は通常のビジネススクール講義と同様，1科目2単位の取得に必要な15時限に相当する全15講で構成されている。それゆえ，読者は，今自分が国内のどこかのビジネススクールで学んでいるMBA候補生であると仮想して，1講ごとに90分以上かけて本書を読破するよう努めてほしい。こうして15講を読破すれば，MBA習得に求められる20科目のうちの1科目に相当する知識を得たことになる。

　本講義では，ハウツー的なものを意識的に避けて，一見回り道ともいえる歴史から学ぶアプローチを採用した。その理由は3つある。

　第1の理由は，わが国において転職や事業の失敗は，本人および家族にとってきわめて悲惨な結果をもたらす可能性が高いためだ。日本の社会は，資金の借入という行為に対して本人や家族の債務保証を求めるし，失敗者に対する周囲の見方は厳しく敗者復活のチャンスはきわめて例外的である。それゆえ，**事前の事業成否判断**がきわめて大切だ。だとすれば，必要に応じて専門家の協力を直ちに得られる経営ハウツーよりも，事業創造や創業に不可欠な企業家精神の行動原理を事前に学ぶことによって，自分なりの創業哲学をもつことはとても重要である。それはドラッカー博士が説明するとおり，単なる精神論でもなければ，学習できないものでもない。

　ところがわが国では，企業家精神（＝アントレプレナーシップ）に関する学問分野が未だ体系化されていないし，小中高大とあらゆる学校教育課程でこうした科目を教える専門教師もほとんど存在しない。本書には，1990年代後半に始まった社会人大学院における院生諸君との苦しくも楽しかった大学院ゼミナールを通じて，一歩一歩暗中模索してきた**企業家精神の具現化に関**

iii

する経験値が集約されている。

　第2の理由は，個人・法人を問わず，**事業を始める**ことは比較的容易だが，**事業を継続させる**ことはきわめて困難だからだ。事業を継続させるためには，必要条件としてのコアテクノロジーないし独創的なサービスが欠かせないし，十分条件としての販路すなわち潜在顧客の事前確保が欠かせない。それゆえ，事業開始のはるか前から**周到な準備**が求められるが，大半のサラリーパースンにとって職業人生はあっという間に過ぎてしまう。つまり，将来の事業創造を強く意識した忍耐強い職業人生を10年単位で送るためには，企業家精神を具現化した歴史上の創業者たちに焦点を当てた学習が欠かせない。

　第3の理由は，日本社会において個人による事業創造はきわめて例外的で，むしろ大半の勤労者は民間・公務・団体を問わず**一生組織に所属**して働くことが一般的かつ実態としてあるからだ。だが，営利・非営利を問わずどのような組織においても，いったん組織ができれば組織も商品も成熟し，陳腐化し，やがて衰退することが避けられない。そうした組織のなかには，寿命を終えれば解散すればよいものもあるが，会社や団体は働くものにとって生活の基盤である以上簡単に解散させられない。それゆえ，組織再生・新規事業・やむを得ざる創業に立ち向かうためには，企業家精神に基づくイノベーション（生産手段の新結合）の学習が，これからの長い職業人生で非常に重要な指針となる。

　以上に述べた3つの理由から，企業家精神に関する必要にして最小限の教養に関するテキストの必要性を痛感し，ビジネススクールの新1年生に対する講義録をまとめた次第だ。加えて，家業としてのビジネスを継承する見込みのある人，これまでに営業や技術の最前線ですばらしい成果のゆえ，経営幹部・経営者に最近抜擢された人にとっても本書は有効である。というのは，本講義内に登場するドラッカー博士がいうように，マネジメントとは先天的な才能を要するものではなく，後天的に学習可能なものだからだ。ドラッカー博士によると，マネジメントの主たる課題は，組織の効率的運用方法にあるのではなく，組織に企業家精神に対する理解を共有させ，新たなイノベーションの機会を見いだして実現させることにある，と説明する。

＊＊＊

最後に本講義の全体構成を記す。

最初に第Ⅰ部理論篇では4講をもうけ，経済学・経営学の3人の巨人，アダム・スミス，シュンペーター，ドラッカーの原典から，経済思想家にみる経済経営理論における企業家精神を抽出する。

次に，第Ⅱ部歴史篇では5講をもうけ，実際に創業して世界的スケールのグローバル企業にまで育て上げた4社（ホンダ，京セラ，SONY，HP）の創業者たちから，彼らが創業前後に直面した壁と，それらの壁を乗り越えるべく彼らが明日に向けて架けていった創業期の企業家精神を析出する。

さらに第Ⅲ部現実篇では4講をもうけ，テクノロジー創業の成功例で世界トップを走るシリコンバレーにおける実例およびスタンフォード大学の位置づけと，札幌における先駆的なテクノロジー・ベンチャーの創業支援環境を紹介し，日米の地域に発現する企業家精神の実態を観察する。

最後に，第Ⅳ部実践篇では2講をもうけ，はじめに米国IBMや日本マツダにおいて組織が傾きかけたときに企業家精神溢れる1人の経営者によって同社が救われた事実を紹介する。あわせて，人生における企業家精神15カ条を説明する。そして，最終講で人生における企業家精神の実践法を述べて本書を結ぶ。

なお，本文で引用しかつ巻末に再記した参考文献は，ほとんどが書店で入手可能（一部は大学図書館蔵）な書籍であり，かつ対象人物自身または対象人物を直接知る者が執筆した文献に限っている。その理由は，可能なかぎり伝承や孫引きにともなう推測的な記述を排し，事実のみを思想家や創業者たち自身に語らしめ，大学における講義の臨場感を味わってほしいと考えたからだ。そのため，一般的な学術著作に比し本書における引用文献は可能なかぎり絞りこまれている。それゆえ，本講義読了後，関心のある所から巻末の章別テキスト原著一覧の文献を自ら入手し，精読されることをぜひ読者に勧めたい。

また，本書で用いる用語定義だが，従来「Entrepreneurship」は，「起業家精神」または「企業家精神」としてしばしば混在して翻訳されてきた。そして，経済学の父と称されるアダム・スミス博士は，1776年の主著『国富論（＝諸国民の富）』で自己資本を投じて職人を雇うものを「企業家（undertaker)」と表現した。次に，20世紀最大の理論経済学者シュンペーター教授は，1912年の主著『経済発展の理論』でイノベーションの主体者を「企業者(Unternehmer)」として説明した。他方，ドラッカー博士も1985年の『イノベーションと企業家精神』で，その担い手を「企業家」と定義した（欧米のペーパーバック版として1997年に出版された同新訳版では，邦題が『イノベーションと起業家精神　上・下』に改められた）。

　本書では，以上の混乱を避けるため，ベンチャーのスタートを「創業」，ベンチャーのスターターを「創業者」，ベンチャー・中小・大企業を問わずイノベーション志向の勇気ある企業経営者を「企業家」，イノベーション推進者の行動原理を組織形態にかかわらず「企業家精神」として統一呼称する。

　本講義では，日常から学生に自由に語っている補足的な説明ないし意見を，教室内の臨場感を添えるためにコメントとして掲載してある。これらのコメントはあくまでも筆者独自の個人的見解であることを，読者にあらかじめ断っておきたい。

　加えて，忠実な原文引用にこだわった結果，引用文中に漢数字が多数残る結果となった。多少読みにくさは残るが，原文の臨場感を感じて頂ければ幸いだ。

⊙もくじ

はじめに ―講義がめざすもの―

第Ⅰ部　理論篇

第1講　アダム・スミス博士『国富論』とJ・ワット …………3
1. アダム・スミス博士による企業者の概念　4
2. グラスゴー大学とワット　5
3. 経済的自由の大切さ　10

第2講　シュンペーター教授『経済発展の理論』…………13
1. 経済発展と新結合　15
2. 実業家と大学教授の狭間で　18
3. イノベーションの一般理論　21

第3講　ドラッカー博士『イノベーションと企業家精神』…………27
1. 『イノベーションと企業家精神』誕生の背景　28
2. 米国亡命とビジネススクール教授への転身　31
3. イノベーションのための体系的実践書　34

第4講　経済思想家にみる企業家精神 …………39
1. 3人の比較　39
2. 21世紀日本の壁　41
3. 経済思想家にみる企業家精神　45

第Ⅱ部　歴史篇

第5講　独立開業型ベンチャー「ホンダ」……………………………61
1. ホンダ創業準備期間（10年）　61
2. ホンダ創業と副社長・藤沢武夫との出会い　64
3. ホンダ創業後の発展戦略　68
4. ホンダにみる企業家精神　73

第6講　スピンアウト型ベンチャー「京セラ」……………………77
1. 京セラ創業準備期間（3年）　77
2. エンジェルとの出会いと京セラ創業　78
3. 京セラ創業後の発展戦略　82
4. 京セラにみる企業家精神　87

第7講　スピンオフ型ベンチャー「SONY」………………………91
1. SONY創業準備期間（5年）　91
2. SONY創業と盛田昭夫との再会　93
3. SONY創業後の発展戦略　97
4. SONYにみる企業家精神　107

第8講　大学発型ベンチャー「HP」…………………………………111
1. HP創業準備期間（3年）　111
2. 大学発として恩師ターマン教授の創業支援　113
3. HP創業後の発展戦略　116
4. HPにみる企業家精神　127

第9講　創業者にみる企業家精神 …………………………… 133
1. 4社の創業比較　133
2. 創業の壁　136
3. 創業者にみる企業家精神　139

第Ⅲ部　現実篇

第10講　ベンチャー・インキュベーションの重要性 ……… 147
1. 21世紀の創業者像　147
2. 21世紀のテクノロジー・ベンチャー　153
3. ベンチャー・インキュベーションの重要性　157

第11講　スタンフォード大学発ベンチャー ………………… 163
1. 米国ハイテクの心臓・シリコンバレー　163
2. スタンフォード大学発最新ベンチャー・Google　166
3. スタンフォード大学にできたこと　171

第12講　日本の大学発型ベンチャー …………………………… 179
1. 大学発型ベンチャーの実際　180
2. 地域経済と大学発型ベンチャー　187
3. 大学発型ベンチャーの限界と可能性　190

第13講　地域にみる企業家精神 ………………………………… 195
1. 地域のベンチャー・インキュベーション　195
2. 地域ビジネススクールの役割　198
3. 地域にみる企業家精神　201

第Ⅳ部 実践篇

第14講　企業家精神が組織を救う ………………………… 209
　1. 大企業を救う企業家精神　209
　2. 企業家精神は現状を肯定する　217
　3. 企業家精神15ヵ条　218

最終講　企業家精神の実践法 ……………………………… 221
　1. 職業選択と家族作り　221
　2. 読書会のススメ　226
　3. 結び─企業家精神が人生を明るくする　228

謝辞 ……………………………………………………………… 232

章別テキスト原著一覧 ………………………………………… 233

第Ⅰ部　理論篇

第1講　アダム・スミス博士『国富論』とJ・ワット
第2講　シュンペーター教授『経済発展の理論』
第3講　ドラッカー博士『イノベーションと企業家精神』
第4講　経済思想家にみる企業家精神

第Ⅰ部　理論篇

　第Ⅰ部理論篇では，**企業家精神理論の由来と定義**を学ぶ。そのため，経済学と経営学の分野にまたがる理論家として３人の巨人たち，アダム・スミス博士，シュンペーター教授，ドラッカー博士を紹介する＊。具体的には，彼ら３人の古典的名著からイノベーションに関する分析を抽出したのち，３人の**経済思想家にみる企業家精神に関する理論**を析出する。

　歴史上，初めて企業家を企業者として1776年に定義したのは英国グラスゴー大学副学長・教授であった**アダム・スミス博士**であった（『国富論』執筆のため大学中途退職）。また，資本主義の発展を支える新結合の遂行者として1912年に企業者を定義したのがオーストリア・ハンガリー帝国グラーツ帝国総合大学の**シュンペーター教授**である。以上の２人はともに，理論経済学者の範疇に入れられる経済学者であった。そうした企業者の役割を具体的に企業行動に適応し，さらには病院・学校・政府にまで応用可能な概念として体系化したのが，米国ニューヨーク大学経営大学院（元）教授でのちクレアモント大学教授の**ドラッカー博士**である。本講は，以上の３人を扱っている。

> ＊**コメント**　３人ともに大学教授であったが，アダム・スミスは『国富論』執筆のためグラスゴー大学を早期辞職し，ドラッカーは大学教授を兼ねる経営コンサルタントおよび著述業としての活動が主であったことから，本書では２人を**博士**としている。これに対し，シュンペーターは死去する直前まで教授であり，とくに人生の後半は後進の指導に尽くしたことから**教授**と敬称する。一般的に，学術書では思想家・学者を呼び捨てにし，また"だ。""であった。"などの断定口調も使用しない。しかしながら，本書では彼らへの学問的尊敬と講義での臨場感を増すためあえて敬称・断定口調を採用した。

第1講 アダム・スミス博士『国富論』とJ・ワット

> 1. アダム・スミス博士による企業者の概念
> 2. グラスゴー大学とJ・ワット
> 3. 経済的自由の大切さ

　経済学の歴史上初めて**企業家**の存在を取り上げ，経済エンジンの主役として企業家の役割を考察したのが，「神の見えざる手」の提唱者として名高い英国グラスゴー大学法学部倫理学科道徳哲学専攻教授のアダム・スミス（Adam Smith）博士であった。

　スミス博士は『国富論』の著者としても有名だが，同時に有能な大学経営者管理者，学生にも好評な教師，そして本講でも取り上げる蒸気機関の父として有名なワット（Watt, J.）の支援者＝インキュベーターでもあった。事実，ワットはグラスゴー大学に長く技手として雇われ，その間に蒸気機関の実用化と商業化，すなわち大学発ベンチャーの先駆者となったが，スミス博士は当時のグラスゴー大学副学長として，ワットの強力な学内擁護者であった。

　だから，いわゆる文系の書斎型学者としてのみスミス博士を捉えてしまうと，なぜ200年を超えて読み継がれる経済学の金字塔『国富論（諸国民の富）』が生まれたか見誤ってしまう。さらには，「神の見えざる手」の本当の意味を知らずに「市場で値付けされるなら，何でもありだ」といった暴論すら散見される。

　それゆえ，イノベーションを志す読者には，企業家精神に基づくイノベーション理論の祖としてのスミス博士の理論と生涯を，本講義でいの一番に触れてもらう。

第Ⅰ部　理論篇

1. アダム・スミス博士による企業者の概念

　スミス博士は，主著『国富論（＝諸国民の富）』（1776）において，それまで支配的だった貨幣や貿易差額に重きをおく重商主義の主張を排し，自由貿易による国内雇用創出の重要性を主張した。すなわち，

　　労働は，すべての商品の真の価格であり，貨幣はその名目上の価格であるにすぎない（アダム・スミスⅠ，1976，p.58）

　同時に，資本主義経済が進化すると資本を先に蓄積したものが次第に雇用者として労働者を雇用し，その原料と生活費を前払することによって発生する利潤を拡大させるものが出現するようになることを，以下のように見抜いていた。すなわち，

　　資本が特定の人々に蓄積されるようになるやいなや，かれらのうちある者は，とうぜんそれを用いて，勤勉な人々を仕事に就かせるであろう。そしてかれらは，その人々に原料と生活資料を供給して，その製品を販売することにより，いいかえると，その人々の労働が原料の価値に付加するものによって，利潤を得ようとする。完成品を，貨幣なり労働なり他の財貨なりと交換する場合には，こうした<u>冒険</u>に<u>自分の資本</u>を思い切って投じるこの<u>企業家</u>にたいして，その<u>利潤</u>として，原料の価格と職人の賃金とを支払うに足りる以上になにかが与えられなければならない。（同書，p.82［下線筆者］）
　　（筆者注：この資本を労働者に前払いし利潤を得るものを，翻訳者の大河内一男教授は「企業家」と訳したが，原著では「undertaker」となっている。「something must be given for the <u>profits</u> of the <u>undertaker</u> of the work who hazards <u>his stock</u> in this <u>adventure</u>」（Adam Smith，1979，p.48）

　今日，創業しようとするものははじめに「資本金」が必要だ。少なくとも，事業が軌道に乗るまでの間，自らの生活費，原材料の購入費，事業する場所

の賃貸費などはあらかじめ準備しておかなくてはならない。その由来が自らの貯金であれ，親族からの借入れであれ，銀行からの借入れであれ，はたまたベンチャーキャピタルからの投資であれである。

　それゆえに，スミス博士がいう資本＝stockは，事業開始時点で蓄積されていなければならず，前払された資本に対する利潤が資本の出し手から期待されるのは当然である。だから，創業しようとするものは，事業で得た利益のなかから自らおよび労働者の**賃金**と，前払いされた資本の**利潤**の2つを回収しなければならない。つまり，スミス博士が定義した「企業家」とは，資本家と企業家が合体した存在であった。

2. グラスゴー大学とワット

　ここで，スミス博士がどのような生涯を送り，どのようにして企業家に関する理論を創出したのか一度おさらいしておこう。

　スミス博士は，国富論の著者また経済学の父として知られるが，同時に母校グラスゴー大学の運営と教育に人生の多くを捧げた優れた大学教授であり，有能な教育者・組織管理者でもあった。1895年に出版されたレーによる『アダム・スミス伝』では，次のように説明される。

〈アダム・スミス博士年表〉

1723年	エディンバラの北にある小さな漁港町カーコディーで，地元の税官吏の父と，地元名家ダグラス家出身の母の間に生まれた。
1737年 （14歳）	グラスゴー大学に入学。
1740年 （17歳）	グラスゴー大学を卒業し，スコットランドの最優秀学生2名にしか贈られないイングランドへの留学資金「スネル奨学金」を得て，オックスフォード大学ベリオールカレッジに入学。
1744年 （21歳）	同大学よりバチェラーオブアーツを得る

1746年 (23歳)	同大学退学。オックスフォード大学時代をして，権威にあぐらをかく旧態教授陣の下での勉学を「人生最悪の日」と記す。
1747-50年 (24-27歳)	母の待つ故郷に帰り，研究といくつかの公開講義を地元で行う。
1751年 (28歳)	母校グラスゴー大学の論理学教授に任命される。翌年，担当教授死亡のため道徳哲学教授に転ずる。
1756年	**グラスゴー大学によりワット青年が技手として採用され，同時に学内ワークショップにおける数学器具製造と販売を許される。**
1758年 (35歳)	大学出納官に就任。
1759年 (36歳)	道徳哲学の講義の一部をまとめた生涯2冊の著書の1冊『道徳情操論』を出版し，欧州中で高い名声を得る。その結果，遠いロシアからも辺境のグラスゴー大学へ留学生が来ることとなった。
1762年 (39歳)	副学長となり，出納官，学部長も兼任する。大学より「法学博士」を授与される。
1764年 (41歳)	若きバックルー公の欧州留学にともなう家庭教師として招聘され，パリに渡り同地にて大学に辞表を提出した。その報酬として，当時の大学教授職相当額の終身年金をバックルー侯爵家より保証される。パリ滞在中にスミス博士は，大陸の進んだもしくは遅れた経済事情に接し，経済思想家の多くと交遊し，のちの『国富論』執筆の着想を得た。
同　年	**ワットは蒸気機関の重要部分発明に成功する。**
1766年 (43歳)	英国に帰国しロンドン滞在。
1767年 (44歳)	地元カーコディーに戻り，母と同居しながら生涯独身を貫き，『国富論』の執筆に専念する。
1773年	**ワットは，地元資本家マッシュー・ボウルトンと特許を共有し，グラスゴー大学から南部へ移りボウルトンとの共同創業に成功**
1776年 (53歳)	執筆の過労から甚だしく病弱となりながらも，『国富論』を刊行し，欧州中で大ベストセラーとなる。
1778年 (59歳)	エディンバラに定住し，スコットランド関税監督官に就任する。

第1講　アダム・スミス博士『国富論』とJ・ワット

1787年 (64歳)	グラスゴー大学名誉総長に選出される。
1790年 (66歳)	エディンバラで死去。

出所：レー（1976），巻末年表を基に筆者加筆。

　偉大な経済学者スミス博士の年表に，読者は多少の驚きと興奮を覚えるであろう。スミス博士は，英国が世界に誇る名門オックスフォード大学に留学経験はあるものの，もともとスコットランドという北方の地方大学出身者であり，その母校教授としての人生が大半の人であった。さらに，のちに蒸気機関の発明者として人類史上に名を残すワットなる青年を雇用し支援した大学人であった。

　ワットはグラスゴー大学に雇われ，のちに近代蒸気機関の企業家・発明家として成功したが，スミス博士に関して次のような評伝が残っている。レーによると，

　　<u>スミスがグラスゴー大学にいるあいだ，ワットの仕事場へ好んで出入りした。</u>これはワットが若いにも似ず話が斬新で創意に富み，周囲の活発な人々をひきつける力を多分にもっていたからであった。ワットのほうではスミスにたいしていつも深い尊敬の念をいだいていた。一八〇九年には彼は新しく発明した彫刻機械で余生を楽しんでおり，その作品を友人に贈っては，これは『八十三歳になったばかりの若き芸術家の作品』だといったりしていたが，この機械で最初に仕上げた作品の一つがアダム・スミスの小さな胸像だったのである。（レー，1976，pp.90-91 ［下線筆者］）

　年表内で興味深い点は，1758年にスミス博士が大学の予算を仕切る出納官となる3年前に，大学はワットなる青年に作業場を与えていたことである。そして，スミス博士が大学に辞表を出した同じ年，ワットは原始的なニューカマン蒸気機関の飛躍的な効率改善発明に成功し，のちに地元資本家と組んで新型蒸気機関開発製造ベンチャーを創業した。

第Ⅰ部　理論篇

　英国が世界に先駆けて産業革命を成し遂げた理由は，効率的な新型蒸気機関の工場や鉱山への一早い導入と実用化にあった。その結果，日本と同様に危険な縦坑の多い英国の石炭産出量は，蒸気機関の実用化によって一気に世界一となり，産業革命のインフラを英国にもたらした。さらに，インドなどの植民地から安い綿花を輸入し，それを蒸気機関がうなりをあげる製糸業・紡績業で加工することによって，英国は世界の工場という地位を築き上げた。

　聡明な読者は，なぜ英国が世界で初めて産業革命を成し遂げ，世界の工場として19世紀に君臨できたかが理解できるであろう。すなわち，当時，グラスゴー大学が欧州に誇る偉大な母校出身者にして経済学者スミス博士が大学技手ワット青年に対して行った真摯なインキュベーション活動が，やがて英国に一早い産業革命と富をもたらしたのだった。つまり，大学による若手に対するベンチャー支援活動は，やがて国全体の産業構造変化とGDP増大に貢献する可能性を秘めている。だから，大学には，次世代の若者を教育するのみならず，彼らの創業を支援する正統性と社会的責務が存在する。

　それでは，ワットはどのようにしてグラスゴー大学に採用されるに至ったのであろうか。

　　（大学）当局はまた一七五六年にはジェームズ・ワットにたいして校内に仕事場をあたえ，彼を大学御用の数学器具製造人とした。これは，グラスゴーの同業組合が，（ワットが市内で徒弟歴を有していないという排他的理由で）彼が市内で仕事場をもつことを拒否したためであった。彼はほかならぬこの仕事場でこの時期に，ニューカマンの蒸気機関を修理したことを契機として思考を働かせはじめ，ついに一七六四年の記念すべきある朝，グラスゴーグリーン（大学下に広がる公園緑地帯）の洗濯屋のまえを散歩しているときに，凝縮装置を別個につくるという考えを突如として思いついたのである。（同書, pp.87-88 ［（　）筆者］）

　驚くべきことに，当時のグラスゴー大学は夜間に地元の職人を集めた安価な講習会を当代一流の教授陣が講義する市民公開講座すら開設していた。今でいう大学による地域貢献である。こうして，地域社会の要請にあわせて大

学教育の範囲をひろげるために，貧弱な資力のもとで大学は最善をつくしていたといわれる。こうした大学自体のもつ精神的・学問的に豊かな雰囲気に対して，レーはこのように説明する。

> これらすべての新事態にたいしてスミスは熱心な興味を示した。そのあるものについては，彼は積極的な推進者であった。(中略) スミスがともかくこれに（ジェームズ・ワットの件）一役買っていたことは，考えれば興味深いことである。(同書，p.89 [（ ）筆者])

だから，ワットがグラスゴー大学のインキュベーションによって偉大な発明の事業化に成功したことは，歴史的事実である。そうした意味で，ワットとグラスゴー大学は世界史上初の**大学発型ベンチャーのパイオニア**であった。

1982年（邦訳は1984年）に出版されたグラスゴー大学のキャンベルとスキナーによる最新スミス博士伝記『アダム・スミス伝』は，その経緯を鮮やかに伝える。

> （J・ワット青年は）一七五六年一〇月にはじめて大学に雇われた。その後，彼は大学内で数学器具製作者として働きつづけ，それによって同業者仲間—彼の場合は鍛冶屋—が一八四六年まで受け続けた制限を避けることができた。彼は一七六三年まで大学内に居住し，一七七三年までそこに仕事場をもち，そして一七六五年に蒸気機関のセパレート・コンデンサーという主発明を考案した。有名な特許は一七六九年に取られたが，商業的成功は，後年，マシュー・ボウルトンが一七七三年に特許を共有し，ワットが南部へ移ってボウルトンとの共同経営に成功してからのことであった。(スキナー，1984，p.70 [（ ）筆者])

つまり，アダム・スミス博士が1751-64年，28歳から41歳まで母校グラスゴー大学で教授職にあったとき，ワットもまた1756-73年に大学におり，8年間交叉していた。ワット青年が，欧州中で高い名声を博したアダム・スミス副学長に最大限の敬意と感謝をもっていたことは自然だし，スミス博士も

また大学内の工房で働いていたワット青年に企業者＝undertakerの先進例をみたことは間違いない（！）。

『道徳情操論』の著者としてグラスゴー大学在学中に全西欧で著名であったスミス博士は，のち執筆に専念するためグラスゴー大学教授を辞した。そして，植民地アメリカの独立阻止に躍起となっていた大英帝国の首都ロンドンで，帝国による植民地経営の無駄を批判する『国富論（＝諸国民の富）』を米国独立宣言の年1776年に出版公表した。だが，こうした政府批判書を出版したのち，博士が賞賛されても迫害されたという歴史的事実を知らない。筆者は帝国のリベラリズムと奥深さに素直に感動するが，読者はどう思うであろうか。

3. 経済的自由の大切さ

スミス博士は1790年に死去したが，1773年にワットは蒸気機関の事業化に成功した。それは，『国富論』出版とアメリカ独立宣言の3年前のことであった。

3年後出版された『国富論』第Ⅰ篇第10章「労働と資本の種々な用途における賃金と利潤について」において，スミス博士は，資本主義の根本は労働価値におきながらも資本の利用度は制限されるべきではないことを指摘した。そして，19世紀に展開する銀行と産業育成が結びついた近代的金融資本主義とは異なり，もっと原始的だが現代に求められる自由なベンチャー企業に通ずる企業者（undertaker）の正当性を主張する。

それは，グラスゴー大学がワット青年を学内に雇用し開業を認めた原因ともなった，同業者組合による創業制限行動に対するスミス博士の厳しい批判であった。

　　　人はみな自分の労働を財産（property）としているが，この財産こそは他のすべての財産の根本的な基礎（original foundation）であるから，もっとも神聖で不可侵なものである。（富裕な相続を得られない）貧しい人が親からゆ

ずられた財産は,自分の両手の力と技量(strength and dexterity)のうちにある。そして,かれがこの力と技量とを,隣人を害することなしに,自分が適切と思う方法で用いるのを妨げることは,この最も神聖な財産の侵害であることは明らかである。すなわちそれは,職人および職人をやとおうとする人々の正当な自由にたいする明白な侵害である。(アダム・スミスⅠ,1976,p.203;Adam Smith, 1979, pp.121-122[( ) および下線筆者])

さらにスミス博士は,こうした職業選択の自由に加えて,新規開業の自由とその行動パターンを,同書で**ハイリスク・ハイリターン**の企業家行動として分析する。

> なにか新しい製造業を起こしたり(establishment),なにか新しい商業部門を開設したり(establishment),農業上のなにか新規の方法を創設したりするのは(establishment),つねに一種の投機(speculation)であって,投機的企業家(projector)はそれから特別な利潤(extraordinary profits)を期待するものである。そうした利潤が,ときには非常に大きいこともあるし,またときには,いやおそらくはいっそうしばしば,まったく反対の結果に終わることもある。しかし,このような利潤は一般に,近隣地方における他の旧来の事業のそれと規則的な比例をもつことはないのである。もしもこの事業企画(project)が成功すれば,利潤は最初は非常に高いのが普通である。この新規の事業や方法(trade or practice)が普及し根をおろす(thoroughly established)ようになり,そして世間に知れわたると,競争(competition)によって,その高い利潤は他の事業の水準まで引き下げられてしまう。(アダム・スミスⅠ,1976, pp.191-192;Adam Smith, 1979, p.115[( ) および下線筆者])

つまり,スミス博士は,**創業者利得**の存在と正当性を指摘し,それは当然の流れであるとともに,やがて市場参入者の増加とともに喪失するものであると述べる。その際,新規事業を起こすものを**投機的企業家**(projector)と定義していることは新鮮だ。現代流にいえば,投機的企業家は,ベンチャ

―創業者とそれに投資するベンチャーキャピタルにあたる。

　彼らベンチャーを創業するものと，それらに先行的に投資するベンチャーキャピタリストが高い利潤を期待できなくては，これらの企業が生まれたり，投資したりといった活動が萎縮することは当然である。スミス博士はこれを1776年，つまりアメリカ独立宣言の年にすでに見抜いていた。これで読者は，本書がなぜスミス博士を第1講で紹介したか，はっきりとおわかりいただけたと思う。

＊＊＊

　以上，経済学の父と尊敬されるスミス博士は，1776年に出版され今日まで2世紀を越えて読み継がれる大著『国富論』で，為政者は資本の自然な流れを妨げてはいけないこと。そして，雇用の創造をすべての出発点におきながら，職業選択の自由や独立開業の正当性を主張した。その先見性と明るい社会観から，私たちは経済自由主義の基本哲学ともいうべき明るい希望と創業の勇気を得る。

　同時に，英国に生まれた古典派経済学の父として価格理論や労働価値説の最初の萌芽的研究者としてのみスミス博士を捉えることに無理があることを，読者は理解したであろう。スミス博士は，経済発展のエンジンである**企業家精神の発現**に着目した。そして，無名の青年エンジニアであったワットを擁護しインキュベーションした大学人スミス博士の勇気ある行動が，現代のわれわれの胸を熱く打つ。

第2講 シュンペーター教授『経済発展の理論』

1. 経済発展と新結合
2. 実業家と大学教授の狭間で
3. イノベーションの一般理論

　第2講では，18世紀のアダム・スミス（Adam Smith）博士から20世紀のシュンペーター（Schumpeter, J.A.）教授まで一気に飛ぶ。しかも，その間には有名なリカード（Ricardo, D.）やミル（Mill, J.），マルクス（Marx, K.H.），マーシャル（Marshall, A.）などの経済学の巨人たちがひしめいているのにである。

　スミス博士以降，経済学はワルラス（Walras, L.）に代表される市場の分配と価格決定といった**静学均衡理論**の精緻化に突き進んだ。ところが，「誰が経済を動かしているのか」といった**動学理論**に対する分析は，マルクスやセー（Say, J.B.）などの一部例外をのぞいてほとんど研究されてこなかった。さらには，技術進歩や企業盛衰，そして10-50年に及ぶ時間の概念を導入した国の経済発展に関する本格的な研究分析は，スミス博士以降皆無という状態であった。

　静学均衡理論は，完全な市場が存在するとすれば（そのようなことは現実には想定し難いが），たまたま需要（顧客）と供給（企業）がある点で折り合った市場均衡価格は，消費と投資の最適水準をもたらすと考える。

　他方，動学理論では，企業経営者が明日を信じて，現在配当に回せる余剰資金の多くを，明日の事業の源となる人材育成や工場設備刷新，研究開発に投資することで説明できる。投資の結果が企業に利益をもたらし次の配当原

資となるまで，数年ないし数十年を要するかもしれない。だから，現在の収益は過去の投資に依存していることは自明である。だとすれば，1年未満という会計年度の時間軸で企業の投資活動を評価するには不十分だし，むしろ，過去の人材育成や研究開発によって現在の適切な供給価格（＝長期平均費用）が達成され，現在の顧客が支払ってもよいと思われる需要価格と一致した結果，と考えることが自然である。

　なぜ企業は30年寿命説を超えて50年100年と生き延びるのだろうか。さらには，国家経済がもはや破綻寸前の状態にある国と，新産業を国内に興し世界に知られるグローバル企業が生まれる国が，なぜ世界には混在しているのだろうか。

　こうした疑問に答えるためには，投資効果を数十年単位の時間軸で評価できる動学理論が不可欠である。スミス博士は，経済発展を導く企業家の重要性とその行動原理にあたる企業家精神を世界で初めて明らかにし，同時に経済発展そのもののメカニズムを理論的に解明しようとした先駆者であった。

　スミス博士によって生まれた経済発展理論は，静学的均衡理論が生まれ支配的となった19世紀を遙かに飛び越え，19世紀末崩壊直前のオーストリア・ハンガリー帝国に生まれた天才経済学者シュンペーター教授に引き継がれた。シュンペーター教授が1912年（29歳）に著した『経済発展の理論』は，従来の経済成長とは異なる企業家が創造的破壊をともなう生産手段の組替え（新結合＝イノベーション）が経済発展をもたらすことを初めて解き明かした。これによって行き詰まり状態に陥った経済学は，現実社会を再び説明できる力を得たし，やがてドラッカー博士によって実践されるイノベーション・マネジメントの体系化へとつながるブレークスルーとなった。

　けれども不幸なことに，彼の同時代人であるケインズ（Keynes, J.M.）卿（母校ケンブリッジ大学の終身講師）が世界大恐慌下の1936年に『雇用・利子・貨幣に関する一般理論』を発表し，シュンペーター教授の著作についてケインズ卿は一切無関心を通した。ケインズ卿は，それまでの英国古典派経済学の伝統をうけつつ，日夜増大する政府部門に新たな行動指針を与え，今日に至る公共事業重視の経済政策を支持した。その結果，経済学者の関心も（シュンペーター教授のハーバード大学における愛弟子ですら）企業家に重きを

おいたシュンペーター理論ではなく，政府部門の役割を重視したケインズ理論に傾倒していった。シュンペーター教授が「孤高の経済学者」と称され，ケインズ卿ほど多くの支持者を得なかった所以である。

1. 経済発展と新結合

　シュンペーター教授は，ウィーン大学法学部を卒業後，弱冠26歳にして辺境のオーストリア・ハンガリー帝国のチェルノヴィッツ帝国大学准教授となり，28歳にして総合帝国大学の1つグラーツ大学教授に史上最年少で就任した。その1年後の29歳に，スミス博士の『国富論』にも匹敵する世紀の大著『経済発展の理論』（初版1912，改訂版1926）を出版したのであった。

　本書でシュンペーター教授は，第2章「経済発展の根本現象」において，

　　したがって『発展』とは，経済が自分自身のなかから生み出す経済生活の循環の変化のことであり，<u>外部からの衝撃によって動かされた経済の変化ではなく，『自分自身に委ねられた』経済に起こる変化とのみ理解すべきである。</u>（中略）ここでは人口の増加や富の増加によって示されるような経済の単なる成長も発展過程とはみなされない。（シュムペーター（上），1983, pp.174-175 [下線筆者]）

と説明し，経済発展とは一般的な景気循環変動やマイナスもある経済成長とは区別された概念であることを，経済学史上初めて定義した。しばしば私たちは経済の発展と成長を混同し，GDPや人口といった計量可能なマクロデータの増加率をもって経済動向の善し悪しを議論している。けれども，シュンペーター教授は1912年時点（第1次世界大戦の2年前）で，すでに資本主義の本質的課題は**発展**にあり，発展の契機は資本主義そのものに由来することを見抜いていた。天才の天才たる所以が理解できよう。

　さらにシュンペーター教授は，同世代人であるケインズ卿が主張した有効需要があるから供給はなされる，すなわち無駄な公共事業さえも雇用と所得

水準を維持するためには是とする考えを単なる成長として捉え，それらは真の経済発展につながらないと，ケインズ卿『一般理論』公刊の24年前に指摘済みであった。シュンペーター教授は，「供給サイドの創意工夫が新たな需要を喚起する」，すなわち企業が創意工夫に満ちた新製品・新サービスを消費者に提示するからこそ企業と経済全体は発展することを理論化したのだった。

> 経済における革新は，新しい欲望がまず消費者の間に自発的に現れ，その圧力によって生産機構の方向性が変えられるというふうにおこなわれるものではなく，（中略）むしろ新しい欲望が生産の側から消費者に教え込まれ，したがってイニシアティヴは生産の側にあるというふうにおこなわれるのがつねである。（同書，pp181-182 ［下線筆者］）

1990年代のバブル崩壊にあたって，日本は大量の公共事業をもってしても長期の不況を克服できなかった。やがて，護送船団方式を離れた日本企業が独自のグローバル戦略の下，ハイブリッド車にみられる一歩進んだ先進テクノロジーを人々が購入できる価格で世界市場に投入し始めたとき，初めて日本企業の収益力は反転上昇し始めた。21世紀に入りシュンペーター教授の理論は，個人創業者による中小ベンチャー企業のみならず，世界的規模のグローバル企業における経営戦略の理論的根拠とすらなりつつある。トヨタによるハイブリッド車『プリウス』の世界的ヒットは，シュンペーター教授が説明するとおり，需要が供給を創り出すのではなく，供給が需要を創り出すことを示している。

それでは，どのような契機によって経済および企業の発展は可能となるのであろうか。シュンペーター教授は力説する。

> たしかに変化または場合によっては成長が存在するであろう。しかし，これは均衡的考察方法の力の及ばない新現象でもなければ，またわれわれの意味する発展でもない。以上の場合とは違って，新結合が非連続的にのみ現れることができ，また事実そのように現れる限り，発展に特有な現象が成立す

るのである。（中略）かくして，われわれの意味する発展の形態と内容は，新結合の遂行（Durchsetzung neuer Kombinationen）という定義によって与えられる。（同書，p.182［下線筆者］）

それでは，シュンペーター教授が提示した経済発展の契機ともいえる**新結合**とは，一体どのようなものであろうか。

　この概念は次の五つの場合を含んでいる。
一　新しい財貨，すなわち消費者の間でまだ知られていない財貨の導入。
二　新しい生産方法，すなわち当該産業部門において実際上未知な生産方法の導入。これはけっして科学的に新しい発見に基づく必要はなく，また商品の商業的取り扱いに関する新しい方法をも含んでいる。
三　新しい販路の開拓，すなわち当該国に当該産業部門が従来参加していなかった市場の開拓。ただしこの市場が既存のものであるかどうかは問わない。
四　原料あるいは半製品の新しい供給源の獲得。この場合においても，この供給源が既存のものであるか―あるいははじめてつくり出されなければないかは問わない。
五　新しい組織の実現，すなわち独占的地位（たとえばトラスト化による）の形成あるいは独占の打破。（同書，p.182-183［下線筆者］）

シュンペーター教授は，今日われわれが使っている**イノベーション（新結合）**という新概念を定義し，経済発展が企業家によってなされる５つのイノベーションの内容を明らかにした。これら５つのイノベーションの内容は，その後の企業家による経済活動のすべてをカバーするほど広くて強力な定義である。なぜならば，新しい財貨と生産法や原料はすべて新技術に基づく新製品開発に集約されるし，新しい販路と新組織はマーケティングや新事業開発の担い手たる社内ベンチャーやベンチャービジネスに通ずるからだ。反対に，イノベーションを起こして経済や企業を発展させるためには，古い生産手段を創造的に破壊して新製品を生み出せる新組織の実現が欠かせないことを示唆している。

2. 実業家と大学教授の狭間で

　弱冠29歳のシュンペーター教授は，第１次世界大戦突入以前の比較的安定した社会にあって，どのようにして**経済発展理論の体系化**に到達したのであろうか。それを理解するためにはシュンペーター教授が生きた時代について知る必要がある。

〈シュンペーター教授年表〉

1883年	オーストリア＝ハンガリー帝国のモラビア地方トリーシュで，典型的な中産階級である織物工場経営者の父，地元の医師の娘である母の間に生まれた。４歳にして父を亡くし，母は養父となる元陸軍中将（叙爵による非領主貴族＝下級貴族）と再婚する。
1893年 （10歳）	養父の縁でウィーンの貴族子弟養成学校テレジアヌムに入学。この頃より，生涯にわたって孤高を好んだ貴族的傾向が身に付く。
1901年 （18歳）	ウィーン大学法学部入学。
1906年 （23歳）	ウィーン大学卒業，同大学より法学博士。卒業後，英国に渡りマーシャルなどと会い，大英博物館に通い「生涯最良の日々」を送る。
1907年 （24歳）	12歳年上の英国人女性と結婚し，妻とともにエジプトに渡ってエジプト女王の財政顧問となり，財政赤字の劇的な解消に成功する。英国人妻とは，第１次大戦後に離婚。
1908年 （25歳）	カイロにて処女作『理論経済学の本質と主要内容』を発表し，母校ウィーン大学に教授資格を申請，帰国。
1909-1911年 （26-28歳）	辺境にある帝国チェルノヴィッツ大学准教授。
1911-1918年 （28-35歳）	帝国総合大学の１つグラーツ大学の最年少教授となる。その間に，1912年（29歳）で主著『経済発展の理論』発表。彼の名声は，欧州大陸を越えて英国・アメリカにも広がる。33歳には同大法学部長に選出される。

1919年 （36歳）	第1次大戦後オーストリアの大蔵大臣に乞われて就任するも，半年で辞任。
1920年 （37歳）	グラーツ大学に戻るも，離任。
1921年 （38歳）	伝統ある商業銀行ビーダーマン銀行頭取に就任し，グラーツ大学教授を正式辞任。
1924年 （41歳）	ビーダーマン銀行が破産し，多くの個人負債を抱える。東京帝国大学とドイツ・ボン大学より教授招聘あり，ボン大学教授就任。このときより終生日本への感謝と愛着をもつ。ボン大学では2人の日本人留学生である東畑・中山（『経済発展の理論』の訳者）を指導する。一時期母の薦めるオーストリア女性と再婚するも，間もなく愛する妻と母が同時に死去し，失望に打ちひしがれる。
1931年 （48歳）	来日し，東京商科大学（現・一橋大）・東京帝国大学・工業倶楽部・神戸商科大学（現・神戸大）・京都帝国大学で講演・セミナーを開き，好評を博す。
1932年 （49歳）	東京商科大学（現一橋大）からの教授就任依頼に一度は受諾を決意するも，ハーバード大学からの強い要請もあり同大経済学部教授に就任し，以後米国に永住。
1937年 （54歳）	計量経済学会会長に就任。同年，ハーバード大の教え子でもある富裕な米国人女性と再婚。経済分析の歴史執筆に取り組む。
1948年 （65歳）	アメリカ経済学会長就任。ハーバード大学内に設立された「企業者研究センター」初代所長となる。
1950年 （67歳）	コネティカット州の妻の実家別荘滞在中に脳溢血で死去。3年後，経済学者でもあった妻の手により遺著『経済分析の歴史』が出版される。ハーバードでの弟子には，サミュエルソン・レオンチェフ・クラインなどノーベル経済学賞受賞者多数。

出所：シュンペーター（1991）巻末年表を基に筆者加筆。

　スミス博士の『国富論』から107年後，シュンペーター教授が生まれた同じ年に，ロンドンで1人のユダヤ系ドイツ人が死去した。マルクスである。マルクスはロンドンの大英博物館図書室において，スミス博士に代表される

英国古典派経済学の遺産を徹底的かつ批判的に独学で勉強した。彼の勉強成果は，のちに『経済学批判』および『資本論』として世に問われる。彼自身は，分析対象であるプロレタリアート（無産労働者）が働く工場で一度も肉体労働した経験もなかったが，友人エンゲルスの援助を支えとして理論的に資本主義の必然的崩壊を予告しつつ，極貧のなかで1883年に亡命先のロンドンで客死した。

けれども『資本論』が20世紀初頭の全世界に与えた影響はすさまじいものであった。『資本論』は，遅れた帝政ロシア打倒を正当化する理論的根拠をレーニンやトロツキーらに与えてソビエト連邦が1917年に成立した。また，のちには「毛沢東主義」に代表されるアジア型共産主義国家の成立にも貢献した。さらに第1次世界大戦に敗北した同盟国ドイツ帝国とオーストリア・ハンガリー帝国にも社会主義の波が次々と押し寄せる原因を作った。

皮肉なことに，シュンペーター教授が嫌った6歳年下のヒトラー（1889-1945）も，オーストリア・ハンガリー帝国の下級官吏の息子として生まれた（つまりヒトラーはドイツ人ではなかった）。ヒトラーは，ドイツで画学生を志したが才能不足から挫折し，第1次世界大戦ではドイツ帝国陸軍二等兵（最下級）として志願出征した。戦場で勇敢ではあったが，学歴の低さと偏狭な性格が災いして伝令伍長にしか昇進できなかった。

ヒトラーは，第1次世界大戦に負けたドイツにおいてアジテーションの優れた政治家として頭角を示し，のちナチス（国家社会主義ドイツ労働者党）党首として躍進し，熱狂的な国民的支持の下でドイツおよびオーストリアの共産主義勢力を駆逐した全体主義国家『第三帝国』を樹立した。そして，ベルサイユ講和条約の一方的廃棄宣言とドイツの再軍備，アウトバーン建設やフォルクスワーゲン社創設に象徴される大規模国家プロジェクトによる失業者救済と国内経済再生に成功した。それはまさにケインズ政策のモデルとなった。しかしながら，ドイツ国防軍が準備不足を懸念するなかで，ヒトラーは一方的に暴走して第2次世界大戦を引き起こし，数千万人を死に至らしめてドイツは敗北し，1945年ソ連軍を目前にしたベルリン大本営地下壕にて自決して生涯を終えた。

マルクスやヒトラーの共通点は，自由主義に基づく資本主義経済体制を極

端に忌み嫌ったドイツ系思想家であったことだ。だが，シュンペーター教授は，彼らと異なり資本主義経済が不可避的に陥る縮小均衡について，創造的破壊をともなう新結合（イノベーション）によって『経済発展の理論』刊行時は打破可能とみていた*。

教授自身，崩壊しつつあったオーストリア・ハンガリー帝国の大蔵大臣や銀行頭取としての実務経験をもちながらも，短期間で大臣辞任を余儀なくされ，銀行は倒産し個人負債まで抱え込み，のちに米国で大学教授になっても借金返済に苦しんだといわれる。けれども，世界で初めてイノベーション理論を世に送り出した功績は不滅である。

*コメント　のち，渡米後の1947年に著した『資本主義・社会主義・民主主義』では，それ以前にシュンペーター教授が表明していた資本主義の未来について，肯定から否定へと転じたといわれる。だが，本講義の目的は1人の経済学者の思想と理論の変遷を追うことではなく，企業家精神が歴史上どのような変遷をたどったか，そのパイオニアを見つけることにある。

3. イノベーションの一般理論

第1次世界大戦（1914-1919）の半ば1917年に，ロシア革命が起きた。革命の5年前にあたる1912年，『経済発展の理論』でシュンペーター教授は資本主義経済の行く末を客観的に考察していた。

> われわれが企業（Unternehmung）と呼ぶものは，新結合の遂行およびそれを経営体などに具体化したもののことであり，企業者（Unternehmer）とよぶものは，新結合の遂行をみずからの機能とし，その遂行に当たって能動的要素となるような経済主体のことである。（シュムペーター(上)，1983, pp.198-199）

またシュンペーター教授は，新たな経済主体である企業者は発明者自身とは限らないと説明する。

>　なぜわれわれは新結合の遂行に多くの力点をおき，新結合の『発見』や『発明』に力点をおかなかったかがいまや明らかとなる。<u>発明家あるいは一般に技術者の機能と企業者の機能とは一致しない。</u>企業者は発明家でもありうるし，またその逆もありうるが，しかしそれは原理的には偶然にすぎない。（同書，p.231［下線筆者］）

それでは，シュンペーター教授が定義した企業者とはどのような行動原理をもつものであったのだろうか。教授は企業者の行動原理として，次の３つを指摘した。

>　<u>第一に，</u>私的帝国を，また必ずしも必然的ではないが，多くの場合に自己の王朝を建設しようとする夢想と意志がそれである。（中略）<u>次に，</u>勝利者意志がある。一方において闘争意欲があり，他方において成功そのもののために成功獲得意欲がある。（中略）
>
>　<u>最後に，</u>創造の喜びは上述した一群の動機の第３のものであって，これはたしかに他の場合にも現れるが，この場合にのみ行動の原理を定めるのである。（中略）<u>われわれの類型はつねに余力をもって他の活動領域と同じように経済的戦場を選び，変化と冒険とまさに困難さそのもののために，経済に変化を与え，経済の中に猪突猛進する。</u>他方では，それはとくに仕事に対する喜び，新しい創造そのものに対する喜びである。それがそれ自体独立した喜びであるか，行為に対する喜びと不可分なものであるかは問題ではない。（中略）
>
>　上述の三群の動機のうちで第一のものにおいてのみ，<u>企業者活動の成果としての私有財産がその活動のための本質的要因となる。</u>他の二つのものにおいて重要なのはこれよりもむしろ，非常に正確で他人の判断から独立した様式，すなわち資本主義的生活において『勝利』と『成功』とを測定し，創造者を喜ばす仕事を成立させ，これを確証するような様式である。（同書，pp.245-247［下線筆者］）

このように、『経済発展の理論』は、企業家を真正面から取り上げることによって経済発展がさらなる次元に到達可能であることを明らかにした。そこには、アダム・スミス博士の『国富論』以降少数の例外を除いて語られることのなかった企業家の行動原理、すなわち企業家精神が定式化されている。それゆえに筆者は、『経済発展の理論』を**20世紀における企業家精神の一般理論**と考えている。

　さらにシュンペーター教授は、企業者活動成果のなかで**私有財産**が本質的要因であると指摘した。当時、支配的となりつつあったマルクス流の社会主義理論にたてば、私有財産はプロレタリアートの独裁国家が所有しても構わないという考え方が世界中に拡散していた。事実、旧ソ連のみならず、1932年にドイツにおいてはヒトラーが「国家社会主義」を標榜して産業界のナチス一党支配を強め、日本においても過激な若手の軍人・革新官僚によって国家社会主義が画策され満州国建国に至り、のちに日本は経済の国家統制を導入した。

　完全な私有財産の保証なしに、リスクの高い生産手段の組替え行為を試みるものはいない。つまり、あえてリスクをとる創業者が、後に経済的に十分に報われる可能性は決して否定されないという社会的前提条件が欠かせない。そして、株式という私有財産保有が完全に保証されるからこそ、事業の発展とともに会社価値が増大すれば、のちに株式売却を通じて大量の「キャピタルゲイン」が創業者にもたらされる。これは、リスクをとってイノベーションを先駆的に遂行する創業者にのみ与えられる**正当な報酬**である。

　それゆえ、私有財産を否定し、そもそも生産手段の私有が禁じられる社会主義では企業家になり得る創業者が発生し得ない。創業者はスミス博士が指摘したとおり、賃金と利潤を享受する正当かつ神聖な権利が保障され**創業者利得**が期待できるからこそ、創業のエンジンが着火する。つまり、資本主義経済の発展メカニズムには企業家による生産手段の組替えが不可欠だが、そのためにあえてリスクをとった創業者に対する私有財産制度が国家によって保証されなくては、メカニズム自体が機能しないのだ。

　ここで、シュンペーター教授のイノベーション理論を明治維新以降の日本

近代化プロセスに当てはめて考えてみる。

　明治維新以前の日本は明らかに農業国であった。工業と呼べるものはわずかに各藩が自らの財政を豊かにする特産物の奨励に過ぎず，それらはみそ・醤油・清酒・砂糖などの農産物加工品と磁器・織物・武具などの一部工芸品に限られていた。すでに16世紀にポルトガル・スペインなどの一大海洋国家は，世界周航を果たすほどのコンパスを備えた3本マストの大型木造帆船による艦隊を建造し世界植民化に着手していたのに，日本では1本マストに1枚布をかけた帆掛け船が19世紀に入ってもまだ主力というほど，日本の産業技術力は遅れに遅れていた。

　ところが，こうした幕府による鎖国体制では欧米列強の植民地化の餌食となることが明白となる事態が隣国中国で発生した。1842年，対中貿易の大幅赤字是正を目的として清（中国）の民衆に麻薬アヘンを売りつける英国に反発し，これを焼き払った清国政府に対して，英国は国際法に反する国家への挑発行為だとしてアヘン戦争を勃発させた。戦争に負けた清は，香港を英国に奪い取られ多額の賠償金を支払わされるという悲惨な状況に陥った。

　坂本龍馬をはじめとする日本の心ある若きサムライたちはこれをみて立ち上がり，一気に倒幕そして日本の近代化へと動きだした。明治の若手リーダーたちがまず着手したことは，他国の理不尽な侵略から国家を守る強力な「自前海軍」の創設であった。そのためには，海軍を支える人材育成に加えて，自前で軍艦を建造できる幅広い産業力を育成することが，何よりも重要な国家的課題となった。

　明治政府は多数の留学生を欧米に派遣するとともに，外国人エンジニアを多数招聘し，大学を造り，官営の製鉄所や造船所の建設に着手した*。明治政府が賢明だったことは，こうした官営工場をいつまでも政府の直営事業とすることなく，民間部門でそれらを事業化し資金調達が可能な民間人にどんどんと官営工場を払い下げていった。今でいえば「民営化」と呼べる。

> ***コメント** 1859年に来日したグラスゴー出身の英国商人グラバーは，倒幕のための武器供給，薩摩藩留学生の英国密航など，英国とのきわめて深い関係を日本にもたらした。第１次世界大戦終結後の1921年，ワシントン会議における米国干渉による日英同盟廃棄まで，英国は，60年間に及ぶ友好関係を育んできたわが国唯一の友邦同盟国であった。郵便制度や鉄道システムはもとより，わが国の製鋼・造船・航空機エンジンなどの主要産業技術は，すべて英国から導入された技術とシステムに基づいており，それらは第２次世界大戦後に世界GDP第２位となる産業国家日本において開花した。夏目漱石をはじめとして英国留学する日本人は多数を数え，とくにグラバーの母校でもあるグラスゴー大学（スミス博士の母校）に集中した。そのなかには，1884-88年にグラスゴー大学に留学して多くの科目で首席卒業し，スコットランド鉄道技術史が誇る現存の「フォース橋」を考案設計工事指揮した渡辺嘉一（帰国後鉄道会社など十数社の重役を兼任）や，1918年にグラスゴー大学およびストラトクライド大学でウイスキー醸造学を学び，同地で結婚したスコットランドの夫人とともに帰国後「ニッカウヰスキー」を北海道余市で創業した竹鶴政孝らがいる。

こうして現在の石川島播磨重工，三菱重工，新日鐵などが誕生した。これらの民間企業経営に対して，政府は顧客となることはあっても，1940-45年の太平洋戦争期を除き経営に直接介入することはなかった。そして，生え抜き社員から選抜された経営者たちが必死に会社の利益を生み出すため，そして国内に世界と戦える技術を温存するため，過去から現在まで死にものぐるいの努力を続けている。

つまり，モノ造りで強力な日本の製造業は，明治時代に官営工場として生まれ，のちに創意と工夫＝企業家精神に満ちた民間人の手で発展してきた。そして，シュンペーター教授の指摘する**企業家によるイノベーション**は，明治維新以来ずっと日本で繰り返し行われてきたし，現在もその動きは止まっていない。唯一，明治と現在で会社設立に関して異なる点は，スタート資金と人材を政府に求めなくても民間の力で始められるようになったことだ。したがって，後述のドラッカー博士がいうとおり，明治の日本は「偉大なイノベーションと企業家精神に満ちあふれた国家」であり，シュンペーター教授の理論を忠実に実行した，世界でまれにみるイノベーションあふれた国家と

なったし，現在もそうであることに違いはない。
　「失われた20年」などと嘆く暇があれば，1人でも多くの創業者を育み，1つでも新しいベンチャー企業が誕生する日本社会でなくてはいけない。

第3講 ドラッカー博士『イノベーションと企業家精神』

1. 『イノベーションと企業家精神』誕生の背景
2. 米国亡命とビジネススクール教授への転身
3. イノベーションのための体系的実践書

　ドラッカー（Drucker, P.F.）博士は，日本で最も著名かつファンの多い実践的経営学者だ。ドラッカー博士自身も日本への思い入れがことのほか深く，亡くなる直前には日本経済新聞の「私の履歴書」に連載され単行本化されるなど，日本人にとって非常に身近な存在である。ドラッカー博士の著作や「私の履歴書」には，家族とともに幾度となくいった北海道旅行，日本の財界人との付き合いが随所に記されている。著者自身，ニューヨーク大学留学中に先生の特別講義を間近に受けた思い出がある。

　さて，本講が，アダム・スミス（Adam Smith）博士とシュンペーター（Schumpeter, J.A.）教授に続き，なぜドラッカー博士を3人目の最後に取り上げたかといえば，それはあまりにも有名な1985年に出版された世界的ベストセラー『イノベーションと企業家精神』の存在があるからだ。著者が知るかぎり，**イノベーション**と**企業家精神**を直接結びつけた論文や著書はそれ以前に知られていない。

　ドラッカー博士も，同書のなかで再三，先駆者としてスミス博士とシュンペーター教授を取り上げ言及している。このことからも，ドラッカー博士の概念は2人の偉大な経済学者に端を発していることが理解される。

第Ⅰ部　理論篇

1.『イノベーションと企業家精神』誕生の背景

　ドラッカー博士は，1909年にシュンペーター教授と同じくオーストリア・ハンガリー帝国に，帝国高級官僚の息子として生まれた。ヒトラーを嫌い，ナチスドイツに併合される運命にあった母国オーストリアを捨てて，英国で保険会社・銀行のエコノミストとして一時期働く。その後シュンペーター教授と同じ頃，両親・兄弟など全員が米国へ移住した。

　米国では，長く私立ニューヨーク大学教授を務め，企業におけるマネジメント概念の発明者にしてその世界的研究者となった。それらの知見は，やがて『会社という概念』(1945)，『創造する経営者』(1963)，『経営者の条件』(1966) など米国を代表するマネジメント研究書として結実する。

　1985年，ドラッカー博士は『イノベーションと企業家精神（INNOVATION AND ENTREPRENEURSHIP）』を**企業家のための実践的かつ体系的な著作**として公表した。それは，ニューヨーク大学における社会人大学院におけるセミナーと実験の成果でもあり，のちに企業家精神は世界的現象ともなった。同書序文において執筆目的を宣言する。

> 　しかし本書は，私の著作のうち，さらにまた私の知るかぎり世のあらゆる文献のうち，<u>企業家精神とイノベーションについて，その全貌を体系的に論じた最初のものである。本書はまさに，この分野における最初の著作である。</u>（ドラッカー，1985，p.xv［下線筆者］）

　また，ドラッカー博士は，同書で日本はもともと企業家精神に満ちた実に興味深い国であったと指摘する。とくに，日本語版向け序文でドラッカー博士は明治維新と第2次世界大戦後の復興期について豊かなケース・ストーリーが多いという。

> 　日本の現代史における二つの時代ほど，イノベーションと企業家精神にかかわるケース・ストーリーの多い時代はない。明治維新と，第二次大戦後復

興期である。今から50年以上も前のことだが，ロンドンで銀行業に身をおいていた頃，私は明治時代における日本のイノベーションと企業家精神の歴史に完全に魅了された。日本に関心をもち，その歴史や文化や芸術を勉強するようになったのは，そのためである。(同書，p.i)

さらに，ドラッカー博士は，企業家精神が学習可能なものであると説明する。

> したがって本書は，ベンチャービジネスと同様，あるいはそれ以上に，既存の企業における企業家精神について述べる。本書の中心テーマたるイノベーションと企業家精神は，きわめて体系的なものであり，努力して身につけ，実践することのできるものである。それは秘密めいたものではない。才能あるものの専売特許でもない。単に正しい方法と意識的な努力を要求するだけのものである。(同書，p.ⅷ)

企業家について，ドラッカー博士は以下のとおり定義する。

> イノベーションとは<u>企業家の武器</u>である。それは，事業を発展させるための手段である。そしてそれは，学び，実践することのできる実学である。<u>企業家たる者は</u>，イノベーションの機会を見つけだす方法を知らなければならない。また，イノベーションを成功に導くための法則を学び，それを実行しなければならない。(同書，p.31［下線筆者］)

つまりドラッカー博士は，**企業家のミッションをイノベーションの機会をみつけ実行するものと定義したが，それはシュンペーター教授が定義した企業者の定義とほぼ同じであった。

> われわれが企業（Unternehmung）と呼ぶものは，新結合の遂行およびそれを経営体などに具体化したもののことであり，企業者（Unternehmer）とよぶものは，新結合の遂行をみずからの機能とし，その遂行に当たって能動

的要素となるような経済主体のことである。(シュムペーター(上)，1983，pp.198-199)

　それではドラッカー博士がシュンペーター教授と異なる点は，どのようなものであろうか。それは，**イノベーションを実践するために書かれた世界で初めての企業家のための体系的実践書**という点にあった。

　シュンペーター教授は，短期間の大蔵大臣や銀行頭取といった実務経験はあるものの，生涯の大半を大学教授として研究と教育に捧げた。何よりも歴史と正統な理論を重んじる理論経済学者であった。名著『経済発展の理論』は，"なぜ，資本主義経済は発展するか？" という疑問に答えようとした理論経済学の最高峰に位置する研究成果である。シュンペーター教授は，資本主義経済にやがて陥る縮小均衡＝停滞を打破するイノベーションの遂行者＝企業者の役割を精緻に解明した。

　これに対して，ドラッカー博士は，米国ではニューヨーク大学とクレアモント大学の教授として人生の大半を過ごしたが，同時に世界的な企業コンサルタントとしてGMやジェネラル・エレクトリックなどの米国巨大企業，そしてNECやSONYなどの日本企業の経営者たちに対する経営診断と助言を行った。そうしたなかで『イノベーションと企業家精神』は，以下の疑問に答えるために書かれた。

- 斜陽の重厚長大型産業から生じた大量の失業者に加えて，戦後ベビーブーマーや女性などの新規参入労働力を吸収した新しい中小企業が，なぜ戦後の米国において特異的に生まれ成長したのか？
- かつての名門企業が次々と衰退消滅していくなかで，なぜいくつかの大企業は年数を経っても色あせることなく新たな事業を生み出していけるのか？
- マクドナルドのような小さなハンバーガーショップが，なぜ世界的企業となり得たのか？
- 従来存在しなかった新興大学や大病院は，どのようにして生まれ成長しているのか？

　つまり，ドラッカー博士は，スミス博士がワット（Watt, J.）青年にみた

資本主義勃興期における企業家精神のダイナミズムと，シュンペーター教授が完成した経済発展のためのイノベーション理論を，実行に移すための体系的実践書として『イノベーションと企業家精神』を公刊したのであった。そして，こうした実践の理論を自ら**実学**と呼んでいる。

2. 米国亡命とビジネススクール教授への転身

　次なる疑問は，シュンペーター教授同様，オーストリア・ハンガリー帝国生まれの外国人であるドラッカー博士が，なぜ米国において世界的なブームとなったイノベーションと企業家精神に関する体系化を行い得たのか，という点である。

　これらのことを理解するため，博士が生きた時代について振り返る必要がある。

〈ドラッカー博士年表〉

1909年	オーストリア・ハンガリー帝国の首都ウィーンに，帝国官僚の父と医学を専攻した母の間に生まれる。
1914年 （4歳）	第1次世界大戦勃発，父は外国貿易商大臣に就任し戦時工業生産を担当。
1919-26年 （9歳-16歳）	ギムナジウム（欧州ドイツ語圏における大学進学希望者が進学する9年制の中等高等学校）に飛び級入学し，卒業。両親が毎週自宅で開催するサロンに参加するようになり，そこで，フロイト（20世紀最大の精神心理学者），シュンペーター教授（前講），ハイエク（20世紀欧州最大最後の哲学者と呼ばれる），マサリク（チェコ初代大統領），トーマス・マン（ノーベル文学賞受賞者）を両親から紹介される。なお，父は1920年にザルツブルグ音楽祭を創設。
1927年 （17歳）	父のウィーン大学進学という期待を裏切って，ウィーンから出るためドイツのハンブルクにあった貿易商社に見習いとして就職。ハンブルク大学に入学するも講義には出ず，論文提出のみで通す。

1929年 (19歳)	ドイツ・フランクフルトで，フランクフルト大学に編入。はじめに米系投資銀行エコノミストとして就職して世界恐慌で株価予測に失敗，次に地元夕刊新聞に記者採用となる。
1931年 (21歳)	フランクフルト大学にて法学博士号を取得。地元紙の3名の編集長の1人に抜擢される。
1932年 (22歳)	ヒトラーやゲッベルスに単独インタビューをたびたび実施し，その危険性を認識。
1933年 (23歳)	自ら発表した論文がヒトラー率いるナチスの怒りを買うことを確信し，ロンドンに移住。ロンドンの地下鉄で偶然，大学時代同窓のドイツ人女性と再会し結婚を決意。英国マーチャントバンクにてアナリスト兼エコノミストとして職を得る。ケンブリッジ大学にてケインズの連続講義を聴講する。
1937年 (27歳)	先のドイツ人女性と結婚し，アメリカに移住。フィナンシャルタイムズの米国特派員として働き出す。
1938年 (28歳)	ピュリツァー賞受賞。両親も米国に移住し父は大学教授となる。
1939年 (29歳)	処女作『経済人の終わり』を著す。ニューヨーク州サラ・ローレンス大学非常勤講師（経済学・統計学）。
1942年 (32歳)	バーモント州ベニトン女子大教授就任。第2次世界大戦後の産業社会を描いた『産業人の未来』を刊行。
1943年 (33歳)	GMより企業内部分析を受託，米国籍取得。
1945年 (35歳)	GMでの研究成果を『会社という概念』として刊行し，ベストセラーに。
1949年 (39歳)	ニューヨーク市内にある私立ニューヨーク大学教授に就任。同大学院にハーバードとMITに次いで3番目に古いマネジメント科の創設に参加し，副研究科長となる。
1950年 (40歳)	父とともにハーバード大にいたシュンペーター教授の病床を訪ねる。その1週間後にシュンペーター教授死去。GEのコンサルタント兼業。
1954年 (44歳)	GEでのコンサルタント経験を基に『現代の経営』（ドラッカー博士マネジメント三部作の一）を刊行し，「マネジメントの発明家」と称される。

第3講　ドラッカー博士『イノベーションと企業家精神』

1959年 (49歳)	趣味の日本画を楽しみに初来日。以後，数十年にわたり隔年で家族と数週間を日本で過ごす。盛田昭夫（SONY創業者），小林宏治（NEC会長）らと懇意となる。
1963年 (53歳)	『創造する経営者』（ドラッカー博士マネジメント三部作の二）出版。
1966年 (56歳)	日本国政府より産業経営近代化と日米親善への寄与により勲三等瑞宝章受賞。『経営者の条件』（ドラッカー博士マネジメント三部作の三）出版。
1971年 (61歳)	カリフォルニア州クレアモント大学教授に移籍。
1981-86年 (71-76歳)	GEのJ・ウェルチ会長のコンサルタント受託。
1985年 (75歳)	『イノベーションと企業家精神』出版。その後も，ほぼ2年おきにベストセラーを出版。
2004年 (94歳)	現職大学教授として，合衆国大統領より民間人最高の勲章「自由のメダル」受賞。
2005年 (95歳)	日本経済新聞社に「私の履歴書」を27回掲載，初めて一生を語る。その後，自宅で老衰のため死去。

出所：ドラッカー（2005），巻末年表を基に筆者加筆。

　ドラッカー博士の長い人生と経歴から読みとれることは，ドラッカー博士は生来自由主義経済を信奉していたという点である。単に反ヒトラーというだけなら，戦後オーストリアに帰還する道もあった。だが，世界の自由主義メカニズムのなかでも最も先端的かつアグレッシブなアメリカで，いかにして企業は生まれ，運営され，衰退もしくは発展していくかを，大学教授兼コンサルタントとして70年以上観察した。そして，日本の文化，企業家たちとの交流，そして家族との定期的な日本・北海道旅行をこよなく愛した人間であった。

3. イノベーションのための体系的実践書

　同国人の大先輩にあたるシュンペーター教授にも大きな影響を受けながら，ドラッカー博士は，企業家唯一最大のミッションとは**イノベーションの実践**にあることを現実から確認し，その実行のための戦略と方法論，危険な落とし穴を『イノベーションと企業家精神』で体系化した。

　同書の論理構造は，同書の目次に示されている。

プロローグ：企業家経済

　なぜ，女性やベビーブーマーがオイルショック以降大量に労働市場に現れても，失業とならずに雇用されたのだろうか。その原因は，ローテク・製造業分野をコアとする企業家が創業した中小企業を主体とする企業家経済が，戦後米国に出現し雇用を吸収したからである

一部　イノベーションの実践

　企業家の主たるミッションであるイノベーション成功の方程式を明らかにする

1章　**体系的な企業家精神**▶企業家精神は体系化されねばならず，経営管理の対象である組織に企業家的経営手法を組み込む必要性

2章　**イノベーションの機会—7つの源泉—**▶イノベーションには**7つの源泉という機会**がある。それぞれについて3-9章で豊富な実例を元に説明

3章　**源泉＝予期せざるもの**▶これほどリスクと苦労が小さく，成功しやすいものはない。コンピュータを科学計算用から事務処理に，大学で昼間フルタイム学生から夜間社会人学生に向けて

4章　**源泉＝調和せざるもの**▶需要・通念・消費者価値観・プロセスの面で，不調和が生じており，現場にいて耳や目をすませば把握可能なもの。製鉄業における大型溶鉱炉から電炉へ，一般貨物船からコンテナ船へ

5章　**源泉＝プロセス・ニーズ**▶誰もが知っていながら，まだ手をつけていない状況で発生。植字作業を不要にしたタイプライター，交換手を不

要にした電話自動交換機などを例にあげる

6章 **源泉＝産業と市場の構造変化**▶産業構造や市場構造が大きく変化したとき，直ちに行動を起こすべきもの。T型フォードによる自動車の大衆化，一般市民の投資拡大による年金基金運用専門会社の新設

7章 **源泉＝人口構造の変化**▶産業の外部でおこる明確な構造変化。女性の労働力化，ベビーブーマー世代の激増

8章 **源泉＝認識の変化**▶価値観が変化することで発生する。健康の関連ビジネス化，女性の高学歴化と幹部登用

9章 **源泉＝新しい知識**▶気まぐれで，移り気，ハイリスクなハイテクと呼ばれる起業成功率は惨憺たるもの。失敗したエジソンの電気事業，死屍累々のコンピュータ産業

10章 すばらしい「**アイデア**」▶最もリスクが大きく成功確率が最も低い。悲惨な失敗に終わることが多い。特許に基づくビジネスの成功率は500分の1くらい

11章 **イノベーションの原理**▶分析と体系的かつ勤勉な努力を土台とし，目的意識をもつイノベーションだけが，イノベーションの実践として論ずるに値することを証明する

二部　企業家精神の実践

　企業家的組織は，既存組織とは異なる経営管理が必要である

12章 **企業家の経営管理**▶イノベーションを必要とする企業家的経営管理の対象として，企業家的事業，公的サービス機関，ベンチャービジネスの3つが存在する

13章 **企業家的事業**▶一般的な既存企業について

14章 **公的サービス機関の企業家精神**▶政府・自治体・病院などについて

15章 **ベンチャービジネス**▶ベンチャー企業について

三部　企業家的戦略

　企業家精神は，市場における政策と実践の戦略を必要とする

16章 **総力をもって攻撃すること**▶ハイリスク＆ハイリターン型の戦略

17章 **手薄なころを攻撃すること**▶ニッチ安定＆ローリターン型の戦略

18章 **生態学的地位**▶特許知財が切れても生き残る戦略。トールゲート，専門技術，専門市場向けの3つの戦略がある

> 19章　変化する価値観と顧客特性▶顧客を創造する戦略。効用，価格，顧客の社会的経済的な現実適応，顧客価値
>
> **エピローグ：企業家社会**
> 　イノベーションと企業家精神は社会や経済や産業，そして公的サービス機関や企業などの柔軟性と自己革新を可能とする

　このように，『イノベーションと企業家精神』は，単なるベンチャー起業マニュアル（＝ハウツーもの）とはまったく異なり，既存・新規，大手・中小，営利・非営利を問わず必要とされるイノベーションの機会の認識方法と企業家精神の行動原理を体系化して出版された世界で初めての大著であった。同書は，スミス博士『国富論』，シュンペーター教授『経済発展の理論』と並ぶ企業家精神に関する経済学史上の3大古典の1つ，と筆者は考えている。

　もちろん，ドラッカー博士は，同じ頃米国に移住して大学教授となった同国人シュンペーター教授の理論に精通していた。両親の主催する知識人のサロンで少年時代に教授の知遇を得，そればかりか，両親は若きシュンペーター教授のひそかな支援者であったという。それゆえ，『イノベーションと企業家精神』は，こうした偉大なシュンペーター教授の経済学理論から導き出されたイノベーション理論を資本主義の担い手である企業行動に適応した，最高の**実学の書**となった。

　本講を終えるにあたり，ドラッカー博士の**企業家精神に基づくイノベーション理論**に関する定義を同書から引用する。

> 　<u>企業家</u>たる者は，何か<u>新しい異質なものを創造</u>しなければならない，<u>変革</u>をもたらし，<u>価値を創造</u>しなければならない。じつは，企業家的たるためには，<u>小ささも新しさも必要条件ではない</u>のである。（ドラッカー，1985，p.35［下線筆者］）

> 　<u>企業家</u>はいわゆる資本家ではない。もちろん企業家も，その事業のためには資本を必要とする。<u>企業家</u>は投資家でもない。もちろん<u>企業家</u>はリスクを冒す。しかし経済活動に携わる者は，誰でもリスクを冒している。なぜなら，

経済活動とは現在の資源を将来の期待のために使うということであり，不確実性とリスクに賭けることだからである。企業家はまた，雇用者とはかぎらない。被雇用者でもありうる。彼らはきわめてしばしば，被雇用者であり，あるいはまったく独立した個人であったりする。

かくして企業家とは，個人としても組織としても，きわめて独特の特性をもつ何者かであるということになる（同書，p.40［下線筆者］）

企業家は変化を健全かつ当然のこととみる，企業家自らが変化を引き起こすとは限らない。むしろ企業家が変化を起こすほうが稀である。しかし企業家は，変化を探し，変化に対応し，変化を機会として利用する者である。（同書，p.43［下線筆者］）

まさに，企業家とは変化を見つけ機会として利用するという定義がぴったりである。また，企業家精神について以下のとおり定義する。

企業家精神は科学でもなければ芸術でもない。それは実践である。もちろん知識は不可欠である。（同書，p.xiii［下線筆者］）

企業家精神のよって立つ原理原則は，既存の大企業であろうと，個人が独力で始めたベンチャービジネスであろうと，まったく同じである。企業家精神は，営利の企業であろうと非営利の公的サービス機関であろうと，あるいは政府機関であろうと非政府機関であろうと，ほとんどあるいは全く差がない。（同書，p.245［下線筆者］）

しかしながら企業家精神というものは，自然発生的ではない。創造的でもない。それは努力である。（中略）企業家精神とイノベーションは学びとることができる。ただ，そのためには，努力が必要である。企業家的な企業は，企業家精神を身につけていることを自らの責務としている。そのような企業では，企業家精神について絶えず訓練している。意識して企業家精神を学ぼうとしている。意識して企業家精神を実践している。（同書，pp.256-257［下線筆者］）

37

このように，ドラッカー博士は，**企業家精神の行動原理**を定式化したうえで，組織内においてイノベーションを体系的に取り組む努力を続けるための経営管理手法を，『イノベーションと企業家精神：INNOVATION AND ENTREPRENEURSHIP』において，1985年，ドラッカー博士75歳のとき世界で初めて公表した。この事実をもってしても，企業家精神に基づくイノベーションの実践は，肉体的な年齢や定年などの制度的環境的制約と無関係であることがわかる。人間の物理的寿命は，多分に精神的活動の充実度に左右されるといわれる。企業家精神の実践を続ける人々の寿命は平均寿命より相当程度長いことを，ドラッカー博士の人生が証明している。

第4講 経済思想家にみる企業家精神

1. 3人の比較
2. 21世紀日本の壁
3. 経済思想家にみる企業家精神

1. 3人の比較

　これまでに，アダム・スミス（Adam Smith）博士，シュンペーター（Schumpeter, J.A.）教授，ドラッカー（Drucker, P.F.）博士の3人から企業家精神に基づくイノベーション理論について学んだ。

　企業家のミッションについて，スミス博士は，「資本が特定の人々に蓄積されるようになるやいなや，かれらのうちある者は，当然それを用いて，勤勉な人々を仕事に就かせるであろう。そしてかれらは，その人々に原料と生活資料を供給して，その製品を販売することにより，いいかえると，その人々の労働が原料の価値に付加するものによって，利潤を得ようとする」と定義した。

　シュンペーター教授は，「われわれが企業と呼ぶものは，新結合（＝イノベーション）の遂行およびそれを経営体などに具体化したもののことであり，企業者と呼ぶものは，新結合の遂行を自らの機能とし，その遂行にあたって能動的要素となるような経済主体のことである」と定義した。

　また，ドラッカー博士は，「イノベーションとは企業家の武器である。それは，事業を発展させるための手段である。そしてそれは，学び，実践する

ことのできる実学である。企業家たる者は，イノベーションの機会を見つけだす方法を知らなければならない。また，イノベーションを成功に導くための法則を学び，それを実行しなければならない」と定義した。

さらに，このような企業家の行動原理について，スミス博士は，「なにか新しい製造業を起こしたり，なにか新しい商業部門を開設したり，農業上のなにか新規の方法を創設したりするのは，常に一種の投機であって，投機的企業者はそれから特別な利潤を期待する」と定義した。

シュンペーター教授は，「つねに余力をもって他の活動領域と同じように経済的戦場を選び，変化と冒険とまさに困難さそのもののために，経済に変化を与え，経済のなかに猪突猛進する。他方では，それはとくに仕事に対する喜び，新しい創造そのものに対する喜びである。それがそれ自体独立した喜びであるか，行為に対する喜びと不可分なものであるかは問題ではない。（中略）すなわち資本主義的生活において『勝利』と『成功』とを測定し，創造者を喜ばす仕事を成立させ，これを確証するような様式である」と定義した。

最後に，ドラッカー博士は，「企業家は変化を健全かつ当然のこととみる，企業家自らが変化を引き起こすとは限らない。むしろ企業家が変化を起こすほうが稀である。しかし企業家は，変化を探し，変化に対応し，変化を機会として利用する者である」と定義した。

以上の，18世紀から20世紀にかけておよそ200年にわたり育まれた企業家精神に基づくイノベーションに関する3人の巨人たちの思想から，私たちが学べるものとは何であろうか。筆者は，この疑問に対して以下のように考える。
- **企業家精神**とは，時代によってテクノロジーが変化するとともに，人々の生活様式や文化が変化するときに，変化を機会として捉え，これまでのビジネスの進め方を新しい進め方へと能動的に組み替えて，創業者利益を享受しようとする行動原理を示す。
- **イノベーション**とは，こうした企業家精神をうけて，消費よりも投資を，従属ではなく独立を，昨日の権益よりも明日の豊かさを，安定ではなく

変化を築くために行う5つの生産手段の組替え行為を意味する。
- **企業家**とは，こうした企業家精神を内なるエンジンとして，イノベーションに対して果敢にチャレンジし，遂行しようとする行動主体を意味する。

2. 21世紀日本の壁

それでは，企業家と企業家精神はいかなる時代背景によって発揮されるものなのであろうか。とくに，企業家精神に基づくイノベーション理論に関して，**わが国固有の課題**について考察する。

シュンペーター教授は，「いっそう短い期間の観察」と呼ぶ50年程度の経済発展が「生産手段の組替え」によってのみ可能と指摘する。

> そのうえ，いっそう短い期間の観察においては歴史的経過に対してすらこれら（時間的経過による貯蓄と勤勉の増加）は説明の役に立たない。たとえば過去五十年間の世界経済の外貌を変化させたものは，貯蓄や利用可能な労働量の増加そのものではなくて，その転用にほかならなかったのである。（シュムペーター（上），1983，p.186）

> 郵便馬車をいくら連続的に加えても，それによってけっして鉄道をうることはできないのであろう。（同書，p.180）

つまり，馬車の時代から鉄道の時代への移行期にみられるある支配的な技術体系は，50年程度の周期をもって経済発展に決定的な影響を及ぼし得ると説明する。50年という時間については，1920-30年代の旧ソ連における農業経済学者コンドラチェフが，**コンドラチェフの長期波**として50-55年の周期を予言した。

このように考えると，50-55年の周期に対して移行期には旧生産手段の組替えが集中的に発生すると考えることが自然である。その期間を筆者はおよ

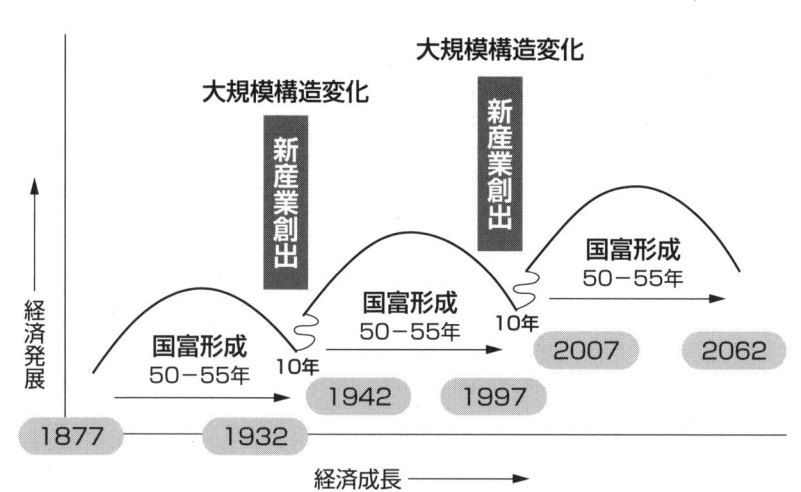

◆図4-1　シュンペーター発展モデルの日本への適応◆

大規模構造変化　　新産業創出
大規模構造変化　　新産業創出

経済発展

国富形成 50-55年　1877　1932　10年　国富形成 50-55年　1942　1997　10年　国富形成 50-55年　2007　2062

経済成長 →

そ5-10年で完了すると推測している。その結果，**産業革命**に匹敵する支配的な**産業テクノロジーの組替え**はおよそ半世紀ごと周期的に繰り返され，その移行期には新産業への投資が集中的になされると考えられる*。

　こうしたシュンペーター教授の発展理論および世界観について，筆者がモデル化したものが図4-1である。

　明治以降のわが国経済に，以上のコンドラチェフ波の55年周期を当てはめると，55年周期1および2が検出される。

1867年大政奉還（＝明治維新）
　―10年の移行期―
1877年（最後の内乱・西南戦争終結と西欧型近代化開始）

55年周期1
1932年（満州国成立と国際連盟脱退による孤立化）
　―10年間の移行期―
1942年（太平洋戦争突入と官主導型護送船団経済開始）

> **55年周期2**
> 1997年（拓銀・山一証券破綻と官主導型金融護送船団経済崩壊）
> 　―10年間の移行期―
>
> 2007年（景気上昇反転，金融・メーカーともに史上最高収益決算）
>
> **55年周期3**
> 2062年頃（何らかのクラッシュ？？？）

　その周期1は明治から昭和にかけての重化学工業化による産業革命期であり，周期2は戦中から戦後にかけての主要経済先進国（OECD）入りのプロセスであった。

> **＊コメント**　産業構造の変化とイノベーションの関係については，参考文献の『MBAのためのビジネスエコノミクス』（2012）第Ⅱ部に詳しい。

　他方，戦後日本において，野口悠紀雄教授（大蔵省より東大教授，定年退官後に青山学院大教授）が指摘する**1940年体制**は，戦後の経済社会システム全体を覆い尽くした護送船団経済は，1940年に日本が戦時体制に入ると同時に形成され，そのまま戦後に引き継がれたと説明する。1997年以前の護送船団方式の下では，都市銀行が支店1つを新たに作るにも大蔵省（現・財務省）の事前許可が必要であった。ホンダが四輪車進出を考えたとき，日本には自動車メーカーが多すぎるから業界再編が必要との理由で通産省（現・経済産業省）は計画の断念を何度もホンダに迫った。クロネコヤマトが現在の宅急便に進出しようとしたとき，運輸省（現・国土交通省）は宅急便事業開始を執拗に妨害した。つまり，戦後日本経済は現在では考えられない準戦時統制下にあった。

　こうしたことは，本質的な企業家精神の原理と対立を引き起こすものだった。それにもかかわらず，銀行は統合再編を避けられず，ホンダは世界有数の自動車メーカーへと成長し，クロネコヤマトは親書配達や個別宅配の代引

き料金回収すら行うまでに進化してIT時代の物流を支えている。結局，戦後の日本経済をリードしたものは，旺盛なる企業家精神に基づくイノベーションであり，主人公たちは顔のみえる企業家だった。こうした企業家の出現は，戦前における渋沢栄一や松下幸之助と変わらないわが国の誇るべき伝統だ。

そうした意味で，1940年に始まった戦時経済以来の金融の護送船団体制が拓銀・山一証券の破綻（1997年）とともに崩れ去ったのち，21世紀に向けた新たな経済発展段階が胎動した。自由な企業家たちによるイノベーションの遂行に対して，政府は無用な制限をかけてはならないとするスミス博士以来の理論は，シュンペーター教授が定義した企業者とその類型化された企業家精神で定式化された。そしてわれわれは，その実践のための体系化された方法論をドラッカー博士に学んだ。

1997年以降，新たな経済発展までの移行期として大証ナスダック（のちヘラクレス）・東証マザーズなどの新興企業向け市場が生まれた。それらの株式市場が国内に創設されたことから，設立数年程度のベンチャー企業が株式公開するようなベンチャーブームがわが国でも発生するようになった。また，インターネットによる電子通販が市場流通の30％を占めるまでに成長し，携帯電話の普及率はｉモードなどの簡易インターネットの道具として2000年以降劇的に普及した。

こうしたイノベーションを再度定義すると，図4-2となる。

◆図4-2　シュンペーターによるイノベーション理論◆

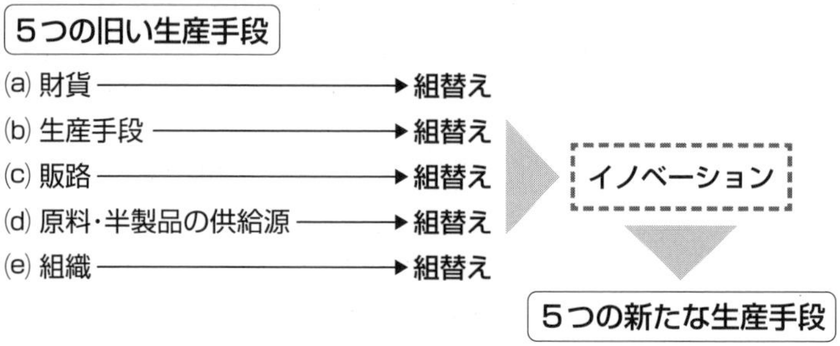

5つの旧い生産手段
- (a) 財貨 ──────→ 組替え
- (b) 生産手段 ───→ 組替え
- (c) 販路 ──────→ 組替え
- (d) 原料・半製品の供給源 → 組替え
- (e) 組織 ──────→ 組替え

→ イノベーション →

5つの新たな生産手段

ところが，1997年以降，旧い生産手段の組替えが劇的に進むと同時に，取り残された企業や労働者が激増し，リストラ・派遣に代表される雇用の不安定化と低所得化が進んだ。一方で，六本木ヒルズに象徴される途方もない富裕層も生まれた。まさに，旧い生産手段にしがみついたものと，新しい生産手段の組替えを行ったものの間で二極分解が始まったのだ。それは，シュンペーター教授が予言したとおりの事態でもあった。

　そして現在，図4-1に示した2007年から2062年に至る第3の55年周期が始まったと考えられる。その主役は，1997年から10年間に生産手段の組替えを準備してきたもの＝企業家である。ひるがえって，日本は人口減少国家に突入した。もはや，国力の衰退は避け難い。当面，十分すぎるほどの社会インフラ・産業インフラと潤沢な国内貯蓄があるので，急速な衰退は起きないだろう。

　だが，年金生活者が国民の3割を超え4割に近づく2030年頃，それまでに蓄えた国内貯蓄は急速に減少し，年金・保険の公的負担によって社会インフラの維持すらままならなくなる。その危機の程度は，清のアヘン戦争敗北に匹敵するだろう。幕末の比ではない。

　そうした21世紀前半期にあって，日本国の経済的・社会的な健全性と独立は，あたかも明治期と同様に**社会と産業のイノベーション**によってのみ支えられると筆者は確信する。その前提条件として，旺盛なる企業家精神に満ちあふれた企業家中心の社会がわが国の未来を切り開くのだということを，ドラッカー博士は日本人に教えてくれる。

3. 経済思想家にみる企業家精神

　企業家精神に基づくイノベーションが枯渇するとき，社会は新たな成長軌道をもとめて一度カタストロフィ（全面崩壊）に陥る。従来，絶対につぶれない，傾かないと思われていた大企業や公的組織が混乱と崩壊に向かうとき，そこに企業家と呼ばれる企業家精神を担うリーダーが登場し，旧い生産手段を創造的に破壊そして新結合（イノベーション）し，新たな生産手段を創造

する。それは大国旧ソ連邦崩壊以後にも起きたし，わが国でも幕藩体制消滅以後に起きた歴史的事実である。

　だが，イノベーションは簡単に生ずる訳ではない。たとえば拓銀や山一証券が消滅したとき，そこには多くの優れた人材が崩壊の瞬間まで働き，毎日出社していた。これらの人々はその後どこへいったのであろうか？　その多くは，現在金融再生や企業再生といった職務に従事しており，またあるものは新興株式市場におけるキャピタリストやファンド組成者として活躍している。つまり，組織は消滅しても，そこで蓄積された技術とノウハウは人材によって新結合され，やがて訪れる新たな55年周期の準備と成長軌道のエンジン役として蘇った。

　だから，たとえ企業や組織が崩壊したとしても，それまで誠実に職務を全うしてきた人々が企業家精神の行動原理さえ習熟していれば，彼らはイノベーションを通じて新しい時代の企業家として新時代の主役になり得る。

　シュンペーター教授は企業家の性質について説明する。

　　　われわれの類型はつねに余力をもって他の活動領域と同じように経済的戦場を選び，変化と冒険とまさに困難そのもののために，経済に変化を与え，経済の中に猪突猛進する。他方では，それはとくに仕事に対する喜び，新しい創造そのものに対する喜びである。それがそれ自体独立した喜びであるか，行為に対する喜びと不可分なものであるかは問題ではない。(後略)（同書，p.247［下線筆者］）

　ここで留意したい点は，「変化と冒険とまさに困難そのもののために」というシュンペーター教授が定義したキーワードである。**変化・冒険・困難**さは，イノベーションを遂行する企業家に最も必要とされているにもかかわらず，今日の日本では**安全・安心**というキーワードが過剰なまでに語られている。だがどうみても上の3つの語感と下の2つの語感はしっくり同居しない。変化と冒険は必ず，安全の反対を意味するリスクをともなうし，困難さは安心とは対極にある。

　しかしながら，リスクを予測制御することは可能であり（たとえば航空機

が墜落する可能性を著しく低めるための各種自動制御システムが実用化されている），困難さを正面から受け止めそれを克服することによって新たな安心を得ることも可能である＊。

> ＊コメント　たとえば「公的年金システム」における納付記録ミスという問題を解決するためには，国民1人ひとりが誕生したときに「戸籍システム」と連動する「公的個人年金番号」が付与されることが欠かせない。のちに，転職・結婚・離婚があっても年金番号と符号させることで年金システムの一元化問題は一挙に解決されるからだ。あとは管理するコンピュータないしサーバーの容量に過ぎない。けれども納税とプライバシーをめぐる政治的対立によって，根本的な解決が過去半世紀にわたり先延ばしされてきた。

　つまり，安全と安心を追求するならば，人々はその前提条件として変化・冒険・困難さを正面から受け入れなければならない。

　スミス博士は，大英帝国最大の植民地であったアメリカが合衆国として独立宣言を行い，農民兵を主体とする米植民地軍と正規軍である英国軍が北米各地で熾烈な戦火を交えていたそのときに，帝国の首都ロンドンでアメリカ植民地独立への寛容を説いた『国富論（＝諸国民の富）』を公刊した（だから，一国だけを対象としておらず，諸国民＝Nationsとなっている）。つまり，当時の**時流という壁**に向かって，スミス博士は変化・冒険・困難さをもって立ち向かった。それゆえに，『国富論（＝諸国民の富）』そのものが，古典派経済学における**企業家精神の発現**であったといえよう。

　しかも，スミス博士は数年前にグラスゴー大学副学長を辞任しており，名誉的な委員・評議員を除けば組織に属さない完全な自由人となったうえでの『国富論』出版だった。私たちは，同書に対して「法学博士号をもつ元大学教授が執筆した古典経済の大著」といったイメージをもつかもしれない。だが，同書は同時代の政治家や支配層に対して自由な経済学者として反論し，為政者の誤りを客観的かつ歴史的に指摘した**高度な実学書**であった。

　スミス博士はあえて身の危険を顧みず大英帝国の進むべき道を照らした。もしもそれが矮小な時流の小論であったならば，200年を遙かに超えて読み継がれる古典とはなり得ない。他方，英国古典派経済学というきわめて限定

第Ⅰ部　理論篇

された狭い範疇で，「神の見えざる手」「自由放任主義」「市場万能主義」の理論的根拠を与えるためだけに都合よくつまみ食いされる引用によってしか語られないとしたら，エディンバラの墓地に眠る博士は決して喜ばないだろう。

　さらに，ヒトラーの全体主義を嫌って母国オーストリアを出国し，自由の地アメリカに生涯の地を見いだしたシュンペーター教授とドラッカー博士はともに，一貫して自由主義を支持した。そして，自由主義の主役が企業家精神に基づくイノベーションを遂行する企業家であった。企業家は，生来の気質として変化・冒険・困難さを好む。シュンペーター教授は，驚くべきことに第1次世界大戦開戦2年前の1912年，企業家が新たな時代を作り出す主人公であることを『経済発展の理論』で理論化した。だが，同書は24年後に公表されるケインズ卿の『一般理論』によって完全に黙殺された。

　1930年代世界不況の時代，戦勝国である英仏および米国は，一度はベルサイユ講和会議で否定された植民地主義をあらわにして宗主国としての経済権益ブロック化に邁進した。同時に，これを保証する軍拡競争に明け暮れた。そのとき，軍拡と大規模公共事業に理論的正当さを与えたものがケインズ理論であった。失業者を雇用するためになら国債を発行して無駄な公共事業を行ってでもやがて経済成長のエンジンは点火するという解釈は，時の政治家や官僚たちを魅了した。日本ではそれが1997年まで延々と続いてしまった。

　時代がケインズ政策に傾いたとき，1人シュンペーター教授は反対した。彼は，単純な物的生産量や人口増加をともなう経済成長と違って，経済社会を突き動かすものは経済発展であり，企業家精神に富む企業家が創造的破壊をともなう新結合（イノベーション）によってのみ実現すると力説した。教授は，アメリカ計量経済学会の初代会長に推されハーバード大学でのちにノーベル経済学賞に輝く複数の教え子たちを育てたが，教え子たちがケインズ理論に傾倒してもなお経済発展の中核理論を主張した。やがて教え子たちは1人また1人と距離をおき始め，最後は教え子で富豪の娘と結婚して彼女の実家が所有する山荘でひっそりと激動の生涯を終えた*。

> ＊コメント　シュンペーター教授夫人は，のちにシュンペーター教授の遺稿を『経済分析の歴史』として公刊するとともに，彼女自身も日本が中国に造った人工国家・満州国の経済分析を博士論文として完成させた。

　企業家という生身の人間が企業家精神というパッション（情熱）をもって創造的破壊を行うから，経済発展は時間的遅れをもって生ずるという理論は，時間的変化を無視し市場均衡が瞬時同時に起こることを前提とする現在の理論経済学では許容し難い内容をもつ。けれども，現実の経済は生き物であり，その説明が可能な理論を経済学という。であるならば，55年という長期の経済波動を軸として企業家が織りなす経済発展を理論的に説明したシュンペーター教授は，まさにそれまでもそれ以後も常識とされていた既存の経済理論を飛び越え，真に生きた経済発展を説明できる20世紀最大の英知である。

　シュンペーター教授は天才と目されながらも，オーストリア・ハンガリー帝国のトップである母校ウィーン大学に一度も教授として招聘されなかった。やがてナチスの台頭を背景として，日本からのすばらしい教え子たちが招聘を画策した東京商科大学（現・一橋大学）への教授移籍を一度は決心し来日特別講演を行ったものの，それを聞きつけ日本の条件をはるかに上回る給与で再招聘した米国ハーバード大学へと亡命のごとく移籍してしまった＊。

> ＊コメント　当時，日本が国際連盟を脱退しナチスドイツに急接近を始めたことは，この事態と符合する。もしもシュンペーター教授が一橋大学教授として着任していたら，そして日本が不幸な戦争に突入しなければ，のちに日本は経済大国のみならず，経済学大国となって多数のノーベル経済学賞受賞者を輩出する国となっていたかもしれない。残念至極である。

　シュンペーター教授は，天才経済学者と賞賛されながらも，真に生き物である経済の発展メカニズムを理論的に解明するためには，既存の主流派経済理論や学会に左右されることはなかった。つまり，学界の壁に決してひるむことなく，現実の経済を直視するために自ら商業銀行の頭取を引き受け，のちに破綻した銀行への個人債務すら生涯負いながらも，そして優れた教え子

が離反してもなお孤高の経済学者としての道を貫いた。こうした既存の学問に対する壁を突破して生きていくことは，甚だ困難である。だが教授の理論は燦然と輝きを増し，やがてドラッカー博士によって体系化された。『経済発展の理論』とその後の生涯は経済学界における**企業家精神の軌跡**であった。

少年ドラッカーは，両親が主催するサロン客としてしばしば出入りしたシュンペーター教授に接した。やがて1930年代に相次いでアメリカに実質亡命した2人は，経済学者と経営学者としてそれぞれの人生を送る。

ドラッカー博士は，1985年75歳のときに公刊した『イノベーションと企業家精神』のなかで，次のように引用してシュンペーター教授の業績を賞賛する。

>　あらゆる経済学者のうち，ジョセフ・シュムペーターだけが，企業家とその経済に与える影響について関心をもった。（ドラッカー，1985, p.22）

>　（アダム・スミス博士の熱烈な信奉者であったフランス人経済学者）セイを発見した経済学者は，ジョセフ・シュムペーターである。一九一二年に出された古典的名著『経済発展の理論』において，シュムペーターは，二〇年後のジョン・メーナード・ケインズよりも徹底して，それまでの伝統的経済学を打破した。彼は，最適配分や均衡よりも，企業家によるイノベーションがもたらす動的な不均衡こそ，経済の健全さの規範であり，経済理論と経済活動の中心に位置づけられるべき経済的現実であるとした。（同書，p.42 [（ ）および下線筆者]）

ドラッカー博士は紛れもなく20世紀最大の経営学者であった。だが，その手法は一般的な経営学者とは大幅に異なり，文体は平易であったが繰り返しが多く，他人の論文引用ではなく現実の企業と経営者から得た彼自身の観察結果が大半であった。

ドラッカー博士は，コンサルタントを生業として大学教授を兼務した。そうした意味では大学人シュンペーター教授とは対極の人生を送った。だが，同郷の天才シュンペーター教授を尊敬し，教授の庇護者であった父とともに，

自らドライブしてシュンペーター教授が死去する1週間前に訪ねている。そのドラッカー博士も2005年11月に死去した。だが，その教えは脈々と若き企業家たちに引き継がれて，世界のどこかで必ずマネジメントとイノベーションが語られるとき，ドラッカー博士の名前は引用される。

　スミス博士に始まりシュンペーター教授で完成した企業家精神の理論は，ドラッカー博士によって体系化された実践書となった。まさに，ドラッカー博士が『イノベーションと企業家精神』と題する所以である。

第Ⅱ部　歴史篇

第5講　独立開業型ベンチャー「ホンダ」
第6講　スピンアウト型ベンチャー「京セラ」
第7講　スピンオフ型ベンチャー「SONY」
第8講　大学発型ベンチャー「HP」
第9講　創業者にみる企業家精神

第Ⅱ部　歴史篇

　第Ⅱ部歴史篇では，実際にベンチャーを創業して世界的スケールの企業にまで育て上げた4社，ホンダ，京セラ，SONY，HPを創業した歴史上の創業者たちから学ぶ。そして，彼らが創業前後に直面した壁とそれらの壁を乗り越えるべく彼らが明日に向けて架けていった**企業家精神を析出**する。

　本篇で用いられる「スピンオフ」と「スピンアウト」の定義は，以下のとおりである。
①スピンオフ
　所属する企業から支援されて友好的に分離して創業するケース。それゆえ，前企業との資本関係・取引関係・役員関係のいずれかが存在する
②スピンアウト
　所属する企業から独立もしくは敵対的に離脱して創業するケース。それゆえ，前企業との資本関係・取引関係・役員関係は存在しない

　また，「創業」と「設立」の定義は，以下のとおりである。
①創業
　創業者本人が前職を完全に離れて，目的とする事業を実質的に開始した場合
②設立
　目的とする事業を遂行するために，他人資本を含む資本金を払い込み株式会社を設立登記した場合

　アフリカでは，乾燥化と人口増加によって家畜が食べる草地が急激に減少し，飲料の水にさえ事欠いている。他方，わが国では，飲用水をトイレ用排水に用いるほど生活は快適で，エネルギーと食料は国内に満ちあふれている。なぜアフリカと日本の間には，これほどの国民生活格差が生ずるのであろうか。
　答えは，日本における四季折々の恵まれた気候風土，および高い技術力にある。エネルギー資源や天然鉱物に乏しい日本は（反対に，アフリカは豊富な天然資源を有している），恵まれた気候風土というインフラ上に国内技術

を蓄積することによって輸出型製造企業が日本に巨額の貿易黒字＝外貨をもたらし，結果的に為替レートは円高に推移している。そのおかげで，石油をはじめとする天然鉱物資源や食料を海外から割安，かつ大量に輸入できる。日本が米国のように豊富な国土資源，強力な軍事力を背景とする外交力を有しないにもかかわらず，力を信奉する中東諸国が日本に安定的に石油を供給してくれる理由は，貿易黒字で得た外貨保有高（ドル）と，その背景にある日本のもつ高い技術力へのリスペクト（尊敬）に他ならない。

だからこそ，外貨を獲得し，国民に不足する海外資源を潤沢に供給する源泉として高い技術力が常に求められる。技術開発力の担い手は世界的な大手メーカーだが，ジーメンス・フィリップス・BOSCH・フォード・松下・SONY・ホンダ・HPなどの巨大メーカーも始まりはすべて1人から数人の創業者によって興された**テクノロジー・ベンチャー**であった。だからいつの時代，どの国，どの地域においても，成長力の高いテクノロジー・ベンチャーの登場が切望されている。

そこで，本篇では，世界的スケールで傑出したテクノロジー・ベンチャーの歴史から，その創業機会を次の4つに類型化する。

①自営創業にみられる**独立開業型ベンチャー**
②脱サラ創業にみられる**スピンアウト型ベンチャー**
③社内創業にみられる**スピンオフ型ベンチャー**
④大学発創業にみられる**大学発型ベンチャー**

各講では，上にあげた4つの類型における特性と背景を説明し，さらに多様化する創業者とその背景に言及する。

なお，本篇ならびに次篇で，分析対象企業がベンチャーであるゆえに発展とともに社名変更していることを踏まえて，これらの名称を創業時点から現在の名称で統一して用いている。もちろん，必要に応じて当時の会社名称も併記している場合もあることに留意されたい。

ベンチャー企業には，その生まれた背景に関してさまざまなストーリーが存在するが，決して幸福な出発ではなかった創業ケースの方が多い。むしろ

さまざまな事情により，やむにやまれず創業に至ったケースが圧倒的である。

しかしながら，歴史上の創業者たちはきわめて楽天的であり，同時に緻密である。また，創業を物心両面で支援してくれた年輩のエンジェル（ベンチャー設立前後に株式交換または連帯債務保証によって資金援助してくれる人）がおり，創業のために現職をなげうって参加する同志がいた。反対に，それらに欠けるベンチャーはほとんど例外なく失敗に終わっている。

しばしば巷では「テクノロジー・ベンチャーの成功率は千三つ（1,000分の3）に過ぎない」といわれ，ドラッカー（Drucker, P.F.）博士も「知識とアイデアを出発点とするイノベーションの成功率は500に１つに過ぎない」と指摘する。本当にテクノロジー・ベンチャーの成功率はそれほど低いのだろうか？　テクノロジー・ベンチャーが紆余曲折の発展を遂げ，株式上場した段階ではベンチャーと呼ばれなくなるのだから，あらゆる大企業もはじめに**創業段階**というものが存在するはずだ。だから，すべての創業のうち**上場企業**へと発展したものを創業の成功例としてカウントすれば，テクノロジー・ベンチャーなくしてその後の企業発展はあり得なかった。むしろ，テクノロジー・ベンチャーが永遠にベンチャーと呼ばれ続けることこそ，本当は失敗なのかもしれない。

もちろん創業後何年経ても企業家精神を忘れさせない若々しさを，今も感じさせる大企業が世界的に数多く存在する。ドラッカー博士も「既存組織における旺盛な企業家精神の醸成こそが，これからの企業・非営利団体・公的部門の主たるマネジメントの課題である」と喝破する。そこで本篇は，その出発点が明らかにベンチャー企業であったと確認される世界的な大企業のうちで，創業者によって公表された伝記が存在するケースを取り上げて，その比較から創業機会の類型化を試みる。

はじめに，創業を類型化するため分析対象を特定化する範疇の定義が必要である。一般にビジネスを分析する範疇としては，次の５つが想定される。

①ビジネスモデルにより，B to B（顧客が法人ビジネス），B to C（顧客が個人消費者）といった範疇
②産業分類により，製造業と非製造業（流通・サービス），農業と非農業

といった範疇
③テクノロジー分類により，テクノロジー系とノンテクノロジー系といった範疇
④VC投資家の観点から，IT系とバイオ系，バイオ系のうちクラシックバイオ系（発酵醸造など）とニューバイオ系（ゲノム創薬など）といった範疇
⑤国内外活動領域により，国内系と多国籍系といった範疇

本篇においては，②および③の範疇を採用し**テクノロジー系の製造業**にフォーカスした。なぜならば，製造業は，商慣習における属人的要素が最も少なく，製品の市場技術力とコスト競争力が勝敗を決する分野だからである。その結果，金融にみられるような，各国間に存在する制度的拘束性がみられず，いいモノであれば国境を越えてグローバルに受け入れられる特性をもつ。そのため創業ケースを分析するにあたって，たとえ創業場所が日本であれ米国であれ成長パターンには特別な違いがみられず，発展段階でも投入する人材や資金ソースが違っても，**コアテクノロジーに対する集中的な開発投資**といった共通性がグローバルに観察される。

テクノロジー系製造業の範疇に立つと，明治以来，伝説となった巨大企業の創業ケースが日本にも数多く存在する。たとえば，三菱重工・東芝・石川島播磨重工（IHI）・新日鐵などはその代表例といえよう。ところが，こうした明治期における創業の背景には，旧財閥系の投資銀行が大きく関与していたり，官営事業の民間払下げが契機となっていたり，高性能な軍用機・海軍艦船といった巨大な軍需が引き金となっている場合が少なくない。そうしたケースまでを対象としてしまうと，企業家精神を念頭とする個人の創業者が非常にみえにくくなってしまうきらいがある。

そこで，個人レベルまでフォーカスした創業機会の分類を試みるため，本節では次の3つの**クライテリア（分類基準）**を採用した。

①創業が明確に個人によってなされていること
②創業した個人が著した公刊書籍が存在すること

③創業時とかわらない事業領域・名称・文化を現在も有し，上場企業としての独立性が維持されていること

　その結果，日本では松下電器産業（現・パナソニック）・本田技研・SONY・京セラ・日本電産の5社が浮上し，米国ではHP（ヒューレット＆パッカード）が浮かんだ。米国には，1990年代以降の特徴的現象としてマイクロソフト・ヤフー・シスコシステム・グーグルなどのIT系西海岸ベンチャーの巨人たちが存在するが，それらを製造系ベンチャーとして並べるには無理がある。そこで，SONYなどの日本のメーカーと対比できる製造系企業として，米国の世界的なエレクトロニクス企業であるHPに注目した。
　なお，HPについては，今世紀に入ってR＆D部門が別会社として分割され，本体はPCメーカーを買収するなど事業構成が大きく変異した。だが，分析にもちいた『HPウェイ』が出版された1995年時点までは創業当初の形が維持されており，それまでを本篇での分析対象とした。
　さらに，以上の企業群の歴史と現在を子細に分析した結果，興味深い観察結果が得られた。松下電器産業・日本電産をのぞく4社は，次の4点で共通する属性を有していることがわかった。

①1938-1958年の第2次世界大戦を挟んだ20年間に創業していること
②第2次世界大戦後の世界的な戦後回復期に躍進していること
③1960年代に米国ニューヨーク証券市場で上場し，同族色がほぼ消滅したこと
④創業者が1990年代まで存命していること

　そこで，本篇では，これらの①～④まで共通した属性をもつ「本田技研」「SONY」「京セラ」「HP（米国）」の日米4社を，分析対象として最終的に選択した。
　以上の4社について，それぞれ創業準備，創業，発展戦略，と3段階に分けて，創業後，株式会社設立から上場企業を経て創業者（共同の場合は，1人目）が引退するまでのヒストリーを取り上げる。最後に企業家精神で，前

篇で明らかとなったシュンペーター（Schumpeter, J.A.）教授の新結合（イノベーション）理論に基づいて，日米の4つの元テクノロジー・ベンチャーにとっての企業家精神を析出する。この場合，とくにシュンペーター教授が定義する5つのイノベーションにおける4つ目「原料あるいは半製品の新しい供給源」については，たとえそれが物質的な素材ないし部品の形態をとらなくても，創業に大きく貢献したという意味で広義の解釈から対象を選択している。

最後に，本編の結論にあたる第9講で以上4社を水平比較することによって，これらテクノロジー・ベンチャーに共通して観察される**創業者にみる企業家精神**について考察する。

＊＊＊

歴史篇の分析に入る前に，日本の戦前と戦後の経済体制の違いがもたらした市場構造の変化について事前に説明しておこう。なぜなら，経済体制がもたらす市場環境を無視した企業の発展はあり得ないからである。

戦前のわが国は，明治以降特異（不均衡）な発展と進化を遂げていた。一言でいえば，出自による身分格差，農村と都市部のインフラ格差，所得格差がもたらす学歴格差，学歴格差がもたらす職業所得格差，軍需と民需の企業技術水準格差である。その背景には，明治期に確立した国家的スローガンである**殖産興業**，**富国強兵**に基づく欧米列強に対する軍事主権確立，さらには**遅れた帝国主義**に基づくアジアへの植民地進出と資源獲得があった。

そのため，戦前には中産階級つまり市民社会の国内形成が遅々として進まず，市民社会のエンジンともいうべき高等教育の機会はきわめて限られていた。海軍兵学校，海軍機関学校，陸軍士官学校の超エリート軍3学校（軍事予算は国家予算の3割に達し，閣僚の半数を輩出），旧制高等学校，工業・商業・医科・農科などの旧制高等専門学校，旧制高等師範学校，そして旧帝国大学予科を含めた大学進学率は，同世代の3％から7％程度に過ぎなかった。

その結果，進んだ重化学工業の成果は優れた兵器製造にあてられ，「大和」「零戦」に象徴される驚くほど進化した海軍造船技術と航空機製造技術が国内に存在したにもかかわらず，一般大衆の生活に供する家電・オートバイ・

自動車といった耐久消費財の国産化は著しく遅れていた。耐久消費財の大半は一般労働者の年収の数年から10年分にも相当する高価な欧米製，とくに米国からの輸入品に全面的に依存する贅沢品であった。

以上の経済体制では常に国内貯蓄が不足するため，高率な物品税と特定郵便局網の整備による貯金保険事業が国家的に奨励された。それでなくとも貧しい一般大衆の生活は天引き貯金による現金可処分所得の減少を招き，さらなる国内消費需要低下をもたらした。このような状況は，本田宗一郎が戦前に丁稚として働いた自動車修理業アート商会において顕著で，その顧客層は高級輸入車を保有する富裕層に限られていた。それゆえ戦前国内に四輪・オートバイの大衆向け市場は存在しなかった。

ところが，第2次世界大戦による軍事敗北と米国の対日占領政策による農地改革などの経済民主化政策は，その後の国内市場構造を一変させた。軍需経済が敗戦によって崩壊し，民需経済へと移行する過程で生まれた中産階級＝市民社会は**耐久消費財**に対する膨大な国内需要を生み出した。こうした民生需要に即応して，オートバイ，ラジオ，テレビといった耐久消費財需要は爆発的に増加し，ホンダ・SONYなどの戦後企業が急速な発展を遂げたことは自然な成り行きであった。

さらに，米軍は**戦略爆撃**という思想の下，日本の主要な戦後復興を支える産業インフラたる発電所，ダム，製鉄所，造船ドック，そして霞ヶ関（海軍省・陸軍省などの官庁街＝司令塔）および丸の内（三菱本社群）を破壊しなかった。戦略爆撃は航空機の組立て工場やエンジン工場，そして市民住宅地域に集中した。その結果，戦後の産業復興は比較的容易であり，唯一，産業界は軍需から民需に供給先の転換を成功させれば良かった。ここに，戦後わずか10年で着火した高度経済成長の隠れた要因が存在する。そして，民需の中心こそが戦前富裕層しか手にできなかった耐久消費財たる**オートバイ・自動車・家電**であった。ここからホンダの物語が始まる。

第5講 独立開業型ベンチャー「ホンダ」

1. ホンダ創業準備期間（10年）
2. ホンダ創業と副社長・藤沢武夫との出会い
3. ホンダ創業後の発展戦略
4. ホンダにみる企業家精神

1. ホンダ創業準備期間（10年）

　本田宗一郎は，1906（明治39）年静岡県磐田郡光明村（現・浜松市天竜区）の鍛冶職人・本田儀平と妻みかの長男として生まれた。宗一郎誕生の3年前1903年にはライト兄弟が初飛行に成功し，誕生2年後の1908年には，H・フォードが「T型フォード」を発表している。1914年（8歳）の頃，初めて自動車をみて，エンジン音と排気ガスの匂いに興奮しその一生を決めたという。

　鍛冶職人出身でのちに自転車整備販売業で成功した父は，息子宗一郎に旧制中学（5年制：現在でいう中高一貫）への進学を熱心に勧めたが，それを振り切って宗一郎は，16歳の春に三度の飯より好きな自動車の整備業丁稚奉公を目指し故郷浜松をあとに上京した。つまり，世間にいわれるような「本田宗一郎は貧しいが故に小学卒の学歴しかもたず，ベンチャーを創業して成功した苦労人」といった見方はまったくの誤りである。「好きなことをどこまでも一生貫いた企業家精神に富む天才エンジニア」と評されるべきであろう。

　その後14年勤めた「アート商会」を30歳で離れ，1936（昭和11）年8月に自動車であれ航空機であれ，現在もあらゆるレシプロエンジンの基幹部品で

あるピストンリングの製造販売を目的とする「東海精機株式会社」を独力で創業した。つまり，同社創業と経営の実経験こそが，メーカーとしてのホンダ創業に至る準備期間となる10年であった。戦時中には，半ば強制的に最終ユーザーである軍の要請によってトヨタの資本参加（40％）を受け入れざるを得なかった。

軍からの需要はうなぎ登りであったにもかかわらず，設立当初，ピストンリングの開発試作は一向に前進しなかった。その理由は，彼が金属材料物性に関してまったく知識がなかったためであった。そこで当時，こうした技術的問題があった場合の地域の「駆け込み寺的存在」といわれた浜松高等工業学校（旧・浜松高工＝現・静岡大学工学部）を訪ね，藤井善信教授の門を叩いた。藤井教授は早速，専門の田代教授を紹介し，田代教授は金属顕微鏡の観察結果から，本田宗一郎が試作したピストンリングの強度不足はシリコン・カーボンの不足が起因していることを指摘した。

> そこでやはり大きく飛躍するには根本的に基礎からやり直すべきだと思い，当時の校長足立先生にお願いして，浜松高工の聴講生にしてもらった。（本田，2001，p.48）

30歳になった宗一郎は，浜松高等工業学校の機械科夜間特別聴講生となり，学生帽・学生服を着てダットサンに乗って通学を始めた。だが，好きな授業しか出席せず，試験も受けず，当時必須だった軍事教練も無視した不良学生本田宗一郎は，2年後に放校処分となった。

> 私は退学を命ぜられても，しばらくの間は自分の好きな時間になると出ていって講義を聞いていた。（中略）そしてそのときの勉強が大いに役に立ち，物を考える際とか技術上の疑問点を問いただすときなどの基礎となった（同書，p.50［下線筆者］）

東海精機は大手取引先としてトヨタへのピストンリング売り込みに成功したが，トヨタの求める厳しい品質基準には合格したものはきわめてわずかだ

ったという。その後，宗一郎は驚くべき**産学連携**を開始したのであった。

　そこで宗一郎は，ピストンリングの生産技術を学ぶための旅に出ることにした。最初は東北帝国大学を訪ねた。金属学の研究者が多く集まっていたからである。二週間ほど研究室で話を聞いたり実験を見学した。この押しかけ民間研究者は，お礼にと東北帝大の先生たちを近くの作並温泉に招待してどんちゃん騒ぎをすると，次は東北帝大の紹介状をもって北海道室蘭に飛んだ。室蘭製鋼所（現・日本製鋼所ＪＳＷ）の（海軍向け）砲身製作技術がすぐれていると聞いたので見学したかった。室蘭には二週間いて，工場を熱心に見学して製造技術を学ぶ。それから北海道帝国大学に四日間通い，帰る途中に盛岡で南部鉄の職人親方の仕事を十日間ほど手伝った。いったん浜松に帰り，五右衛門風呂づくりの名人と会い，それから九州帝国大学へ飛んだ。九州での学習が終わると，妻子を呼び寄せて観光旅行をした。こうして宗一郎はピストンリングの製造技術をあらかた学ぶことができた。（中部，2003，p.131 [（　）および下線筆者]）

　つまり宗一郎は，そのイメージから神話と化した天才的ヒラメキと努力によって松下電器産業を創業し成功させた松下幸之助同様の小学校卒ベンチャー創業者ではなかった。2,000CC／150馬力程度のエンジンしかもたない乗用車に対して，27,900CC／1,130馬力（栄型），35,800CC／2,000馬力（誉型）といった軍用戦闘機エンジンの超高性能ピストンリングまでをも製作する超ハイテク・ベンチャー経営者として，はじめは地元の高等工業（現在の工学部に相当）に通い，次にそこから広げた知識と人脈をもって，3つの優れた帝国大学工学部（現在の大学院工学研究科に相当），1つの海軍向け製鋼所，2つの手工業を訪問しどん欲に知識を吸収する経験をホンダ設立以前に10年間かけて準備していたのだった。

　「東海精機株式会社」設立から9年後の1945年，日本は太平洋戦争において米国に完膚なきまでに敗北した。本田は全所有株式60％（旧円で45万円＝現在価値約1億円）をトヨタに譲り渡し，翌年46年8月東海精機株式会社社長を正式に辞任した。

仕事もなくなりぶらぶらしていた宗一郎は，敗戦後の衣料品不足に目をつけ，織物機械をつくってみようと考え，浜松に所有していた600坪の土地に50坪ほどの疎開工場を購入移設して，同年9月に「本田技術研究所」を個人創業した。その後，織物機械開発には失敗したものの，軍用から転用した補助エンジンを既存自転車にとりつける**バイクモーター**（原動機付き自転車）のベンチャーとして知られるようになった。

　だが，いわゆるドッジラインによる金融引締めによる不況は，本田技研を直撃する。資金繰りが苦しくなった宗一郎は，

　　　持ち山を売り払い，自宅を抵当に入れて借金をし，その日暮らしのような経営を続けていた。(中略)『せっかくここまでやってきたのに，つぶれるのか』と，妻さちの前で目を潤ませることもあった。ホンダには，技術者はいたが，経営者がいなかった。本田宗一郎は，信頼できる経営者が欲しかった。(同書, pp.163-164 [下線筆者])

2. ホンダ創業と副社長・藤沢武夫との出会い

　戦前，中島飛行機製作所*に竹島弘という技師が働いていたが，戦後は通産省に移り役人となった。浜松高工出身（現・静岡大工学部）の竹島は，戦時中，中島飛行機製作所に切削工具を納入していた「日本機工株式会社」の創業経営者であった藤沢武夫と旧知で，浜松の天才エンジニア本田宗一郎のことを折にふれて藤沢に話していた。

　1948年の夏，都内の公衆トイレで役人となっていた竹島に偶然再会した藤沢は，竹島から次の言葉を聞いた。

　　　竹島は，本田宗一郎がしっかりした経営者と組めば大きな成功をおさめるだろうと思っていた。その人材が浜松にはいないと藤沢に言った。とっさに藤沢は，『それは，俺がやる』と答えた。(同書, p.169 [下線筆者])

第5講　独立開業型ベンチャー「ホンダ」

> ＊コメント　1917年に中島知久平・元海軍機関大尉が海軍をスピンアウトして個人創業したテクノロジー・ベンチャー。陸軍主力戦闘機『隼』『疾風』を産み，また海軍主力戦闘機『零戦』に搭載されたエンジン『栄』の開発メーカーとして知られる。1945年までに三菱重工をしのぐ従業員20万人の世界最大級航空機メーカーへと発展したが，戦後の混乱と会社分割を経て富士重工業『スバル』へと統合継承，一部は日産に名車スカイラインの開発メーカーとして知られる『プリンス自動車』として吸収された。

　1949年，経営人材の欠如に苦しんでいた42歳の宗一郎は，東京の竹島自宅で，5つ年下である38歳の藤沢武夫を紹介された。ホンダは倒産の崖っぷちに立たされていた。結局，藤沢武夫は，戦後自ら創業し成功しつつあった製材事業を売却して本田技研に出資し，以後，副社長として25年間にわたり本田宗一郎を支え続け，今日のグローバル企業ホンダの経営体制を確立した。
　2人の初対面について本田は，藤沢について以下のような感想を述べる。

　　私は東海精機時代はもちろん，それ以前から自分と同じ性格の人間とは組まないという信念をもっていた。自分と同じなら二人は必要ない。自分一人でじゅうぶんだ。目的は一つでも，そこへたどりつく方法としては人それぞれの個性，異なった持ち味をいかしてゆくのがいい，だから自分と同じ性格，能力の者とでなくいろいろな性格，能力の人といっしょにやっていきたいという考えを一貫して持っている。
　　藤沢という人間に初めて会ってみて私はこれをすばらしいと思った。戦時中バイト（切削工具）を作っていたとはいいながら機械についてはズブの素人同様だが，こと販売に関してはすばらしい腕の持ち主だ。つまり私の持っていないものを持っている。<u>私は一回会っただけで提携を固く約束した。</u>（本田，2001，pp.66-67［（　）および下線筆者］）

また，同書によると，宗一郎自身による生々しい印象が記されている。

　　食うか食われるかというときだったから，<u>一目見て，これは素晴らしい奴だ，</u>

とすっかり惚れ込んじゃって，すぐウチで働いてもらうことにした。それは勘というか，インスピレーションというか，言葉では説明できるものじゃありませんね。話しているうちに，こいつは俺にないものを持っている。頼れるな，という感じがしたんです。過去にさまざまな体験をして，自らの欠点と長所がだんだんわかってくると，自分にはないものを相手に求めたくなるものです。そういう人間にめぐり会ったときの感じは，口では言えないな。（中部，2003，pp.169-170［下線筆者］）

また藤沢は，自著『経営に終わりはない』で宗一郎について，以下のように語っている。

　私よりももっと金を持っている人に会ったら，きっと本田の夢は叶えられたかといえば，そうではないと思います。金を持っている人は，その金をもっとふやしたいとか，権力を得たいとか，そういう欲があるでしょうが，私はなにしろ仕事がしたかった。<u>自分の持っている才能の限界を知りたいということが，私の夢だった</u>。そして，本田も，自分の持っている力を知りたいということですね。（藤沢，1997，p.17［下線筆者］）

その後，藤沢は改めて浜松の宗一郎自宅を訪問し，食糧難で子ども3人を抱え大変な生活を送る本田のさち夫人から大盛り手打ちうどんのご馳走を受け，しっかりと安定した妻をもつ宗一郎との生涯にわたるパートナーシップを決意し，2人は手を組んだ。2人は，技術と経営，ネアカとネクラ，芸者遊びと読書派というようにまるで異なる性格であるにもかかわらず，ある点において見事に一致していた。それは，**敗戦国日本**が再び世界に誇れるような高い技術力に裏づけられたメーカーを創造しようとする**夢**であり**仕事**だった。2人にとって夢とは，理想ではなく仕事を通じて実現すべき現実だった。

　不思議に気があった。体型も性格も正反対だったが，話をしていると，どんどん意気投合していく。何もかも語りつくす長い時間を毎日のようにもった。朝から晩まで，昼飯時も，酒を飲んでも，電車の吊り革にぶらさがりながら

も話し合った。話が終わらず，旅館に泊まり込むこともあった。そんな時間が楽しくて仕方がなかった。(中略)ふたりは話し合いながら，巨大な夢をふくらませていった。<u>意志一致した目標は，ホンダを大きくして世界一のメーカーにすること</u>。(中部，2003，p.170［下線筆者］)

このときの気持ちを，藤沢はこう表現する。

 二人でやる仕事というのは，ふつうせいぜい十年ももてばいいほうでしょう。でも，クルマの仕事は十年ではできっこない。相当な年月がかかる。しかし，私はあの人の話を聞いていると，未来について，はかりしれないものがつぎつぎと出てくる。<u>それを実行に移してゆくレールを敷く役目を果たせば，本田の夢はそれにのって突っ走って行くだろう</u>，そう思ったのです。(藤沢，1997，p.23［下線筆者］)

 ホンダは，自らつくり出したという点で**独立開業型ベンチャー**であった。だが，それは宗一郎1人の力による発展ではなかった。本田宗一郎と藤沢武夫は，ともに同じ軍用航空機メーカーへの部品納入を通じて交叉していたが，彼らを実質的に結びつけたのは互いの事情をよく知る納入先の元エンジニアで，当時は通産省の役人であったからだ。後日2人を結びつけた竹島は，通産省退官後ホンダに常務取締役として迎えられた。
 留意すべき点は，宗一郎がいっているように，共同で事業を遂行しようとする場合，自分と異なる性格・能力をもった人間との出会いが欠かせないことである。また，通産省の竹島が紹介してくれる以前に，竹島自身による宗一郎や藤沢への評価が悪ければ，紹介には至らなかった。つまり，創業以前の最低10年間は，その後の出会いと創業の成否を決定する重要な準備期間であった。同時に，常識的にいって社会人10年のキャリアがあるものの多くは結婚する。妻も子どももいる。その家族が背中を押してくれなければ，民間・公的を問わず，給料が支払われて当たり前という勤め人から創業者＝企業家となることは非常に難しい。
 しばしば，われわれは偶然の出会いを強調する。しかしながら，それは偶

然のようで，コツコツとそれまでに築いてきた信用と蓄積がもたらした運命的出会いである。また，それぞれの親から独立し，人生の伴侶として選んだ夫・妻というパートナーとの出会いも偶然の産物である。それゆえに，偶然という名の出会いをつかみとれるまでの過去10年間が，独立開業型のベンチャーにとって**創業への道**といえるかもしれない。

　それでは，敗戦後の混乱期とはいえ，同業の原動機付き自転車ないしオートバイメーカーは当時200社以上ともいわれたなかで，なぜホンダのみが同業他社から突出できたのであろうか。さらに，どうして後年世界的な自動車メーカーとなるまで発展できたのであろうか。その秘密は，宗一郎永遠の25年にわたるビジネスパートナーとなった企業家精神あふれるプロフェッショナル経営者・藤沢武夫の入社と経営革新（マネジメント・イノベーション）にあった。

3. ホンダ創業後の発展戦略

　1946年の創業後，多くの難題に直面し幾度も会社倒産の危機に瀕したホンダに，株式会社設立の翌年1949年，自己資産のすべてに相当する12.5％の増資を引き受けて藤沢武夫が入社した。それまで宗一郎の個人商店の域を脱しなかったホンダは，藤沢が常務取締役に就任することによって驚異的な発展を開始する。そして，これまで問題のあった販売代金の回収はもとより，台湾への小型エンジン100台の初輸出にすら成功したのであった。

(1) オートバイ第1号ホンダドリームE型

　転機は1950年の東京進出であった。宗一郎と藤沢は本社を浜松から東京へ移転し全国展開するつもりであったが，他の役員と地元取引先銀行の猛反対を受ける。それは，藤沢が入社するまで営業と代金回収を任せきりにしていた「大和商会」と「地方銀行」との決別を意味した。

　地元銀行が東京進出資金を貸し渋るため，藤沢は**自費**でホンダ初の東京営業所を開設し，三菱銀行本部との取引を開始した。そして，東京営業所の開

設から半年後には，都内北区に450坪のオートバイ組立工場を建設した。後の大型設備投資や経営危機に際して，藤沢が築いた三菱銀行との信頼関係はホンダを救い，世界的企業に発展させるために不可欠な経営資源となる。

　宗一郎もまた，東京での丁稚奉公をおえて22年ぶりに，再び東京に家族・幹部とともに浜松から引っ越してきた。早速，のちにホンダの奇跡的成功を支えることになる小型4ストローク・エンジンの開発に着手し，宗一郎と浜松高工出身のホンダ学卒1号社員である川島喜好（後の2代目社長）は，翌1951年に新型エンジン「ホンダE型」を完成する。このE型を積んだオートバイ「ホンダドリームE型（146CC）」は，国内最高の日産130台と売れに売れた。

（2）バイクモーター用エンジンキット

　さらに，自転車に取り付けるエンジンキットである小型軽量2ストローク・エンジンA型を改良した「ホンダカブF型（50CC）」も月産7,000台に達した。こうして，ホンダの月商は4億円に達し，株式会社発足から5年で日本一のオートバイメーカーとなった。このカブF型の販売方法は，藤沢の考えに基づく新戦略を採用した。

　　　販売ルートは，これもまた藤沢のアイデアで，従来のオートバイ屋ではなく，自転車屋をベースに新規開拓した。<u>新しい商品には，新しい販売ルートがふさわしいと藤沢は考えた</u>。オートバイ屋はオートバイメーカー各社の商品をあつかうが，自転車屋のルートを開拓すれば，それはホンダ独占の小売店になる。さらに将来的に，それらの自転車屋がホンダの専売店に成長する可能性も高かった。将来を見越した考え抜かれた販売戦略である。

　　　全国五万五千軒の自転車屋にダイレクトメールを送り，販売店になることを提案してみると，三万店からの応募があり，そのうち一万三千店をF型カブ専用販売店網に組織することができた。（中部，2003，p.179［下線筆者］）

　藤沢武夫の経営戦略は徹底した先手必勝で，一気呵成の勝負を仕掛けていた。経営方針は『売掛金は最小，在庫も最小』というもので，そのため販売店か

らの集金を厳しくして，容赦なく取り立てた。カブF型にいたっては前金をとってから販売店におろしていた。そのために『金の亡者』と陰口をたたく者さえ出てきた。

　藤沢は，こうして現金を確実に集めると，納入業者への支払いは五ヶ月の手形を切った。これで常時二，三億円の現金を持つことになる。<u>この豊富な現金をもって，経営基盤の整備，社内体制の充実，大型設備投資など大胆な政策を実施していった。</u>（同書，p.180［下線筆者］）

　1952年に資本金わずか600万円のホンダは，通産省から許可を得てアメリカ，ドイツ，スイスに工作機械約100台，4億5千万円相当を発注し，総額15億円といわれる新工場の建設にとりかかった。実に，資本金の25倍に相当する巨大投資であった。同時に，本田は初めての海外視察旅行として米国に出かける。そして，1953年1月に本社を東京都中央区に移し，順次工場が完成すると同年末に資本金6千万円に増資した。

　（1953年の）翌年の一月には，創立六周年記念と銘打って，株式を公開し，東京証券取引所で店頭販売を開始した。大企業や金融機関からの大型資本参加を拒否して，最初から大衆資本を求める政策であった。
　藤沢武夫は，凄まじいスピードで会社を拡張し，次々と社内体制を整備していった。従業員の労働環境の整備にも熱心に力を入れ，<u>給与体系の整備，従業員持ち株制度，永年保障制度を確立していった。</u>こうしてホンダは，押しも押されぬトップメーカーへと脱皮することができた。（同書，pp.186-188［下線筆者］）

　ところが，藤沢が入社して5年後の1954年，同業他社との競争激化，新発売のスクーターの失敗，モデルチェンジした主力オートバイの性能不足が重なり，ホンダは販売額がピークの25％まで落ち込んでしまう。倒産は時間の問題であった。
　このとき，藤沢は短期・中期・長期のダイナミック戦略を同時的に発動し，結果的にホンダを倒産から救った。

①短期

　本田の緊急海外出張による社長不在，生産調整と部品代金の支払い一時棚上げ，メインバンク銀行からの緊急融資，を断行した

②中期

　賞与の大幅引き下げを組合にみとめさせた

③長期

　本田の海外出張の名目でもあったオートバイレースの最高峰「マン島TTレース」における出場優勝公約宣言を行った

(3) マン島TTレース

　藤沢に背中をおされて1ヵ月の欧州出張旅行にでかけた宗一郎は，欧州のオートバイ技術の高さに驚嘆しつつも，確実にその秘密に気づき欧州製オートバイパーツを山のように抱えながら日本に戻ってきた。空港で迎えた藤沢は心配する宗一郎に，会社の近況を説明すると本田は羽田空港（当時の国際空港）で人目も構わず泣き出したという。

> 　　大丈夫，何とか乗り切ったよ。会社のことは心配ない。これからまた前進，前進で，<u>社長に頑張ってもらう舞台がまた整いました</u>。（同書，p.222 [下線筆者]）

　1954年のホンダ危機は去った。そしてホンダは，マン島レース出場宣言から5年後の1959年に125CC級で6位入賞，1961年には何と125CCと250CCの全部門で1位から5位までを独占し，世界で名実ともに「オートバイの世界一流メーカー・ホンダ」として躍り出る。ホンダ全社員そして日本人の夢である世界トップは，大会出場宣言から7年，株式会社設立からわずか13年だった。

　危機の後，藤沢はホンダ本社を出て，近くの銀座にあるビルに1室を借り経営戦略の構想に没頭する。他方，宗一郎は上のレース入賞を可能にするエンジン試作のために埼玉県にある白子工場に毎日通う生活となった。

以降，二人が引退するまで顔を合わせるのは料理屋で年に数回程度というから，我が道を行くスタイルは徹底している。(本田，2001，p.177)

　その後も宗一郎は世界一速いエンジン作りに邁進するが，藤沢は必ずホンダのその後の発展の転機となった場面で，宗一郎が予想もしない新たな戦略を提示し現在のホンダの礎を確固たるものとした。
　藤沢の新戦略は，次の5つであった。

①現在も記録を更新中の世界6,000万台を超えるホンダのベストセラー「50CCスーパーカブ」の企画提案と主力製品化
②すべての製品開発を担う（株）本田技術研究所の設立と，製造会社ホンダからの分離
③初めての海外拠点構築における対米進出の決定
④主力自動車向けエンジンにおける，宗一郎がこだわった空冷方式から若手エンジニアが主張する液冷方式への転換
⑤非同族化した後に2人そろっての引退宣言（本田の実弟を強制退社させた後に退任）宗一郎66歳，藤沢62歳

　そのどれか1つが欠けても，現在のホンダはあり得なかったといえるほどの重大な戦略決定だった。そして，その実現に尽力したのも副社長の藤沢であった。そして，藤沢が辞意を役員に表明すると，宗一郎もそれに追従する形で辞表を公式発表した。2人は，後継者として学卒第1号で入社番号12の川島喜好（45歳）を指名した。それは宗一郎が40歳で本田技術研究所を個人創業した年代と変わらぬ若い後継者への社長交代であったし，見事なパートナーシップのピリオドでもあった。

4. ホンダにみる企業家精神

(1) 5つのイノベーション
1) 新しい財貨
　ホンダにとっての新しい財貨とは，敗戦後，国家経済が軍需から民需へ劇的に転換した戦後経済で，一般大衆がようやく購入できるようになった**バイクモーター**（自転車にエンジンを取り付けた原動機付き自転車）と**オートバイ**であった。とくに戦後の混乱期に，燃費がよく安価な乗り物として女性にも免許なしで乗れるバイクモーターは非常に人気があった。

2) 新しい生産方法
　資本金600万円の会社が，国内には存在しない世界超一流の工作機械4億5千万円相当の設備投資に踏み切り，次々と新工場を建設した。同時に，海外一流レースに参加を宣言して，世界水準のエンジン製造に着手する。

3) 新しい販路の開拓
　藤沢は，従来の販売店になかった自転車屋にダイレクトメールを出し，販売店網の整備に努めた。そして，各店1台の枠を与え，前金を三菱銀行に入金されれば製品を送ると約束して，掛け売りを回避する手法を編み出した。

4) 原料あるいは半製品の新しい供給源の獲得
　浜松工場で組み立てたエンジンを大消費地である東京工場にもち込み，オートバイを組み立てた。また，優れた海外製工作機械を輸入し，国内の他メーカーが入手不可能な高水準の部品内製化を図った。

5) 新しい組織の実現
　従業員の労働環境の整備にも熱心に力を入れ，給与体系の整備，従業員持ち株制度，永年保障制度を確立していった。また大衆株主を増やすため，設立6年目に東京証券取引所における自社株式の店頭公開に踏み切った。これ

によって，東大工学部をはじめとする一流大卒エンジニアが入社するようになり，資金調達を資本市場で直接行えるようになった。

(2) 企業家精神の形

　ホンダにみられるパートナーシップ経営の神髄とは何であろうか。事業が順調に推移しているときは，経営者や従業員，そして資金提供者やサプライヤーにとっても好ましい企業環境が存在する。だが，幾度か経験せざるを得ない倒産の危機に際して，この企業の生存を保証しピンチをチャンスにかえていく原動力は，ひとえに経営者の気力と手腕に依存する。

　それでは，果たして1人の経営者が，独力で短期・中期・長期の戦略を一度に編み出し宣言し実行できるであろうか？　テクノロジー・ベンチャーの場合，天才的エンジニアが，サプライヤーや銀行，労働組合と一歩も引かない交渉をしつつ，次の技術戦略の調査と準備を同時に進めることは**不可能**である。

　まさに，ホンダはパートナーシップ経営によって救われた。しかも，藤沢は，1954年の危機にあたって部品納入業者・銀行・組合との全交渉で，「社長は次なる目標であるマン島レースでの優勝を目指して欧州視察にでかけて不在」であることを交渉時に再三にわたって説明し，未来への挑戦姿勢を明示しながら手形決済を遅らせたといわれる。このような場合，パートナーシップ経営が行われていないかぎり，同一人物が同じ交渉方式をとって会社を救うことは絶対にできない。

　われわれは，ともすれば己の才能について過剰なまでにその可能性を信じがちである。もちろん，それなくして創業という冒険はできないともいえよう。だが，企業は，不良品クレーム・社内事故・機密情報漏洩など**社内危機**でも，また戦争・災害・金融不安などの**社外危機**によっても，常に倒産の危険性にさらされている。そうしたときに，全身全霊を捧げて相手の才能を信じ会社を任せられるパートナーがいれば，大半の危機は乗り越えられる。なぜならば，2人はすでに**組織**だからだ。たとえすべての従業員に去られ，莫大な借金が残されていようとも，深い信頼で結ばれたパートナーの2人がいれば会社は組織として存続する。

つまり，ホンダにおける発展の核心は，技術の社長と経営の副社長という立場が不変の**パートナーシップ経営**にあった。それゆえ引退も2人同時でなければならなかった。**なぜならば，実力派の副社長が社長を引き継ぐと技術系社長の系譜がとぎれてしまうからである。**後任は，本田宗一郎のDNAが注入された生粋の生え抜き技術者であり，その思想は**ホンダ技術研究所**で具現化された。

副社長・藤沢は実に25年間をかけてそうした**ホンダDNA**を受け継ぐ強力なマネジメント体制の構築と人材育成を行い，これを企業文化とすることに成功したのだった。それゆえ，自分が事務系副社長のままホンダを去ることは，藤沢にとって当然の帰結であった。

それゆえ，世界の人々に知られ愛されるテクノロジー・ベンチャー，**ホンダの企業家精神はパートナーシップ経営にあったとみることが自然である。**

それは宗一郎がホンダの技術開発に専念するために経営のすべてを藤沢に託すという経営者からの実質的撤退をともなう絶対的なものだった。ホンダDNAは現在も後継者たちに引き継がれ，国内自動車メーカーとしてはトヨタとならび国内2位の世界的企業でありながら，他の海外メーカーと一切関係をもたず独立自尊を貫いている。そして，米国ではいよいよ宗一郎の夢であった小型自家用ジェットを完成させ，米国型式認定もとって発売を開始する。

第6講 スピンアウト型ベンチャー「京セラ」

1. 京セラ創業準備期間（3年）
2. エンジェルとの出会いと京セラ創業
3. 京セラ創業後の発展戦略
4. 京セラにみる企業家精神

1. 京セラ創業準備期間（3年）

　稲盛和夫は，大阪大学医学部薬学科の受験に失敗して，滑り止めで合格した県立鹿児島大学（当時，現・国立大学法人）に入学し，1954（昭和29）年同大学工学部4年のとき，大学指導教官の紹介により京都の中堅企業「松風工業株式会社」に内定した。

　就職が決まってから，その会社が碍子メーカーということで急遽，卒業研究テーマを粘土すなわちセラミックスの研究へと変更したが，その論文報告が褒められて生涯の心の師となる内野正夫教授（東京帝大工学部卒，旧満州軽金属創設者，戦後鹿児島大学教授）に出会えた。同時に，この卒業研究は京セラにつながる未来のコアテクノロジーとの出会いであった。

　　卒業式の後の謝恩会で再び（内野）先生に『あなたは将来，立派なエンジニアになりますよ。』と声をかけられた。さらに，帰ろうとすると，『稲盛さん，いっしょにお茶でも飲みましょう』と天文館通りのしゃれた喫茶店に誘われた。貧乏学生のこと，モダンなフルーツパーラーなど出入りしたこともない。

77

エンジニアの心構えなどをじっくり話してくれる先生の好意を痛いほど感じた。これが縁で，私が会社を興してからも何かと相談に乗ってもらう生涯の心の師となっていった。(稲盛，2002，p.49［下線筆者］)

卒業後入社した京都の松風工業は，明治期創業の電力用碍子を製造する名門企業であり，京都大学工学部卒業生をはじめとする優れたエンジニアを多数抱えていた。だが，オーナー一族が内輪もめし，労働争議も頻発していた。さらには銀行管理下におかれ，技術について何も知らない銀行から派遣された社長を受け入れざるを得ないほど経営的に困っていた。

稲盛はこうした状態を知らずに入社し，同期入社5名のうち他4名を入社1年未満で失うといった悲劇に直面する。そうする内に，会社が松下電子工業から受注したテレビ用セラミックス部品の開発に没頭するようになり，ついに国内で初めて開発に成功する。やがて，稲盛は入社2年にして，会社の屋台骨を支えるまでに社内エンジニアとして大きく成長する。

2. エンジェルとの出会いと京セラ創業

だが，彼を信頼し高く評価してくれた京都帝大工学部卒の上司が銀行派遣の社長によって左遷され，さらに後任の中途採用上司の無理解が引き金となり，稲盛は退社を決意する。退社から創業までの経緯を，長文だが臨場感あふれる部分を引用する。

> （日立製作所からのセラミックス真空管の試作依頼に対して）満足のいく成果を得られずに悪戦苦闘していると，新任の技術部長に『君の能力では無理だな。ほかの者にやらせるから手を引け』と引導を渡された。
> 私はともかく思い込むとわき目もふらず独走する。それを『彼は自由にさせた方が力を発揮するタイプ』と任せながら支援をしてくれたのが前任の青山政次（後の京セラ社長）だった。銀行出身の社長になって青山さんは飛ばされ，後任は外部からきた人だった。あなたこそニューセラミックスがわか

るのか。頭の血が逆流した。『無理というのであれば会社をやめます』
　退社すると聞いた特磁課（稲盛の所属課）の部下たちが私の寮に押しかけてきた。『こうなったら自分で会社をやってみるか』というと，『自分も辞めてついていく』といってきかない。青山さんまで『よし，何とか金を集めて会社をつくろう。稲盛君の上に人を置いたらいかんのや』と大声を出している。
　青山さんには当てがあった。京都大学工学部の同窓の友人，京都の配電盤メーカー，宮木電機製作所の西枝一江専務と交川有常務の二人。西枝さんの自宅を訪れ，これまでの経緯を説明して出資を頼むと，交川さんが『お前，アホか』と青山さんを一喝した。『この稲盛君がどれほど優秀かしらんが，二十六，七の若造に何ができる』。
　青山さんはひるまない。『稲盛君の情熱は並はずれている。必ず大成する』。交川さんもいい返す。『情熱だけで事業は成功するのか』。私も『将来きっとニューセラミックスの時代がきます』と必死だ。何度も家に出かけては頭を下げた。ついに，宮木電機の宮木男也社長ともども出資しようといってくれた。資本金は三百万円。宮木社長と同社関係者が百三十万円，西枝氏四十万円，交川氏三十万円，あとの百万円は青山さんや私たちだが，金がないので技術出資の株主という格別の配慮だ。工場は宮木電機の空いている建物を借りることにした。
　初めに電気炉などの設備投資，原材料の仕入れ，運転資金などがいる。その額ざっと一千万円。銀行借入れに際し，西枝さんが自宅を抵当に保証してくれた。奥さんに『この家，取られるかもしれんぞ』と断ると，『男が男に惚れたのですから，私はかまいませんよ』と笑っておられたという。
　宮木社長は役員から出資を募った時，『子会社にするのではない，稲盛という青年に賭けるのだからムダ金になることもある』と話したそうだ。気骨ある明治の男たちに惚れられ，私は自らの技術を世に問う場を与えていただいた。
（同書，pp.63-66［（　）および下線筆者］）

　自宅を抵当に入れてまで資金作りに協力を惜しまなかった人物は，まさに米国では創業に欠かせない**エンジェル＆メンター**であった。ホンダにおいても元航空機エンジニアで通産省役人というメンターと，藤沢武夫というエンジェルが存在した。稲盛は，すでに大学時代の卒業研究提出過程で一生にわ

たる技術面のメンターを得ていた。そして，次に経営面でのエンジェル＆メンターを得た訳だ。

　　会社を創業して間もない頃，悩んだり苦しんだりしていると，決まって相談にのってくれたのが，会社創業の際，家屋敷を抵当に資金を準備していただいた西枝一江さんだ。耐えきれないようなことがあると，私は決まって西枝さんのところに行き，話を聞いてもらった。西枝さんは，もともと新潟のお寺の出身で，私が疲れていると，それを見てとり，『わかった。じゃあ，飲みに行こう』といわれた。祇園の行きつけの店で，新潟の芸者さん姉妹がやっている素人料理屋に私を連れて行き，おいしい酒を飲ませながら，元気づけてくれた。（同書，pp.77-78［下線筆者］）

ポケットマネーで飲ませてくれる恩師・先輩を，私たちの人生で何人もてるだろうか。まして，若年の創業者にとってこうしたメンターの存在感は，時として実父以上に大きい。最後に，稲盛の創業の決意を引用する。

　　（入社3年後の）一九五八年（昭和三十三年）十二月，松風工業を退社した。その翌日，同じ特磁課にいた須永朝子と結婚した。会社に寝泊まりしていたころ，机の上に弁当が置いてあった。ふだんの貧しい昼飯と違って，おかずたっぷりの豪勢な中身に感動した。一粒残さず片づけると，次の日もある。だれと詮索することもなく毎日ちょうだいしているうち，彼女の差し入れとわかった。（中略）
　　さて，新会社だ。設立のメドが立ってきたある晩，私の部屋に八人の同志が顔をそろえた。松風をやめて私と行動を共にするメンバーだ。（中略）五十六歳の青山さんは別格として，私が二十七歳，ほかは二十一歳から二十五歳と若い。
　　仮に会社がうまくいかなかったら，その時は職安にでも通って何でもして，私の技術開発を支えようと誓い合っている。私は後先考えずに辞表をたたきつけた。それなのに私のために会社を興そうと奔走してくれる人たちがいる。また，この私に人生を託そうとする若者がいる（本書，pp.67-69［下線筆者］）

こうして稲盛は，入社した先の上司部下と地元のエンジェルおよびメンターを味方として，親戚・縁者が誰一人いない京都の地で創業した。

＊＊＊

京セラは，大学卒業後，社会人として第一歩を踏み出したサラリーマン人生のもたらした職場と人間関係がつくり出したという点で，典型的な**スピンアウト型ベンチャー**であった。

稲盛の場合，創業のためのどのような資源も有せず，戦災ですべてを失った故郷の実家にも経済的に頼ることができない若手サラリーマンだった。だが，創業に際して，上司と部下の計8名が皆退職して合流して，創業のための人材を確保できた。また，貯金もない入社3年目の若者が，上司の紹介で同じ京大OBである地元中小企業オーナー社長および同社取締役各2人から個人出資を仰ぐことができた。同時に，オーナー社長から初の製作所を間借りし，先の取締役1名からは何と本人私宅を抵当にした銀行融資すら受けることとなった。

つまり，ホンダのような**独立創業型ベンチャー**に匹敵する基盤的技術と資金をもたない若者が創業に成功できた理由は，次の3つであった。

①大学時代に，創業後も技術面で相談できる一流の恩師をもてたこと
②新入社員時代の努力によって，最愛の妻と上司・部下のなかから創業の同志をみつけられたこと
③上司に認められ，50歳代の上司を通じてエンジェル・メンターともいうべき優れた地元中堅企業のオーナー経営者たちと出会い，援助を受けられたこと

以上は，スピンアウト型ベンチャーに典型的な特性を示している。すなわち，高学歴の人材を抱える名門企業に入社すると，優れた人材，資金ソースと人脈を若くして獲得できる可能性が高いことを京セラのケースは示唆している。学歴と情熱しかない若者にとって，最初に入社した会社経験はスピンアウト型ベンチャーにとっての創業への道といえるかもしれない。他方，入社した会社の仕事が耐えられずに転職した場合，稲盛が得られた上司や部下

の信頼性を得ることはなく,創業機会を喪失することを意味する。

　一見,入社3年で退社した稲盛の行動は,現在流行している3年未満で転職する若者世代がいうところの「キャリアアップ」「キャリアチェンジ」と結果的に同じようにみえる。だが,真実はまったく違う。稲盛はセラミックスという仕事が入社後ピカ一にできた。その背景として,大学最終学年で内定先企業にあわせて卒業研究テーマをセラミックスに変え,一生の師に見込まれるほどの専門研究への打ち込みがあった。

　やがて,半導体をコアとするエレクトロニクス産業の勃興期を迎えつつあることを直感的に理解していた稲盛は,セラミックスを時代が求める新事業とするためには,もはや技術をまったく理解できない銀行出身の社長を迎えざるを得なかったほど傾きかけた古い経営体質の会社から,スピンアウトしたに過ぎなかった。それゆえ,彼の行動は大学4年時の卒業研究から創業まで終始一貫している。

　それでは,京セラはどのようにして現在の1兆円を超える総合セラミックス・メーカーとして世界的な地位を確立できたのであろうか。そのためには,創業機会を越えて続けられた製品開発と大胆なマーケティング,M&A戦略が不可欠であった。次に同社の発展戦略を探る。

3. 京セラ創業後の発展戦略

(1) 松下向けテレビ用部品

　1959年4月1日,初代社長を頼んだ大口出資者でもある宮木電機社長の工場に間借りしながら,元上司が専務,稲盛(29歳)は取締役技術部長として「京都セラミック」(1982年「京セラ株式会社」に社名変更)はスタートした。

　　　高い目標を掲げながら,実際はその日一日を生きるのが精いっぱいだった。注文の品物を作るのに必死で,明日のことまで考える余裕はなかった。正直に告白すれば,会社が大きくなるための青写真や戦略があったわけではない。それでも『今に世界一』といい続けた。(中略) 何回,何十回と聞かされたら,

次第にその気になってくる。『今の工場は貧乏でも，志はどこまでも高くあれ』とみんなの心に訴えたのである。(同書, pp.71-72)

前会社のときに信頼を得ていた松下電子工業が，テレビ用フォルステライト磁器製品を大量に発注してくれた。しかし，一流大手メーカーへの部品納入を貧弱な設備機械と人員でこなすことは，想像を絶する困難であった。

> 来る日も来る日も徹夜に近い作業に，みんなフラフラになっていた。このままでは，一週間や十日はもつかもしれないが，とうてい長続きしないと誰もが思った。『マラソンと同じで，ペース配分を考えるべきだ』と忠告する者も現れた。それに対して，私はこう答えた。『長丁場だからこのくらいでボチボチ行こうなんて，新参者にペースを考える余裕があるものか。われわれは，業界全体のマラソンのなかで，後発のビリもビリ，問題にならない素人ランナーだ。全力疾走でも追いつけるかわからない。<u>一生懸命走っても勝ち目はないかもしれないが，せめてスタートだけでも，百メートルダッシュで行けるところまで行こうではないか。</u>』(同書, p.72 [下線筆者])

まさにベンチャースピリットである。設備も人材も資金の豊富な大手企業に対して，何もない初期ベンチャー企業が互角に戦い得る唯一のチャンスは，死にものぐるいで何が何でもどこよりも早く高品質な製品を大手中堅企業に納め，取引先と業界からの信頼を得ることに尽きる。

こうした努力の結果，1年目から売上げが2,600万円，経常利益は300万円の黒字となった。さらに，2年目は売上げ・利益ともに倍増する。

そうした矢先，設立2年目の1961年4月，前年に採用した高卒社員11名が突然「要求書」を突き出し，定期昇給とボーナスなどの将来保証を稲盛に求める。認められなければ全員辞めるといい稲盛は動転した。だが現実的に，大手企業のような約束を彼らに与えることはベンチャーにとって不可能だった。

> こんなささやかな会社でも，若い社員は一生を託そうとしている。田舎の

親兄弟の面倒もとくにみられないのに，採用した社員の面倒は一生みなくていけない。そもそも創業の狙いは自分の技術を世に問うことであったのだが，こんな重荷を背負うことが会社を経営するということなのか。とんでもないことを始めてしまった，と煩悶する日々が続いた。

数週間にわたり悩んだ末，自分自身を吹っ切るようにこう思った。『もし，自分の技術者としてのロマンを追うためだけに経営を進めれば，たとえ成功しても従業員を犠牲にして花を咲かせることになる。<u>だが，会社には，もっと大切な目的があるはずだ。会社経営の最もベーシックな目的は，将来にわたって従業員やその家族の生活を守り，みんなの幸せを目指していくことでなければならない</u>』。そう割り切ると，何か胸のつかえがスーッととれる思いがした。(同書，pp.76-77 [下線筆者])

こうして稲盛は，以後，経営理念の根幹に「全従業員の物心両面の幸福を追求する」をおき，世界的グローバル企業「京セラ」の育成に邁進する。その思想は全世界の支社・工場に貫かれ，どの事業所にも「コンパルーム」を設けて国内海外問わず経営陣が現地従業員と懇親を深めるという企業文化を，京セラは今日に至るまで続けている。

ベンチャー企業として京セラは，松下電子工業の受注に続く第2第3の受注がぜひとも必要であった。そこで稲盛は，ブラウン管，送受信機，真空管などの電子管を研究開発している日立製作所，東芝，三菱電機，ソニー，日本電信電話公社などのメーカー・研究所に率先して回り，自ら開発した新素材をサンプルとして渡した。

中には興味を示してくれるところもある。『そんならこんなものつくれるか』と図面を見せられる。ほとんどが日本で初めての製品で，これまでの技術では不可能な精度と機能を求められた。しかし，私は即座に『やります』と引き受けた。先発メーカーがつくれるものであれば，信用のある他社に注文が行ってしまう。<u>無名の京セラは他社にできないもの，断ったものを受注した。それしか生き残る道はなかったからだ</u>。(中略) 昼は営業，夜は開発の一人二役で未知の製品づくりに挑戦していった。(同書，pp.79-80 [下線筆者])

（2）IBM向けコンピュータ部品

　ところが京都の無名のベンチャーにとって，国内一流企業の壁は高かった。東京に出張所をおいて担当者を関連メーカーに日参させても，成果は上がらなかった。「日本の大手企業は米国からの技術導入が多い。それならば米国企業に直接売り込もう」と稲盛は考え，1962年単身アメリカに出張する。しかしながら，米国でも商談には至らず1ヵ月で帰国する。

　その2年後，今度は前の会社の貿易部長をヘッドスカウトして，2人で再度アメリカと欧州に渡る。彼は，カナダ育ちで語学・貿易業務に精通していた。その結果，創業5年目にあたる1964年に，初めて香港の電子部品企業，翌年にはアメリカのフェアチャイルド社から「トランジスタ用セラミックビーズ」を受注する。

　1963年には，間借り先から出て，工場誘致に力を入れていた滋賀県蒲生町に7,800坪の工場用地を取得し，工場を建設移転した。さらに66年には本社も移転を完了した。28人で出発した社員は150人に達していた。

　ついに1966年4月，IBM社向け「IC用アルミナサブストレート（集積回路用基盤）」2,500万個を，ドイツを代表するセラミック企業に競り勝って受注する。当時売上げ5億円の京セラにとって，1億5千万円の大型受注であった。こうして京セラは，世界的なメーカーとしての信用を国内外から得られるようになった。

　　　私の闘争心に火がついた。<u>我が社の技術を世界のトップに引き上げる絶好の機会だ</u>。これ以上の相手はあるまい。このサブストレートが組み込まれるのはIBMの大ヒットとなった大型汎用コンピュータ『システム／360』だ。それほどの戦略商品の心臓部を実績のある（独の）ローゼンタールやデグザ社ではなく，よくぞ名もない日本の中小企業へ発注したものだ。（中略）
　　　受注の翌五月，あわただしいさなかに社長に就任した。<u>時に三十四歳，創業して八年目のことだ</u>。（同書，p.95-96［下線筆者］）

（3）アメリカ半導体産業向けIC部品

　京セラの本格的なグローバル企業としての第一歩は，1968年に丸紅飯田（現

在の総合商社丸紅）のロサンゼルス支店内に設けた2名配置の出張デスクであった（これは創業間もないベンチャーの参考となるヒストリーである）。取引先は，アメリカ初の半導体メーカーで，1965年に京セラと取引を開始したサンフランシスコ（現在のシリコンバレー地域）のフェアチャイルド社だった。翌年，駐在員もサンフランシスコに移転し現地法人「京セラインターナショナル（KII）」を設立する。

> 当時，アメリカでは半導体産業の勃興期を迎えており，フェアチャイルド社から有力な技術者たちがスピンアウトし，インテル社，ナショナル・セミコンダクタ社などが続々誕生していた。（中略）これら半導体メーカーから，京セラ発展の糸口となったセラミックパッケージの注文が殺到していたのだ。
> （同書，p.102）

その後，京セラは稲盛の郷里鹿児島に3工場を建設し，主力製品となった半導体のセラミックパッケージの生産を世界一の規模で開始する。

こうしたきっかけは，以前のIBM向けサブストレートで得られた技術的信用が大きく影響していると思われるが，とくに重要であったのは，1965年のTI社でみた「ICパッケージ」が発端であった。これが次世代半導体の主流となると直感した稲盛は，直ちに社内で試作を開始する。これをフェアチャイルド社に届けたところ噂は広がり，TI，モトローラ，インテル，アメリカン・マイクロシステム（AMI）などから試作や大量注文が押し寄せるようになった。

(4) M&Aによる多角化

1971年に大阪証券取引所第二部と地元京都証券取引所に上場し，1974年には東京証券取引所一部と大阪証券取引所一部にそれぞれ指定される。こうした株式市場の新株発行で得た資金を基に，得意のセラミック技術をベースとして，人工エメラルド，切削工具，人工歯根・骨，太陽電池と製品分野を次々と広げ事業多角化に成功する。

さらには，倒産しかけた電卓・キャッシュレジスターの名門企業「トライ

デント」，車載トランシーバの「サイバネット工業」，カメラの名門「ヤシカ」，コピー機の老舗「ミタ工業」などを救済M&Aを行って吸収する。その結果，京セラの事業領域は多彩にひろがったが，それ以上に有益だったことは優れた技術者と未来の経営幹部を大量に得たことだった。今日，以前の救済で吸収された人材が，のちの救済吸収先企業に経営幹部として京セラから派遣されていることからも，人を基盤におく京セラの経営理念がわかる。

のち第二電電（DDI）創設にも大いに貢献した稲盛は，1997年65歳で京セラ・DDIの両会長職を退き，名誉会長に就任した。

4. 京セラにみる企業家精神

(1) 5つのイノベーション
1) 新しい財貨

京セラにとっての新しい財貨とは，稲盛が大学卒業研究テーマに選び，のちにSONYが切り拓くトランジスタを中心とする半導体産業必須の新素材セラミックパッケージであった。

2) 新しい生産方法

おおよそ先行する一流メーカーが不可能と断る仕事を次々と受注して，それがどれだけ可能であるか否かを想定することなく，努力と創意によって可能としたこと。とくに，半導体産業発祥の地であるシリコンバレーに事務所を構え，勃興する米国の半導体メーカーとの二人三脚による試作製造に国内拠点で取り組んだ。そのため，社長は毎月米国西海岸に出張した。

3) 新しい販路の開拓

日本の大企業が評価しないのであれば米国に飛び，技術と度胸で言葉の問題を超越して米国企業のまとまった受注をとったこと。さらには，これを足がかりとしてIBMの基幹部品を大量受注し，これに品質面でも納期面でも応えたことが，国内の電気・電子メーカーに大きなインパクトを与えたこと。

4）原料あるいは半製品の新しい供給源の獲得

日本が元々強みを有していた磁器陶器にみられるセラミックの焼き上げ技術から派生する高度なノウハウおよび原料供給源を，戦後，真空管にかわりエレクトロニクスの主流となった半導体産業に欠かせない新素材製造へ応用したこと。

5）新しい組織の実現

大学卒業後入社した企業で，自分が信ずる技術の可能性について深く自覚した結果，上司や部下とともに会社を離脱して新たなベンチャー企業を設立したこと。その際，地元の京大卒である上司とその同窓の支援をうけて，鹿児島出身の稲盛がベンチャー創業に欠かせないエンジェルとメンターを同時に得たことは大きかった。

（2）企業家精神の形

世界的一流メーカーIBMを明確な顧客と想定して行動していたことが，京セラ飛躍の原点にあった。受注に成功して部品を納入したIBM／360は，ICを駆使した世界初のビジネス用大型メインフレームの第1世代であった。同機は世界標準機となったが，その心臓部ともいえる集積回路用の基盤を京セラが受注製造したことは，商業上のメリットを遙かに超えて，京セラの高度技術＆高信頼性という評価を全世界から獲得した。とくに，IBMをライバルとして火花を散らしていた日立・富士通などの国産メインフレームの開発技術者にとって，本件がどれほどインパクトを与えたか想像に難くない。

> 我が社のサブストレートが，あのIBMから高い評価を得た，といううわさはたちまち国内の電気・電子メーカーを駆け巡った。『京セラサブストレート神話』の誕生だ。（同書，p.99）

これは，1961年ホンダが，創業12年にして「マン島TTレース」におけるオートバイレースで125CCおよび250CC部門の1位から5位までを独占したことと同義であった。そして，レースでの勝利後に世界的メーカーとしての

地位を固めたのであった。ホンダは一般消費者にオートバイを製造販売する会社であり，京セラが大手半導体メーカーやIBMのような巨大コンピュータメーカーにセラミック部品を製造販売する会社であった。だから，顧客に関するB to CとB to Bの違いがあるが，世界で脚光を浴びる世界一の技術開発をスプリングボードとしている点では酷似している。

　こうした強い米国市場志向は，ホンダと京セラの初めての海外拠点が同じくロサンゼルスであったことでも一致している。また，海外経験がなくても若いエンジニアを直接現地に送り込み，商社を介在させずに**良き技術**は必ず受け入れられる信念の下，独力で海外営業を1960年代から開始していたことも驚くほど似ている。

　稲盛は非常勤ではあったが，米国現地法人KIIの社長としてしばしば米国に出張した。そうしたなかで，フェアチャイルド社副社長より同社サンディエゴ工場譲渡の提案を受け，1971年に熟慮のうえ買収に応じる。当初は，労働慣習の違いにより工場操業もなかなか安定しなかった。稲盛は毎月同工場に出張して指示を与えたが赤字はとまらず，撤退も決意しかけた。だが，必死で働く日本人技術者にアメリカ人従業員も続くようになり，買収して1年3ヵ月後には黒字計上したという。

　　　いつの間にか私の渡米の度に，従業員による歓迎会が開かれるようになった。
　　　みんな，家から持ち寄った一品ずつの料理がテーブルに並ぶ。心のこもった
　　　料理を皿に取りかこみながら，<u>アメリカ流も日本流もない，人間流でいけば
　　　いのだ，と思った</u>。（同書，p.106［下線筆者］）

　こうした現地工場の買収と成功する人材マネジメントをみると，日本のやり方が特殊で閉鎖的な日本型企業経営のみに当てはまるのではなく，もっと普遍性をもったグローバル経営に適したものであったことが確認される。ホンダも，最初に進出したオハイオ工場で同様の産みの苦しみを味わった。のちに同工場長は米国人となり，しかも生え抜き入社の米国人であるという。

　ここで，海外大手メーカーがベンチャーの技術を一早く取り入れることに熱心な理由を説明しておこう。

日本の企業は常に製品供給の**安定さ**と**コスト安**を取引先に対して強力に求める。ところが，現実的に生まれたてのテクノロジー・ベンチャーに決定的に欠ける能力が，製品の安定供給およびコストダウンだ。なぜならば，テクノロジー・ベンチャーは，1人か数名の独創的なノウハウや特許を基にして創業される。それゆえに，大量生産ノウハウは大手メーカーからの受注があったのち，資金を銀行などから工面してパイロットプラントが稼働して初めて蓄積される。

大学発型ベンチャーに象徴されるテクノロジー・ベンチャー最大の強みは，**テクノロジーの圧倒的な先端性**にあり，大手中堅企業が得意とする**大量生産ノウハウ**ではない。そして大手企業自身がそうしたベンチャーのもつ先端技術を自前開発可能であるならば，テクノロジー・ベンチャーの育つ領域は存在しない。大量生産とコストダウンという戦場で必死に戦っている大手企業にとって，他を圧倒できる製品開発を可能とする新素材・新部品の開発が欠かせない。

現実的に大企業の大半は，自社新製品を支える多くの部品開発を国内協力メーカーに委ねている。それでは，こうした新素材・新部品を既存の大手中堅サプライヤーに全面的に任せた場合どのようなことが起こるのであろうか？

こうした素材・部品のイノベーションは，それを既存サプライヤーに任せるかぎり同業他社にわずか数ヵ月遅れで波及することは必至である。だからこそ，自社では開発不可能な新素材・新部品の開発について，海外メーカー大手は，世界中を歩いて特定テクノロジー・ベンチャーを日々発掘し，**テクノロジーを独占するためのM&A**を重ねる。

京セラは，まさにこうした思想の下に世界中に対して門戸を開いていた米国IBMの新世代メインフレーム（業務用大型コンピューター）へのセラミック新素材を用いた新部品供給という新販路を得たのだった。

すなわち，**京セラにとって企業家精神は国内よりも海外の一流顧客獲得**にあった。それが評判となりやがて保守的な国内大手企業からの受注につながった。「あのIBMに部品を入れている京都の会社」として。

第7講 スピンオフ型ベンチャー「SONY」

1. SONY創業準備期間（5年）
2. SONY創業と盛田昭夫との再会
3. SONY創業後の発展戦略
4. SONYにみる企業家精神

1. SONY創業準備期間（5年）

　井深大は，進学校で知られた名門神戸一中から旧制北海道帝国大学予科，旧制浦和高等学校の受験に相次いで失敗し，1926（昭和元）年旧制早稲田大学高等第一学院理科（大学予科・旧制高等学校に相当）に入学した。そのまま早稲田大学理工学部に進学して同大学を1933年卒業した。

　同年，在学中に発明した「走るネオン」をパリ万博に出品して優秀発明賞を受賞し，映画関連機器メーカー「写真化学研究所」に就職したが，1937年に「日本高音工業」へと転じて真空管や軍の音響装置開発に従事した。その後，1940年に同事業部門が分離独立した「日本測定器株式会社」の設立に際し井深は開発製造担当常務として入社したが，同社は戦後SONY設立へと続く。

　（日本測定器は）機械系のなかにうまく電気を盛り込むし，電機系のなかに機械の利点を採り入れるという，全く新しい方針をもった会社であったせいもあり，施設規模や従業員こそ小企業並であったが，当時の陸軍や海軍も注

目し，すぐに飛びついてきた。陸軍や海軍の注文について開発してゆくと，なかなか面白いものができ，それが進展していって，また次の開発に進む。順調に，限りない好奇心をもって進んでいた。(井深，2003，p.107)

翌年，日米が開戦すると井深は日本測定器においてエレクトロニクス兵器開発に専心努力する。戦時中，その成果は驚くべき水準に達していた。それは，次 8 講で取り上げる HP 社に遜色ない技術水準であった。そうした点を無視し，戦後復興はゼロから始まったという誤った先入観が戦後しばらく支配的であった。そのため，戦前の日本産業界は欧州から，戦後は戦勝国アメリカからの**恩恵的技術導入（技術コピー）**によって日本は成功したという錯覚が国内のみならず世界中に流布された。それは，以下に示すとおりまったくの誤解である。

　　昭和 17 年，太平洋戦争も日増しに激しさを加え，国内も戦時色一色に染まっていた。私はそのころ，日本測定器を経営する一方で陸軍の兵器本部，造幣廠，陸軍航空研究所，海軍航空技術廠などの嘱託になり，軍の兵器の研究や開発に打ち込んでいた。例えば電探といわれたレーダーや軍用通信，航空機の無線操縦などだ。(中略) 例えば海底にもぐっている潜水艦があるとすると，地球上の地磁気の分布に乱れを生ずる。磁気測定器を積んだ飛行機がその上空を通ると，地磁気の乱れで低い周波数の交流を発生する。これを増幅して潜水艦の存在を知ることになる。<u>われわれは，雑音の発生しない優秀な断続器を作ることに成功したのである。これを使って台湾沖で（海中に潜む）アメリカの潜水艦を二六隻も捕捉したといわれている。</u>(同書，pp.111-112 [( ) および下線筆者])

現在，エレクトロニクスの塊といわれる P3C オライオン対潜哨戒機搭載の磁気探知機に相当するものを，当時の不安定かつ不良品の多かった国産真空管・電子部品を用いて完成させた井深らの高い技術水準に驚嘆させられる。加えて，戦後井深らが交流バイアスによる磁気記録方式を用いた国産テープレコーダーを開発し，SONY を一躍世界的なメーカーへと発展させたが，す

でに戦前，磁気録音に関する基礎技術は東北帝大で完成していた。加えて，高精度磁気探知機の開発にも大学の協力が見逃せない。盛田昭夫の恩師である大阪帝大の浅田常三郎教授（実験物理学）も日本測定器における磁気探知機開発に参加していた。

2. SONY創業と盛田昭夫との再会

　盛田昭夫は，1944年春，大阪帝大3年生（現在の大学院修士2年に相当）で海軍委託学生となり，翌45年春卒業と同時に技術中尉に任官した。そのとき，井深も参加する熱線探知ロケット（戦後，米国がサイドワインダー・ミサイルとして実用化）を研究する軍の共同研究会分科会で井深と面識を得て，盛田は井深と急速に親しくなる。

　　これが生涯のパートナーとなった盛田君との出会いである。彼は大阪帝国大学理学部出身で，当時，海軍技術中尉のポストにあった。彼と会ったときの第一印象は，私より十三歳も若くユニークな考えの持ち主で，人に対する話し方も心得ており，洗練された男というものであった。私は兵器開発のスタッフとしての人間関係もさることながら，一人の人間として大いに彼を気に入った。（同書，p.113［下線筆者］）

　一方，盛田も井深との出会いに関して，以下のような感想を述べている。

　　そのグループの民間代表の中に，当時自分で会社を経営していたすぐれた電子技術者で，のちに私の人生に多大の影響を与えることになった人がいた。井深大氏である。井深氏は私より十三歳年上だったが，はじめからたいへん気が合い，ここでの出会いが縁で，彼は私の生涯の先輩，同僚，相棒，そしてソニー株式会社を一緒に設立するパートナーになったのである。（盛田・下村・ラインゴールド，1987, p.38［下線著者］）

その数ヵ月後，日本は米国に敗北する。長野県のリンゴ園内に疎開していた日本測定器の従業員は800名にも達していた。そこで，東京に出て再出発しようと主張する井深らの少数派と，長野に残って事態の推移をみようとする多数派に分裂する。

　私は東京に出るほうを選んだ。なぜならば敗戦後，日本にとってこれからどのようにして国を再建していくことが最善なのか，そのことが最大課題なわけであり，（中略）なにがなんでも東京に出て，戦後の再建のチャンスをつかまなければ企業の存続はあり得ないと考えた（井深，2003, p.117）

井深は，新たなベンチャーの創業に向けてあたらしいビジネスモデルを，敗戦という混乱期にもかかわらず構想していた。

　私は終戦を迎えて日本の歩むべき道を模索した時に，それまで日本の産業界を支えていた大企業は必ず復興してくるだろうと思った。（中略）そのような大規模の企業とは，とても競い合うことなどできるわけがないから，大企業がやらないであろう研究や製品開発だけやろうと，そう強く決心した。（略）
　長野県の須坂工場からは私の考えに賛同し，<u>どうしてもついて行くという仲間が七人いた</u>。その一人ひとりと私はじっくり時間をかけて相談し，そして，とにかく東京で旗揚げしようということになった。敗戦の日から二か月後の昭和二十年十月，私たちは米軍の空襲から辛うじて焼け残った東京・日本橋の白木屋デパート（戦後・東急百貨店日本橋店）の三階の一室を借りて，『東京通信研究所』の看板を掲げた。しかし，なにかをしようといっても当てはない。ひとつは戦時中作っていた測定器が，戦後も売れる見込みがあったので，私たちはその測定器の製作から始めた。測定器であったら戦時中の作りかけもあるし，これを種になんとか商売を進めようという計画があったからだ。（同書，pp.119-120［下線筆者］）

製品第1号は，普通の中波ラジオにとりつけて海外短波放送を聞けるようにするための「短波受信用アダプター」だった。戦時中，軍は国民が敵国の

海外放送を聞くことを禁止していた。戦争が終わって国民は海外からの情報に飢えていた。井深らはそこに着目したのだった。反響は大きく，朝日新聞が「東京通信研究所」(SONYの前身) を新聞コメントで取り上げてくれた。

こうして，東京で日本測定器の部下7名と東京で創業した井深のもとへ，たまたま昭和20年10月6日付け朝日新聞コメントで井深の動静を知った盛田が，愛知の実家からやってきた。盛田は，給与の支払いも事欠く「東京通信研究所」に手弁当で参加するため，母校阪大恩師の浅田教授の紹介により東工大講師の職を得て，昼は大学で教え夜会社に通うというパートタイムで，株式会社設立に盛田実家による財政支援も含めて参画する。

> 親しい友人，井深氏に関する"朗報"に私は大いに興奮し，早速，東京で会いたいという手紙を彼に書いた。そして，彼の始めた事業にできるかぎり協力したいと申し出た。折り返し彼から，ぜひ来て新しい会社をみてほしいという返事があった。経営はきわめて苦しく，自分のポケットマネーから給料を支払っている状態で，資金源を探しているところだ，とも書いてあった。
> (中略)
> 私は井深氏が給料の支払いに困っているのを知っていたから，大学のほうで収入を得ながら，会社のほうは無給で井深氏を助けようと考えた。そうすれば，井深氏の負担も軽くなり，互いに収支が合うというわけだ。井深氏と私は，共同の会社を作ることについて長い間話し合った。これは二人がはじめて会ったとき以来ずっと考えていたことだった。(盛田・下村・ラインゴールド，1987，pp.55-56)

1946年5月，盛田の参加を得て，井深は新会社設立趣意書のなかで「会社創立ノ目的」を，以下のとおり記した。

- 一　真面目なる技術者の技能を，最高度に発揮せしむべき自由闊達にして愉快なる理想工場の建設
- 一　日本再建，文化向上に対する技術面，生産面よりの活発なる活動
- 一　戦時中，各方面に非常に進歩したる技術の国民生活内への即事応用

一　諸大学，研究所等の研究成果のうち，最も国民生活に応用価値を有する優秀なるものの迅速なる製品，商品化
　一　無線通信機類の日常生活への浸透化，並びに家庭電化の促進
　一　戦災通信網の復旧作業に対する積極的参加，並びに必要なる技術の提供
　一　新時代にふさわしき優秀ラヂオセットの製作・普及，並びにラヂオサービスの徹底化
　一　国民科学知識の実際的啓蒙活動
　（井深大「東京通信工業株式会社設立趣意書」http://www.sony.co.jp/Sony-Info/CorporateInfo/History/prospectus.html［下線筆者］）。

　目的のなかで，戦時中に兵器として開発されたコアテクノロジーを民需転換すると明記している。また，大学・研究所で生まれた研究成果の迅速な製品化・商品化をあげているが，これは戦後日本企業ではほとんどみられなくなった**産学連携ポリシー**である。

　しかしながら，盛田の新会社参加にはもう1つクリアすべき課題が残されていた。彼は数百年続く造り酒屋の第15代当主になるべき長男であった。そのため盛田は，井深および井深の義父である元文部大臣・前田多聞氏とともに愛知県の盛田の実家へ出かけ，ついに盛田の父から事業参画の許可を得る。その後，資本金19万円を間もなく使い果たした井深と盛田は，しばしば盛田の父に借金を申し込む。ネイスン（2000）によると，盛田の父は息子の事業を応援するため名古屋に所有する先祖伝来の土地を売って支援したという。つまり，井深の義父がメンターであったとすれば，盛田の父はエンジェルであった。

　　父はわれわれと新しい会社の未来を信じてくれ，決して返済を迫らなかった。そこで，私は父に会社の株を持ってもらうことにした。われわれに対する父の信頼は後に報われ，結果的に父は賢明な投資をしたことになった。株は次第に蓄積され，父は我が社の大株主になったのである。（盛田・下村・ラインゴールド，1987，p.58）

さらに年輩の支援者は続いた。それは，敗戦直後だからこそ可能であったそうそうたる顔ぶれだった。

> 東京通信工業（株）はこの点（戦後，何百という会社が生まれ資金不足で早々に消えたこと）でかなり有利にスタートした。顧問たちは金融界に強力なコネをもつ名士だったから。実際の業務とはまったく無関係だったが<u>前田多門</u>は重要な役割を果たした。一九四六年，彼は婿（井深）とカリスマ性をもった共同創業者（盛田）を，東京帝国大学法学部で同級だった<u>田島道治</u>という財政家に紹介した。田島は戦争中金融統制会の理事だった人物で，その前身は昭和銀行の頭取で貴族院議員だった。名古屋に本社がある愛知銀行にもいたことがあり，盛田家や盛田の父親をよく知っていた。田島は，戦前三井銀行の会長で銀行協会の会長を務め，新しくできた帝国銀行の頭取でやがて会長になる<u>万代順四郎</u>にこのよちよち歩きの会社を紹介した。万代は，一九五三年から一九五九年まで（帝国銀行のち三井銀行，現三井住友銀行）取締役会長を務めた期間を含め，ソニーとの長い付き合いの間，金融界に対する影響力を行使し，会社の資金を確保した。（中略）
>
> 四人目の長老は<u>増谷麟</u>。写真化学研究所（井深が入社した最初の会社オーナー）にいた頃から井深を擁護してきた裕福な企業家である。最後が，<u>盛田久左エ門</u>。最大の株主で，この人自身付き合いの広い人物だった。こうしたお歴々をそろえ，井深の研鑽倦むことを知らぬビジョンと盛田の実際に世のなかでのことを進めていく直感力に支えられ，東京通信工業（株）は一九四六年の春，大いなる達成に向けて飛び立ったのである。（ネイスン，2000，pp.40-41 ［（　）および下線筆者］）

3. SONY創業後の発展戦略

　以上から，SONYの前身である「東京通信工業株式会社」は，戦前に設立された軍需エレクトロニクス測定器メーカー「日本測定器株式会社」が，敗戦という国家的悲劇に直面して，常務取締役の井深と7名の部下がやむを得

ず既存会社を飛び出して設立した**スピンオフ型ベンチャー**であった。

> 戦時中，私ガ在任セル<u>日本測定器株式会社ニ於テ，私ト共ニ新兵器ノ試作，製作ニ文字通リ寝食ヲ忘レテ努力シタ，技術者数名ヲ中心ニ</u>，真面目ナ実践力ニ富ンデイル約二十名ノ人達ガ，終戦ニ依リ日本測定器ガ解散スルト同時ニ集マッテ，東京通信研究所ト云フ名称デ，通信機器ノ製作研究ヲ開始シタ。
> （(財)幼児開発協会編，2000，p.26［下線筆者］）

　だが，井深独力では，創業したばかりのベンチャーで7名もの部下を抱えて1人で経営していくことは不可能で，手弁当で駆けつけてくれた盛田昭夫の共同経営が不可欠だった。井深は，戦時中に軍の熱線誘導ミサイル開発プロジェクトの海軍側委員であった盛田をよく知っていた。だからこそ2人はスムーズに再会できたし，造り酒屋である盛田家の資金援助もふくめた全面的な盛田参加が実現した。つまり，ベンチャー企業のパートナー探しは，社会環境変化とこうした創業以前からの知遇から得られることを示している。

　加えて，生まれて間もないベンチャーである同社には，盛田の義弟にあたる東大地震研助手の岩間和夫（のち社長），江崎玲於奈（のちノーベル物理学賞受賞）など日本を代表するトップクラスの頭脳が入社した。その背景として，日本の**軍事敗北**があった。

　太平洋戦争で日本は多くの優秀な高等教育を受けた若者たちを戦場に送り出し，陸と海そして空で失った。だが，例外が存在した。理科系の卒業生ならびに在学生は，とくに海軍の場合，造船所・航空機メーカーや大学などの研究所などに意図的に配属され内地に温存された。戦後日本の急速な復興と驚異的な産業競争力拡張はこれと決して無縁ではない。技術は人によって生まれ，媒介され，拡張する。優秀な技術者なしに国の産業競争力は絶対発展しない。

　こうして国内に温存された理科系人材が，戦後の日本産業の奇跡的な復興と発展を支えた。これらの人材が敗戦後大量にテクノロジー・ベンチャーへと流れ込んだからこそ，戦後の日本産業の躍進は可能となった[*]。

＊**コメント**　新興のホンダですら例外ではない。ホンダF1の総監督を務めた**中村良夫**は，戦時中に東京帝大航空工学科を卒業し中島飛行機製作所に入社，航空機エンジンの開発エンジニアを務め，敗戦後オート三輪メーカーの「くろがね」を経て，1958年ホンダ入社。当時オートバイ専業メーカーだった本田技術研究所の四輪開発部隊の責任者を任されオープン・スポーツカー『S500』や軽トラック『T360』の開発指揮をとる。その後，1964年にホンダF1参戦の責任者となる。

　また，プリンス自動車で初代『スカイライン』から初代『スカイラインGTR』まで車体およびエンジンの主任設計をつとめた**中川良一**は，1936年東京帝大工学部航空機械工学科を卒業し中島飛行機製作所に入社，航空機エンジン技師として世界的名機零戦のエンジン『栄』20型1000馬力，続いて海軍艦上戦闘機『紫電改』および陸軍四式戦闘機『疾風』に搭載されたエンジン『誉』2000馬力を主任設計する。敗戦後，富士精密工業取締役（のちプリンス自動車に改名）専務として初代および二代目『スカイライン』の開発を総指揮する。1966年日産自動車合併にともない日産自動車常務となった。

　プリンス自動車に入社した中川の愛弟子・**櫻井真一郎**は，その後日産において7代目『スカイライン』までの主任設計をつとめた。また，櫻井によると（『ネオ・ヒストリック・Archives/NISSAN SKYLINE GT-R』ネコ・パブリッシング，2009年8月，p.47），1969年に発表された三代目C-10型初代『スカイラインGTR』に搭載されたDOHC直列6気筒2000cc「S20型エンジン」は，旧中島飛行機製作所出身エンジニアによって設計開発されたという。同エンジンは，10代目R-34型GTR6気筒2600cc「RB26型エンジン」まで，延々と改良革新が実に40年余りも続けられた。2001年に発表された11代目『スカイライン』よりエンジンはV6型に転換され，中島飛行機・零戦栄型エンジン以来の伝統はついに終焉した。

　中島飛行機から戦後生まれたもう1つの有力企業が富士重工業である。**百瀬晋六**は，1942年東京帝大工学部航空工学科を卒業と同時に中嶋飛行機製作所に入社した。すぐに海軍短期技術士官として2年間海軍航空技術廠に勤務後，中島飛行機設計部に復帰し，「我二追イツク（米海軍最新鋭戦闘機）グラマン無シ」の打電で有名な海軍最高速偵察機『彩雲』の排気タービン（ターボチャージャー）を設計試作し，試運転中に敗戦となった。その後も富士重工にとどまり，のち11年間にわたって国民的ベストセラーとなった1958年発表の『スバル360（てんとう虫）』主任設計技術者をつとめ，後に富士重工業監査役となった。

(1) テープレコーダー

　会社設立から2年目の1948（昭和23）年，井深と盛田はSONYを発展に導いた運命的技術に出会った。テープレコーダーである。井深の友人であるNHKの島茂雄・改良課長（のちSONY顧問）が，軍用通信機を放送用調整装置に作り直す仕事を発注してくれた。

　SONYが放送用機材で世界のトップシェアとなる第一歩は，NHKからの小さな仕事を真面目にこなすことから始まった。ベンチャーが，初期的な受注に注意深く取り組まねばならない所以である。また，実際にお金をともなって仕事を発注してくれる顧客はベンチャーにとって**恩人**だ。こうした仕事をくれる友人・人脈の存在はベンチャー初期の生命線といえる。

　　　これはまとまった仕事であり，推薦してくれた島君の顔を立てなければならないという気持ちもあって，全員，張り切って仕事に取り組んだ。<u>私たちの姿勢，誠意が島君を通じてNHKにも伝わり，その後，信用が増し，結果として再受注という形でNHKと（SONYの前身）東通工はつながっていった。</u>
　　　その作業を進めていたある日，進駐軍（占領米軍。1950年まで日本のあらゆる中枢を占領統治して政策意志決定に関与した）の教育情報部の（米人）将校が作業状況を（SONYへ）見に来た。ところが彼は，『このような設備の整っていない汚い町工場で，そのような高度な機器が製作できるはずがない』という。その時，なにかの拍子でアメリカの電気技術の話になり，それが波及してテープレコーダー（戦前にドイツが世界に先駆け放送局仕様の開発に成功し，米国がドイツ降伏後に戦利品として持ち帰り実用化）のことが話題に上った。それがNHKにあるということを知り，私はさっそくNHKに足を運んだ。初めて目にした実物の"テープレコーダー"。それは新鮮な驚きであった。私はとっさに心を決めた。<u>『我が社の歩むべき道はこれしかない，テープレコーダーの製作である』</u>と。（井深，2003，pp.132-133 ［（　）および下線筆者]）

　こうして，テープレコーダーと出会った井深・盛田の行動は早かった。早速，引用に登場する米軍将校に頼み込み，NHKにあるテープレコーダーを

会社までもってきてもらうことに成功する。そして，会社の部下たちにその実演をお願いした。

　　会社の仲間がじっと見守るなかで再び音を流すと，一同唖然として口をあけるばかりであった。(同書，p.134［下線筆者］)

　ただし，米国でも使われていた録音機のコアテクノロジーである**高周波交流バイアス方式磁気記録**は，1940年に東北帝国教授の永井建三博士がNECの子会社を通じて特許出願済みの純国産技術であった。SONYは，1949年に権利の半分を買い取ってNECと共有している。だが，米国は開戦直前の混乱期に永井博士の特許を公知の事実とし米国特許の成立を認めなかった。こうした問題についてもSONYはのちに米国で知財係争し勝利した。

　やがて大変な苦労の末に，1950年，会社設立から4年にして国産初の「G型テープレコーダー」を発売する。初めはまったく売れなかったが，前田多聞の紹介により裁判所に20台の売り込みに成功した。裁判の速記係向けだった。

　だが，やっと開発したSONY製国産1号機は，その価格が当時自転車1台8,000円だったのに対して20倍16万円もし，重さも35kgあった。そこで，2号機として学校教材向けに軽量安価なスーツケースより小さい5万円の「H型テープレコーダー」を開発した。学校向けに5,000台以上が出荷され大成功となった。ここでも，井深の義父・前田多聞が前文部大臣であったことを忘れることができない。だが，いくら有力な推薦者がいたとしても，そもそも国産初の小型テープレコーダーの開発があっての快挙であった。

(2) トランジスタラジオ

　こうして1952年，井深は米国占領体制がおわった日本から米国に渡る。自社のテープレコーダー資料を持参しつつ，米国でその進んだ技術をみながら自社製品の売り込みも図ることが，渡米の目的であった。そして井深は第2の運命的な技術に出会う。トランジスタであった。

第Ⅱ部　歴史篇

> ニューヨークのホテルに滞在中のある日，米国の友人が訪ねてきて『ウエスタン・エレクトリック社がトランジスタの特許を公開する。どうだ，お前，興味がないか』とアドバイスしてくれた。
> 　トランジスタは，そもそも昭和二十三年にアメリカ・ベル研究所の研究者であるショックレー（のちに，シリコンバレーとなる前の同地域でフェアチャイルド社を創業）らによって発明されたものだ。それまでは真空管でしかできなかった整流・増幅といったことがトランジスタでもできるようになった。」（同書，p.143 ［（　）筆者］）

井深は，滞米中にトランジスタの特許公開を知った。そして悩んだ。国外にもち出せる外貨が極端に不足していた占領が終わったばかりの日本が，米国ですら使い道に困っている最先端テクノロジーを，2万5千ドル（約900万円）で公開を受ける権利を買うということの妥当性である。だが，井深は躊躇しなかった。

> 　テープ（レコーダー）が一応できてみると，彼ら（SONYでは，旧帝大卒＝大学院修士相当，及び旧高等専門学校卒＝学部卒相当が，全体の1／3＝130人くらいいた）の処遇をどうしたらいいか，<u>なにがなんでもいまの小さな町工場から離脱せねば……</u>。そのような思いが胸をかすめた。トランジスタの話を聞いた時から，どうも大変難しいものらしいが，このトランジスタの開発や製造をすることで私が抱えている大学，専門学校出の人たちに活躍の場を与えることができるにちがいない，そのような思いがひらめいた。（同書，pp.144-145 ［（　）および下線筆者］）

結局，ウエスタン・エレクトリック社とのアポイントをとれぬまま，井深は帰国する。だが，在米の友人が何度も同社に行ってテープレコーダーの国産化に成功したハイテク・ベンチャーとして同社に紹介してくれたお陰で，ウエスタン・エレクトリック社はSONYへの特許公開に同意する*。

> **＊コメント** ただし，トランジスタ自体はアメリカ国防総省の予算によって戦時中ATTベル研究所で開発された重要国防技術であった。そのため，特許の実用化を担っていたウエスタン・エレクトリック社はSONYへのトランジスタ技術ライセンシングを行うにあたって米国国防総省から事前に了承を得なくてはならなかった。決して，一民間企業のビジネス判断のみでSONYへの技術移転が行われた訳ではない。

しかしながら，通産省（現・経産省）はSONYへの外貨割当てを断固拒否し，盛田は政府の同意を得られないまま交渉のため渡米する。ウエスタン・エレクトリック社は，鷹揚なことに，日本政府の外貨割当てを得られたらという条件付きで契約してくれた。そして，膨大な参考文献・サンプルを盛田に渡してくれた。これを機に品川本社で，盛田の妹と結婚し盛田の幼友だちでもある岩間和夫（のち社長）をリーダーとする**トランジスタ社内開発プロジェクト**が始動する。

その間にも通産省との交渉は6ヵ月の長きに及び，ついに許可はおりた。井深は岩間と渡米し，ウエスタン・エレクトリック社との本契約に至り工場見学も許された。その間に，岩間は見学時にほとんどの技術的ポイントを把握し，その理解と洞察力にアメリカ側は驚愕したという。今でも米国滞在中のホテルから書き送った「岩間レポート」はSONY関係者の間で有名だ。

ここからわかることは，一企業がまったく新しい先端技術の実用化に取り組もうとするとき，付け焼き刃の知識や単なる結果のみを求める実用主義がまったく非力だ，という点である。岩間は東大で理学を学んだ地震研究者であった。その根本的な原理把握を可能とする**基礎的な学問力**によって，彼は異分野であるトランジスタの原理把握とSONYへの技術導入に圧倒的な貢献を行った。それゆえ，**産業界における博士号研究者**は，**破壊的イノベーション**を実用化するための必要条件だといえるだろう。しかしながら，研究者自身も，岩間にみるごとく過去の博士論文テーマに固執することなく，産業界にあって新分野・異分野への挑戦を怠らないことが十分条件といえよう。

本田宗一郎は，1936年に国産ピストンリング製造会社を設立したとき，自分の基礎的な学問力の無さを痛感して，30歳にして15年ぶりに学生服を着て

浜松高等工業学校（現静岡大学工学部）に科目履修学生として入学した。新産業が**大学との連携**によって生まれることは、グラスゴー大学で働きながら学んだワット（Watt, J.）の蒸気機関以来繰り返されてきた歴史的事実である。

　しかしながら、井深らはトランジスタの技術導入には何とか成功したものの、トランジスタはそのまま使えるような代物ではなかった。米国が膨大な軍事予算を投入して開発したトランジスタ技術を敗戦国日本の無名ベンチャーSONYに技術移転した理由は、まさにそこにあった。

　　当時作られていたトランジスタは、特許の使用を許可されたらすぐに製造して使用できる、というようなものではなかった。この奇跡の"装置"は、電子工学における革命的発明ではあったが、それは可聴周波数帯にしか利用できなかった。（中略）そこで、井深氏は、わが社の研究員と技術者を総動員して、ラジオに使えるような高周波トランジスタの開発に当たらせることにした。（盛田・下村・ラインゴールド，1987，p.75）

　　これは非常に複雑な仕事だった。研究チームは、つぎつぎと新しい、あるいは異なった材料を使って、長い苦しい試行錯誤をくり返した。それは新しいトランジスタ創出であり、そのためには全く新しい考えをいれなければならなかった。（中略）その結果，（ベル研でもためしたが失敗した）燐を使う方法は成功し、それを発展させることによって逆に目指す高周波トランジスタの開発は実現した。（同書，pp.79-80 ［（　）筆者］）

　当時、SONYのトランジスタ開発チームに所属していた江崎玲於奈研究員は、燐をつかった高周波トランジスタ開発の過程で「ダイオードのトンネル効果」を発見した。この業績により、江崎博士は1973年ノーベル物理学賞を転職先のIBM研究所にて受賞した。

　ついに「SONY製高周波トランジスタ」を用いたラジオの開発は成功し、第1号「TR-55」が1955年に発売された。ただちに盛田は、米国でのトランジスタラジオ営業のため渡米した。ここから、造り酒屋15代目当主にあたる盛田の**天才的マネジメント**が始まる。盛田は、大阪帝大で実験物理学を専攻

し，戦時中は海軍技術中尉，戦後は東工大講師になった生粋のエンジニアであった。だが，OEM（相手先ブランド名製造）なら10万台のSONY製ラジオを引き取るという米国の家電販売大手「ブローバ社」の申出を断る。米国の相手方は絶句し，本社の井深も反対した。だが，盛田はあくまでも自社ブランドでの発売にこだわった。

　その2年後，ワイシャツの胸ポケットにも入る（タテ112mm×ヨコ72mm×厚さ32mm。実際には，ポケットよりほんの少し大きく，セールスマンは特注ワイシャツのポケットに入れて売ったといわれる）「TR-63」は，国内はもとより海外でも売れに売れた。価格は1万3,800円，当時にサラリーマンの平均月収1ヵ月分であったという。「TR-63型」の輸出額は，1955年954万円，56年640万円，57年3億2,876万円に達した。そして1958年1月，社名をそれまでの「東京通信工業株式会社」から現在の「SONY株式会社」へと変更し，SONYは東京証券取引所に上場する。

　盛田は，**SONY**ブランドおよびメイドインジャパンを売ることこそ重要と考え，1960年米国で商社を経由せずに米国内流通網にSONY商品を流す「ソニー・コーポレーション・オブ・アメリカ（SONAM）」の設立に走り，独立系の米国企業から1万台の受注をとる。そして，1966年に盛田は妻と子供3人を連れてニューヨークに移り住む。

> 　大部分とは言わないまでも，彼らの多くは，外国市場に詳しい日本の商社に頼って仕事をしていた。しかし商社は，わが社の製品についてもわが社の経営理念についても考慮を払ってはくれないので，商社に頼って商売をする方法は，われわれにはあまり有効だとは思えなかった。（同書，p.100）

　欧州やアメリカで現地社会に溶け込むためには，夫婦でもてなすホームパーティーが非常に重要である。また，子どもの教育で通学する私立学校のPTAに参加することで同世代の米国友人ができ，未来に続くすばらしいビジネス助言者を得ることができた。それは，米国における一早いSONYの上場に著しく貢献した。加えて，三省堂書店創業家から盛田に嫁いだ良子夫人の手際のいいもてなしと料理は，多くのニューヨーク・ビジネスエグゼクテ

ィブを魅了し，盛田自身の信用力をさらに高めた。さらに，良子夫人は，SONY幹部ニューヨーク出張時に自らハンドルを握る空港出迎えから米国転勤者の家族支援まですべてを引き受けた。盛田のみならずSONYは，ファーストレディともいうべき最高の**パートナー**を得たのだった*。

> *コメント　アメリカでは，夫の公式行事に夫人の同伴が不可欠である。大統領選の遊説に夫人は欠かせない。語学力も必要だが，それ以上に日本人であること，そして日本の歴史と伝統を体現する民間外交の担い手であることは相手方の尊敬を勝ち取り，結果的にトップ同士の信頼が現地でのビジネスに決定的な影響を及ぼす。

(3) カラーテレビ

　井深が次に手がけた技術ブレークスルーは，カラーテレビであった。1960年代に入り，カラーテレビは全盛期に入ろうとしていた。その画像技術は米国RCA社が開発した「シャドウマスク方式」が圧倒的であった。ところが，井深はそれでは満足できず，米国の核物理学者が軍事用に開発した「クロマトロン方式」の特許を1961年に買った。だが，性能は優れていても生産は非常に困難で，とても民生用に使えないことは明白だった。

　それでも盛田の支援により井深は開発にのめりこみ，ついにSONYの開発費がショートする寸前にまで至る。会社存亡の危機だったが，盛田は井深を信じ，井深はさらに新技術にのめりこんだ。ついには「シャドウマスク方式」を取り入れた他の国産メーカーに対して，SONYはカラーテレビで遅れをとるほどの壊滅的状態に陥る。

> 　原価率は百数十％に達し，クロマトロンテレビは作れば作るほど赤字になった。それはソニーの経営を圧迫した。（中略）原価率一〇〇％を超えるクロマトロンは次々と作られるようになり，ソニーに膨大な赤字を積み上げた。(江波戸(上), 2005, pp.378-379)

　だが，井深は自らの信念と優れた若手エンジニアの努力によって，1967年

に危機を突破する。SONYオリジナルの「トリニトロン方式」の誕生だった。安定した品質・性能で，誰がみても他の「シャドウマスク方式」で作られた画像より30％以上も明るく鮮明だった。これで売れないわけがなかった。SONYの売上げは，トリニトロン方式のカラーテレビ発売以降，うなぎ登りに上昇する。66年469億円，67年548億円，68年712億円，69年1,091億円，70年1,500億円であった。

> 発売できたその日，私は全技術陣を前にひと言，労を労いたく，全員を会議室に集めた。壇上に立ち，ひとつの大事業を成したスタッフ一人ひとりの顔を見回していると，自然に熱いものがこみ上げてきて仕方がなかった。全力で目的に向かって突き進んだ男達の顔には爽快さがみなぎり，私が自負した通り，そこには世界一のエンジニアの顔があった。（井深，2003，pp.160-161）

その後も，社長・井深の技術開発面を副社長・盛田がひたすら経営面で資金的に支えるという絶妙な体制によって，SONYは家庭用ビデオ，ウォークマンといった全世界的ヒットをとばし，今日のSONYを作り上げた。それは，エンジニア本田宗一郎社長をひたすら経営面で支えた藤沢副社長の姿に重なる。

4. SONYにみる企業家精神

(1) 5つのイノベーション
1）新しい財貨
　SONYにとっての新しい財貨とは，一般大衆が望んだ生活必需品ではないが，半導体技術の最先端がつまった民生用家電であるトランジスタラジオ，テープレコーダー，カラーテレビであった。

2）新しい生産方法

東北帝大が戦前開発した「高周波交流バイアス方式磁気記録」や米国ベル研が発明した「トランジスタ」など，国内外の大学・研究所で生まれた基本特許を誰よりも先に導入し，その素材原料から自分たちで改良工夫して，いち早く自社製品に取り入れていくこと。そうした意味で，基礎研究に立ち入らず，即事応用のための開発投資に集中的な投資を惜しまない。

3）新しい販路の開拓

日本で売れたら，いち早く自社ブランドで自社販売網を使ってアメリカで売る。日米における市場評価をもって，世界的ブランドに仕上げる。海外販売では商社を使わず，海外経験のない若手社員を投入し販路開拓を続ける。

4）原料あるいは半製品の新しい供給源の獲得

必要な発明・特許を国内外どこからでも素早く購入するとともに，国内の部品メーカーにSONYのための部品開発を依頼する。それがどれほど高価でも，早いところから購入を決める。

5）新しい組織の実現

技術の井深社長と経営の盛田副社長という体制のときに，SONYは革新的なブレークスルーを繰り返した。また，東大助手からSONYに移り，のちに現職社長のまま死去した岩間和夫の天才的な技術開発力が**井深・盛田体制**を支えた。だが，これら3人を引き継ぐエンジニア経営者が次のSONYにはいなかった。正確にいえば，正当な3代目技術系社長である義弟岩間和夫の急死によって，技術系社長の伝統は途絶えてしまった。この結果，副社長藤沢の尽力によって技術研究所長が次世代ホンダ社長となる伝統を作り上げていたホンダとはまったく異なる，今日に至る文系出身経営者による経営スタイルへとつながった。

（2）企業家精神の形

のちに池田首相がフランス訪問した際，ドゴール将軍・大統領から同首相

は「トランジスタラジオのセールスマン」と揶揄された。だが，のちノーベル賞受賞者となるベル研技術者たちですらその使い道と生産性の悪さでもて余していたトランジスタを，高周波で使用可能なレベルに改良し安定生産への道を切り開いたものは，ひとえにSONYによる国内外大手の追従を許さない卓越した**技術開発力**であった。さらに，それは江崎玲於奈SONY研究員によるノーベル物理学賞受賞にもつながった。だから正確には，「トランジスタラジオのセールスマン」ではなく「トランジスタを実用化したハイテクリーダー」と呼ばれるべきであった。

　もちろんトランジスタ発明を可能としたのは米国の軍事基礎研究であった。それゆえに，21世紀のハイテクリーダーをつとめるべき日本は，環境・バイオ・素材・光エレクトロニクス・ロボット・工作機械・航空機などの分野における基礎的研究に対して惜しみない公的資金を投じなければならない。未来を切り拓く基礎的研究は世界一番でなくてはいけない理由がそこにある。

　話をSONYに戻すと，SONYはカリスマ性をもつ2人の経営者，井深と盛田が作り上げた世界的ベンチャーであった。その発展の秘訣は，一般消費者社会に広く受け入れられるハイテク・エレクトロニクス製品だった。そして，これを実現するためには寝食を忘れ働き，多くの若手エンジニアがこれに共感して没頭し，テープレコーダー，トランジスタラジオ，トランジスタ超小型テレビ，トリニトロンカラーテレビをつくり出していった。

　それらは，日本のみならず全世界で熱狂的に受け入れられた。そして，会社設立13年目にあたる1969年には，SONYは1,000億円企業となった。まさに伝説としか言いようのない快挙であり，世界中の若者を興奮させる企業家精神の伝説となった。SONYのケース分析は，今でもスタンフォード大ビジネススクールでHPとならぶスタンダードとなった。

　こうした急速な発展が可能であった最大の理由は，ホンダにも当てはまることだが，彼らのビジネスがB to Cすなわち一般消費者を対象としながら，きわめて最先端の技術をベースとしたハイテク製品を市場に投入し続けたことにある。消費財は，最終価格が大きく粗利益も大きいことから世界的ヒット製品の収益寄与率はきわめて大きい。素材・部品を大手企業に提供し続けるB to Bでは，それを実現することは難しい。

しかしながら，技術に拠り所をおく製造系ベンチャー企業は，一般的にB to Cモデルを採用できない。なぜならば，市場に製品を送り出すため大量の資金と経営資源がなく，既存の大手企業と互角に戦えないからだ。ところがSONYは，はじめから勝ち目がないビジネスモデルに対して自らの高い技術ポテンシャルをもってすれば不可能なことはないとの確信をもって挑戦し続け，そして勝ち続けたのだった。

　つまり，**SONYにとっての企業家精神は，ベンチャーなのに高い技術力をもって，あえてB to Cに挑んだことにあった。**だが，B to Cに挑んだSONYは大量の資金を必要とした。これを可能としたのが盛田の実家への借金と同家の連帯債務保証，および井深の義父の信用を通じた三井銀行からの大量融資だった。そして株式公開だった。今でいえば，盛田の父は**エンジェル**，三井銀行は**ベンチャーキャピタル**と表現されるだろう。

第8講 大学発型ベンチャー「HP」

1. HP創業準備期間（3年）
2. 大学発として恩師ターマン教授の創業支援
3. HP創業後の発展戦略
4. HPにみる企業家精神

1. HP創業準備期間（3年）

　1891年，ゴールドラッシュの混乱間もないカリフォルニア州のパロアルトの果樹園跡に，ハーバードに学んでいた息子の夭逝を痛んだ鉄道王リーランド・スタンフォード氏が寄付して，無名の私立大「リーランド・スタンフォード・ジュニア大学」が創設された。開学して40年ほどのスタンフォード大学工学部に入学したパッカード（Packard, D.）は，得意のアマチュア無線がきっかけで，後の共同創業者となるヒューレット（Hewlett, B.）を結びつけてくれた2人の共通の恩師ターマン（Terman, F.）教授に出会う。

　　スタンフォードでは，アマチュア無線が将来を決める手がかりになった。工学部からすこし離れた小さな建物に，大学のアマチュア無線局があった。そこは，フレッド・ターマン教授という若い新任教授の研究室に近かった。当時私はターマン教授のことをよく知らず，教授の父君が著名な教育者で，有名なスタンフォード・ビネー知能テストの発明者であることさえ知らなかった。私は無線局にいることが多く，そこへ時々ターマン教授が立ち寄った。

そして一九三三年春，教授の部屋に招かれ，四年生になったら，自分の無線工学の修士コースを取らないかと誘われた。これが，HPの設立へとつながる一連の出来事の始まりだった。(パッカード，1996, p.27 [下線筆者])

その後，恩師ターマン教授は，HPの創業とその後の発展にかけがえのない仲間をもたらした。

ヒューレット（HP共同創業者・社長・会長），ポーター（HP最高製造責任者），オリバー（HP最高研究開発責任者），私（HP共同創業者・社長・会長）の四人は，ターマン教授のクラスを通じて深い友情で結ばれた。数年後，このメンバーがHPの経営陣となったのは単なる偶然ではない。(同書，p.34 [（　）および下線筆者])

ターマン教授がこう言ったことが印象的だった。『成功している無線メーカーのほとんどは，十分な教育を受けなかった人が始めたことがわかるね。しかし，この分野に関するしっかりした理論的基礎のある人のほうが，ビジネス・チャンスはもっと大きいはずだよ。』われわれはこの点をじっくり考え，四年生のとき，ビル・ヒューレット，エド・ポーター，バニー・オリバーと私は，教授の勧めにしたがって，卒業したらなにか事業を試みるという仮計画を立てた。しかし，一九三四年の春，私がゼネラル・エレクトリック（GE）から採用通知を受けたため，計画は棚上げになった。当時は大恐慌のただなかで，就職口は少なかった。ターマン教授の考えでは私はGEへの就職を受けるべきだった。就職すればさまざまなことを学び，それはいつか，われわれの活動に役立つだろう。また，ビルは大学院で勉強を続けたほうがいいと教授は考えていた。そこで，われわれは事業を起こすのは延期したが，いずれは以前話し合った会社をつくろうと決めていた。(同書，p.36 [下線筆者])

大学卒業前に創業を誓い合ったターマン研究室門下生たちであったが，ターマン教授は彼らに卒業後間もなくの創業をあえて勧めず，それぞれ外の世界に学んでからの創業を学生たちに強く勧めた。その結果，ヒューレットは，

のちにHP社の研究開発最高責任者となる前に研究開発の方法論をスタンフォードおよびMITの大学院で修業した。また，パッカードは，設計者と製造工程の乖離によって必然的に現場で生ずる品質管理の問題と解決策を，米国トップ企業GEの工場で実地体験した。

やがて，2人はHP社創業へと突き進む。

> パロアルトへ戻った時，私は（すでにMITを卒業し戻っていた）ビル・ヒューレットとも会い，そのとき初めての『正式な』事業会議を開いた。一九三七年八月二十三日付けの議事録には，『ベンチャー事業案に関する（仮）設立計画および（仮）運営プログラム』という見出しが付いている。話し合った商品アイデアには，高周波受信機，医療機器などがあり，『最近発表された新技術，テレビジョンについても，最新情報を得るよう努力すべきだ』というメモが残っている。新会社の名称案は『エンジニアリング・サービス社』だった。(同書，p.44 [（ ）筆者])

2. 大学発として恩師ターマン教授の創業支援

1938年春にパッカードは，大学事務員として働いていた学生時代からの恋人ルシールと結婚した。そして，1750年代に英国グラスゴー大学で行われたアダム・スミス（Adam Smith）博士（副学長）によるワット（Watt, J.）大学技手への支援にも匹敵する，ターマン教授の学部ゼミOBに対するベンチャー創業支援が始まった。

> その頃，フレッド・ターマン教授は，ビルと私の状況を気にかけていて，一九三八年の夏，私がスタンフォードの特別研究員になれるように手配してくれた。年間五百ドルの奨学金が受けられたが，それ以上に重要なのは，再びヒューレットとの親交が深まったことだった。(中略)
> 正式にGEを辞めたのは，それから一年後だった。ルシールは，一九三九年六月に彼女が私の辞表をポストに投函したときのことを，いつまでも覚えて

いた。その封筒を投函すれば，収入源は絶たれてしまう。しかし，われわれは希望に満ちあふれ，未来に胸を躍らせていた。

<u>ターマン教授は</u>，レッドウッド・シティにチャーリー・リットンが所有していたリットン・エンジニアリング研究所で，バリアンのプロジェクトの研究をできるように<u>手配してくれた</u>。さらに，GEでの実務証明を取って，一年間の在籍でもスタンフォードの電気工学の学位を取れるように<u>手配してくれた</u>。（妻の）ルーはスタンフォードの学籍課の仕事に復帰した。それからの数年間は，月曜日から金曜日までと土曜日の午前中に働き，<u>二人の暮らしを支えた。</u>」
（同書，pp.45-47 [（　）および下線筆者]）

つまり，ターマン教授は，**メンター**として既婚のパッカードが創業までの間の経済的支援と学位取得まで直接的に援助してくれたのだった。また，パッカードにとってルシール夫人は最大の支援者であり**パートナー＆エンジェル**であった。彼女は，経済的に夫パッカードを支えたばかりか，後にはHP社の経理事務と人事総務一切を引き受け，採用面接も行った。その後10年近く，社員の結婚祝いと出産した社員へのベビー毛布を会社としてプレゼント手配していたという。その後結婚したビルの妻フローラも，ルシールとともにHPで献身的に働いた。

　再会したビルと私は事業計画に取り組んだ。ビルはパロアルトのアディソン街に二階建ての家を見つけ，ルーと私が一階に住んだ。まだ独身だったビルは，裏の小さな建物に住んだ。そこには一台分のガレージもあり，それが仕事場になった。（同書，p.50）（訳者注：1989年，カリフォルニア州は，アディソン通りのガレージを『シリコンバレー発祥の地（the BirtHPlace of Silicon Valley）』として，カリフォルニア州の史跡に指定した。）

　一九三八年秋には，まだどんな製品を開発・製造するのか決めかねていたため，目についた仕事を手当たりしだいやってみた。（同書，p.54）

　こうした雑多な仕事をするうちに，自分たちとその技術に対する自信が生

まれてきた。予期していなかったこともわかった。それは，互いの能力が補完的だということで，かえって二人の関係にとってプラスになった。回路技術はビルの方がすぐれていたが，製造工程は私のほうが熟達し，経験もあった。このように，異なる才能の持ち主が組むことは，とくに電気製品の設計・製造には役にたった。

　種々雑多の機器を作っていても，あまりもうけにはならなかった。何かひとつの機器を開発して商品化した方がいいのではないかという思いが強くなっていった。小幅ながらも進歩があったため，<u>一九三九年，ビルと私はパートナーシップ契約を締結し，正式に事業を始めた</u>。正確な契約条件は覚えていないが，かなり簡便なものだった。いくつかの部品や道具の資金をビルが立て替え，私はスケネクタディから持ってきた設備を寄附した。会社名でどちらの名前を先にするかは，コインを投げて決めた。もちろん，勝ったのはビルである。(同書，p.55［下線筆者］)

　HPは，スタンフォード大学工学部の恩師ターマン教授と研究室仲間の応援に基づく文字どおりの**大学発型ベンチャー**であった。創業にあたって，彼らの教育指導はもちろん，経済的援助から技術移転まで彼らの恩師ターマン教授は，メンターとして彼らの創業に至る道筋を段階的に支援した。それゆえHPは，大学生まれのテクノロジーを基に出発した米国における大学発型ベンチャーの先駆者となった。

　現在，スタンフォード大学は，大学発テクノロジーの創業に対して独特のインキュベーション文化を育み，ヤフー，ネットスケープ，SUNマイクロ (SUN: Stanford University Network)，シリコングラフィックス，Googleなどめざましい成果を上げているが，こうした創業文化は1930年代のHPに対するターマン教授の個人的な研究室門下生に対する創業支援に端を発する。

　ヒューレットは，大学院生のまま創業に参加したことから**学生ベンチャー**の先駆例ともいえる。他方，パッカードは恩師のすすめで米国最大の製造業GEにいったん就職し，3年後に母校の研究生になってからGEを退職して創業に参加したことから脱サラともいえるだろう。

　しかしながら，最初のHPの製品は恩師ターマン教授の研究室派生の技術

115

であったことを考えると，HPの創業は大学発といえるだろう。また，その後の恩師の導きがなければ，HPは有力企業の技術担当役員に会うことも試作品の見込み客リストを得ることも不可能であった。

留意すべきは，スタンフォード大学が組織的にこのようなインキュベーション・ポリシーを採用したのは1950年代に入ってからであり，それまではHPの創業に対する支援は卒業生と恩師の**個人的な関係**に過ぎなかった点である。事実，わが国においても関係者のみが知る大学が関わったOB創業は，戦前から存在する。

米国のケースと日本で異なる点は，企業家精神が大学や地域社会によって堂々と評価され，卒業生も収益を大学にみえる形で具体的に還元していった点だ。日本では，そうした支援は常に個人的かつ水面下で非公式に行われてきた。それは，ビジネスに対する米国大学の評価と日本大学の評価の違いにも由来するが，企業家精神を規範とする大学が，企業家精神を遂行する創業者を育むことを通常の大学教育活動のミッションに加えることが，グラスゴー大学やスタンフォード大学の例からも日本で切に望まれる。

それでは次に，同社の発展戦略を探る。

3. HP創業後の発展戦略

(1) オーディオ発振器

どのようなテクノロジー・ベンチャーの創業にも共通する課題は，自分たちのテクノロジーを誰に評価してもらうかに尽きる。

20歳代の大学同級生2人が作った無名のベンチャーが，一流企業にアクセスして技術説明を行うチャンスは日本でも米国でもきわめて稀だ。誰かの推薦がなくてはできず，日米変わらずにそれは，卒業時の恩師によって行われることが通例である。それゆえ，HPはその多くを恩師ターマン教授のリコメンド（推薦）に仰いだ。

このとき（二人がパートナーシップ契約を結びHPを法的に設立した時）も，

フレッド・ターマン教授の支援があった。(中略) 一九三八年春, ビル・ヒューレットを含むターマン教授の研究室の学生グループが, ネガティブ・フィードバック (1927年にベル研が論文発表した新理論) を応用した装置をいくつか試作した。ビルの抵抗安定化オーディオ発振器は (HPの) 事業に貢献した。<u>ターマン教授の貢献も大きかった。(中略) このオーディオ発振器は, HPの製品第一号となった。</u>(同書, p.56 [( ) および下線筆者])

いくら彼らが優秀な工学修士であったとしても, わずかガレージ1つの試作スペースしかないHPが大手一流企業をうならせる高度な製品を開発できるわけもなく, そのすべては大学の恩師研究室の研究成果にあった。

ターマン研究室提供による試作品が完成した後, ベンチャー企業としての真価が問われる。一体, 誰に評価を得るかである。そこで, ターマン教授は, スタンフォード大工学部OBで有力大手企業の技術担当役員に対して, 2人に会ってくれるよう要請する。

同じ年に, ガレージで事業を始めたあと, <u>ターマン教授は</u>, スタンフォードの工学部出身で国際電話電信会社 (ITT) のハロルド・バートナー研究開発担当副社長に, ビルの発振器をひとめ見るように<u>勧めた</u>。バートナーは感銘を受け, 外国で特許をとるための五百ドルを提供し, 米国で特許を取得するときにも力になった。十一月, われわれはオーディオ発振器の試作品を作り, ビルはそれをオレゴン州ポートランドで開かれた無線技術者 (IRE) の会議に持っていった。いい反応が得られたので, これを製品化することにした。最初の生産モデルは, クリスマスまでに完成した。暖炉の上にこの装置を載せていたのを, はっきりと記憶している。その場所で製品の写真をとり, 二ページのパンフレットをつくって, <u>ターマン教授に聞いた約二十五の見込み客に送った。</u>(同書, pp.56-57 [下線筆者])

ここで, ターマン教授がHPに対して行った創業支援を振り返る。

①ヒューレットとパッカードを大学近くまで呼び寄せ, 生活面での支援や

学位取得を可能としたこと
②自らの研究室で試作に成功したテクノロジーをHPに分け与えたこと
③その最初の評価者として，大手企業につとめる大学OB役員に対して後輩2人に会うよう要請したこと
④製品パンフレットの送付すべき見込み客25名のリストを与えたこと

ターマン教授の支援によってHPの事業は少しずつ前進したが，どうやって工学修士である彼らは帳簿に記帳し運転資金をコントロールしたのであろうか。疑問は，以下の引用によって明らかとなる。

> 一九三八年の秋にスタンフォードで取っていた事業関連法（business law）と経営会計学（management accounting）の講義でも，多くを学んだ。このクラスに登録したのは，新しいビジネスに役に立つかもしれないと考えたためだった。いま思うと，私がとったコースのなかでも，これらはきわめて重要なものだった。事業関連法では，パートナーシップ，契約，会社設立について詳しく学んだため，それからの数年間，われわれはほとんど弁護士を必要としなかった。経営会計学では，帳簿をつけ，夜や日曜日にルー（妻）の手を借りて決算するのに役に立った。（同書，p.59［（　）および下線筆者］）

(2) 第2次世界大戦における特需

1941年12月8日，日本海軍はハワイ・オアフ島にある米国太平洋艦隊基地（パールハーバー）を攻撃した。その結果米国は，日本のみならず，それまで中立を維持していた日本の軍事同盟国ドイツとの同時戦争へと突入した。日本との戦いは「太平洋と諸島をめぐる戦い」で洋上における航空戦と海戦が主であり，ドイツとの戦いは「大西洋の戦い」でドイツ海軍潜水艦「Uボート」との戦いとなった。

それゆえ，大西洋と太平洋の両面で海の戦いを強いられた米国にとって，戦局を左右する最重要兵器とは，洋上で敵を見通す高性能な「艦船および航空機搭載のレーダー」，海中に潜む潜水艦をいち早く発見する「対潜ソナー」，そして10m以内の敵航空機に近接すると自ら発信する無線信号の応答をキャ

ッチして自爆する砲弾組込型の「VT（近接）信管」であった*。

> *コメント　つまり，レーダー，ソナー，VT信管は，第2次世界大戦の帰趨を決定したエレクトロニクスが可能とした革命的兵器であった。これにより，開戦当初は保有空母数において米国海軍に勝っていた日本海軍は，やがて米国の新兵器により大敗し再起不能な壊滅的打撃を被る。

　ターマン教授は，戦時中，スタンフォードよりハーバード大学・MITに設けられた「無線研究所」に招聘され，レーダー・ソナーおよびVT信管の開発プロジェクトの総指揮者となった。ここには，大統領令に基づき，全米の大学院工学博士課程を凍結して研究者4,000名が集められ，原爆開発のマンハッタン計画に匹敵する国家資金が最優先で投入された。HP産みの親ターマン教授は，大統領要請に基づき戦局を左右するこれらエレクトロニクスの最重要兵器開発を指揮したが，その開発と生産の一部は教え子たちが設立したHPにも及んだ。

　　HPでは生産に重点を置いていたが，大戦初期，海軍研究所の数人と知り合った際に，製品開発にも乗り出した。（中略）研究所には標準的な製品を売るつもりだったが，ほかに必要な機器を考案することにも興味があった。この関係のなかで，研究所の一部門を取りしきるアンディ・ヘフ博士と知り合った。ヘフ博士のグループは，マイクロ波発生器（1927年に東北帝大が世界で初めて発明したマグネトロン）を開発していたが，海軍用にこの装置をもっと入手したいということだった。この周波数帯は経験がなかったが，装置を開発することに同意した。（中略）なんとかやり遂げて，短期間のうちに妥当なコストで装置を納品することができた。ヘフ博士は感動し，ほかにも海軍の仕事をやらないかと言った。そこで，ほかにも装置を開発し，ヘフ博士の開発した，敵の船上レーダーを妨害できる装置を製造した。（中略）この仕事は，われわれにとって重要だった。新しい技術知識を身につけ，マイクロ波機器事業に乗り出すことができた。この事業拡張によって，戦後，HPはかなりの収益を得た。
　　第二次世界大戦中，会社の成長とともに，製品の種類も増えた。ビルのオ

ーディオ発振器に続いて，（レーダーに用いられる）波形分析器と数種類のひずみ分析器を設計した。つぎに，高出力オーディオ信号発生器を開発した。この製品は軍用の近接（VT）信管の市場を築いた。この時はまだ真空管電圧計は造っていなかった。（中略）後になって真空管電圧計モデル400Aを開発し，大成功をおさめた。（同書，p.76［（　）および下線筆者］）

引用中の「敵の船上レーダー」とあるのは，ドイツ海軍潜水艦に搭載されたウルツブルクレーダーと，盛田が勤務した海軍技術研究所が開発し井深が率いる日本測定器が生産した戦艦搭載レーダーである[*a]。また，恩師ターマン教授が開発の総指揮をとり，HPも生産の一端に関わった「VT信管」が米国海軍艦艇に配備された1944年のマリアナ沖海戦以降，アメリカ艦船の対空射撃による日本海軍機およびのちの特攻機撃墜率が異常に高まった理由は，ここにある[*b]。

> **＊コメントa**　第2次世界大戦中に実用化された米国製レーダーが250Km以上先の敵を水平方向と垂直方向の2次元で識別できたのに対して，日本製レーダーは30Km程度の水平方向を1次元識別に過ぎなかった。その結果，時速500Kmで飛来する敵戦闘機を30分前に高度まで含めて正確に捕捉できた米国航空母艦に対して，日本航空母艦の場合の捕捉は敵機飛来のわずか4分前であった。航空母艦から迎撃機を発進させ絶好の迎撃ポジションである6,000m上空に全機を到達させるためには，日米ともに熟練パイロットをもってしても20分を要した。その結果，米国は日本機到達の10分前に最適迎撃ポジションについたのに対して，日本側迎撃はまったく不可能であり，貴重なパイロットと戦闘機を搭載する空母はアメリカ側攻撃機によって次々と撃沈された。基礎的な科学と実用化を目指す技術開発に対する軽視がどれほどの悲劇をもたらすか，私たち日本人が決して忘れてはならない教訓がそこにある。

> *コメントb　近接信管は，信管内に仕組まれた3本のミニチュア真空管で構成される小型レーダーによって，10-15m以内の敵機を感知すれば砲弾を自動的に爆発させた。VT信管導入によって，対空射撃命中率は20倍向上したといわれる。つまり，後の特攻作戦における日本人パイロットは，対空弾幕を通過中に大半は破片によって死亡していたと考えられる。1943年末に世界で初めて米国海軍が実用化し，1944年のマリアナ沖海戦で実戦配備された結果，日本側攻撃機に致命的な損害を与え日本海軍は事実上壊滅し，米軍によるサイパンからの本土空襲と沖縄上陸を許す結果となった。

　さらに驚くべきことに，SONY初期の事業化に絶大な貢献をした製品は，HPとまったく同じ「真空管電圧計」であった。つまり，SONYの前身である日本測定器とHPは同じ頃創業し，同じ頃同じ製品をそれぞれの海軍に供給し，戦後日米を代表するエレクトロニクス企業として発展したのだった。

> 　短波コンバータの次に開発したのが電気炊飯器である。（中略）電気炊飯器とともに当時，進めていたものが真空管電圧計である。（中略）木製黒塗りの桐箱入りの真空管電圧計。性能もよく，逓信院からは百台ほどの大量受注があった。昭和二一年の初めのことである。（中略）事業はどうやら軌道に乗り始めた。（井深，2003，pp.124-126［下線筆者］）

　他方，HPのマネジメントが優れていたことは，その一貫した開発戦略にあった。彼らは，決して軍需があったからといって際限なく事業領域を拡大したわけではない。もしそうしていれば戦後の需要減退で倒産していたかもしれない。だがHPは賢明に生き延びた。そして**軍需**に応えることで蓄積した技術を戦後の製品開発に徹底的に**応用**したのだった。

> 　これらの機器は，それぞれ違う種類のものだったが，電気通信の測定・テスト用という点では共通していた。無関係なものにあれこれ手を出さず，互いに関連のある製品のグループを作る戦略をとっていたためだ。このように焦点を定めることは，初期だけではなく，後々まできわめて重要なことだっ

たと考えている。たとえば，戦時中は，少なくともわれわれにとってはかなりの規模の生産契約を獲得することもできた。しかし，それを引き受けていたら，とても会社を維持しきれなくなっていただろう。<u>自分たちが十分にこなせる仕事だけを受け，品質の高い機器を設計・製造できるようにベストをつくし，確固たる基盤を築くべきだと考えていた。</u>（パッカード，1996，pp.77-78［下線筆者］）

(3) 戦後の躍進

こうして，第2次世界大戦で生じた莫大な軍需に応えることで，HPは**大学発型ベンチャーから世界的エレクトロニクスメーカーへと躍進した。**

  HPは，軍用機器を専門に設計・製造していたわけではない。<u>しかし，製品の多くを軍や国防機器メーカーが買ったため，戦時中に会社は急成長した。</u>年間の売上高は，またたく間に百万ドルに達し，戦争が終わる頃には，従業員は二百人になっていた。（同書，p.71［下線筆者］）

だが，HPの真に偉大な点は，戦後，こうした軍需だけを頼りに政府に頼りきる国防産業としての成長を選ばず，これをスプリングボードとして戦後の経済復興の波に乗って**民需**を開拓していったことだ。

  終戦によって，ほとんどの企業には不安が生じた。われわれも例外ではなかった。（中略）しかし，重要な人材は残すように努め，この伸び悩んだ時期を機会に，優秀な技術者を探して招き入れることができた。とくに，<u>戦争中，ハーバードの無線研究所などの軍関連研究所でフレッド・ターマン教授とともに研究していたエンジニアに注目した。</u>（中略）これらのエンジニアが加わったことで，戦後の危機的な時期に必要な新製品を開発し，長期的には，会社の重要な役職で活躍する人材をそろえることができた。（同書，p.79［下線筆者］）

大戦がおわり軍事技術者が失業気味になる頃，通常，ベンチャー企業が獲

得できない優れたエンジニアを，恩師の紹介もあって意欲的に採用した。HPは，彼らを通じて戦時中に開発された技術の即時移転から新製品開発に努めるとともに，長期的な技術経営のための人材確保を図ったのだった。

その後も，HPはエレクトロニクス事業発展に資する新製品開発に邁進するが，他の米国企業と際だって異なった点は次の3点にあった。

① 『HPway』と呼ばれる独自の企業文化哲学の構築したこと
② 米国初の産学共同体制を自らの企業収益を投じて行ったこと
③ 積極的な海外進出をすすめたこと

1）HPway

HPは，1957年にサンフランシスコの北100kmにあるソノマ・ホテルにおいて，のちに『HPway』として知られる**企業目標**を確認し，決定した。

> 会社が成長しても，小企業のような雰囲気を守ること，幹部にこの経営スタイルと目標をよく知ってもらうことが必要だと考えた。（同書，pp.97-98）。

そして7つのHPが目指すべき目標を『HPway』として明文化した。

> ビルと私は，管理者や監督者の指針となる目標を明文化するなら，彼ら自身が目標の将来の作成に加わるべきだと強く感じていた。また，この目標は時々見直し，必要に応じて，会社の将来のために修正するつもりだと話した。
> 当初，目標は六つあった。時間とともに，経験や事業環境の変化に応じて，これらの目標を修正してきた。一九六六年に目標を改訂し，次のように決めた。
> 一　利益。利益は，社会への貢献度を知る最高の尺度であり，企業の力を示す最終的な情報であると認識すること。ほかの目標に矛盾することなく，最大限の利益を達成するよう努めるべきである。
> 二　顧客。顧客に提供する商品とサービスの質，有用性，価値を，つねに高めるように努力すること。
> 三　事業。仕事の的をしぼり，たえず新たな成長の機会を求めながらも，

能力があり，貢献できる分野のみにかかわるようにすること。
四　　成長。成長は，力の尺度および存続の最低条件として重視すること。
五　　従業員。HPの従業員に，自分が貢献した会社の成功について分配を受ける機会など，雇用にともなう機会を提供すること。成績にもとづいて仕事の保証を与え，仕事の達成感によって個人的な満足を得る機会を提供すること。
六　　組織。個々人の志気，イニシアティヴ，創造性を育てる組織的環境と，設定した目標・目的に向けて努力する際の幅広い自由を維持すること。
七　　市民性。企業の運営環境を形成している社会の一般市民や組織に貢献することにより，よき市民としての責務を果たすこと。（同書，pp.98-99）

2) 産学共同体制

戦後，恩師ターマン教授を通じてスタンフォード大との関係は飛躍的に強化拡大された。

　　第二次世界大戦後，ターマン教授はハーバード大学無線研究所からスタンフォード大学に戻ってきた。再び教授との親密な関係が始まり，スタンフォード工学部の大学院生が研究を行い，HPの製品を設計・製造する奨学金制度を，協力して創設した。（同書，p.82［下線筆者］）

HPは，望み得る最高の支援を恩師ターマン教授から与えられ，戦時中にはこなし切れないほどの軍需を受けた。だが，彼らの目標は高い技術力によってベンチャーとして成功することであって，大手軍需メーカーの下請け企業として大儲けすることではなかった。それゆえに，HPのドメイン（事業領域）にある高度な技術課題の習熟と挑戦を続け，製造する製品の品質にこだわった。

1952年HPは，母校ターマン教授率いるスタンフォード大学電子研究所に「拡張ラボ棟」を寄贈した。そして，HPはスタンフォード大と3つの関係を結んだ。

①HP製品を設計・開発するスタンフォード大工学部大学院生に対する奨学金制度の創設
②HPエンジニアのスタンフォード大学院派遣留学制度の創設（過去400人以上を派遣し，学位取得）
③スタンフォード大インダストリアル・パークへの進出

①の実施は，HPにとって次のような大きなビジネス成果をもたらした。

　スタンフォードでこの奨学金を受けた大学院生のひとりが，アル・バグレーだった。（中略）アル・バグレーの設計チームは（放射能）周波数カウンターのシリーズと関連製品を次々と開発した。これらはHPの商品のなかでもとりわけ成功し，数年間で数十億ドルの売上げがあった。（同書，p.84［下線筆者］）

②については，「条件を満たしたHPのエンジニア」が給与の全部と，学費の一部（現在は全部）を会社負担で学べる制度導入によって，全米の大学から優秀な工学部卒業生をHPが採用できた。さらに，③は全米でも初めての試みで，シリコンバレーのクラスター化に欠かせない条件になった。

　一九五〇年代初頭，スタンフォード大学はスタンフォード・インダストリアル・パークを創設し，地元産業との結びつきをさらに強めた。このときもターマン教授の努力によって，パロアルトのキャンパスに隣接する二・三平方キロメートルの土地は，研究所・事務所・軽工業施設の用地として開発されることになった。企業は，きびしい用途地域基準と建築制限のもとに，スタンフォードから土地を賃借し，建物を設計，建設した。
　一九五六年，われわれはここに二つのビルを建設した。バリアン・アソシエイツが最初にこの地区に入ったが，数年後には，HPが地区最大の企業になり，十万平方メートル以上の施設を建設した。
　スタンフォード・パークは，米国でも初めての試みで，現在は八十以上の企業や団体が土地を借りている。HPと同様に，大学の，とくに工学部やビジネス・スクールと密接なつながりがある企業が多い。（同書，p.85［下線筆者］）

つまり，人材獲得育成・新製品開発・キャンパス立地など，それまで常識としては存在しなかった産学連携手法を，戦後のHPは次々と編み出した。その結果，大手企業に勝るとも劣らないハイテク新製品を効率的に市場に投入して今日の地位を確保した。

さらに注目される点は，キャンパス内インダストリアル・パークと密接に関連する大学側機能が，工学部のみならずビジネススクールが加わっている点だ。①に述べたHP製品の設計・開発に参加する工学系大学院生に対する「奨学金制度」が，大学と企業の産学連携を緊密なものへと発展させるソフトウェアだとすれば，「インダストリアル・パーク」は物理的な大学と企業の距離を縮める産学連携のハードウェアといえる。そこに，1950年代からスタンフォード大ではビジネススクールも加わっていたとすれば，その後のスタンフォード大が地域に果たした貢献は，新しい技術の商業化＝新産業の創出という観点で絶大な効果を発揮したことは疑いない。

現在の日本で20歳代後半の大学院修了者の年収は350万円程度で，これに地元国立大学院の学費50万円を加えると計400万円程度のコストがかかる。これに対して，会社が自前ラボを建設し自社開発する年間コストは，人件費を含め1人3,000-4,000万円である。だとすればHPの手法は，自社で行う10分の1程度ときわめて低コストかつ効率的だ。ただし，地元産業界にとって魅力的な教育と研究を行っているスタンフォード大のような大学院が存在する場合，という条件付きであるが。

3）積極的な海外進出

HPは，1950年代に欧州，60年代に日本，80年代に中国に進出し，それぞれ大きな成功を収めた。すなわち，

① 1957年の欧州共同市場（ECM）創設以来ヨーロッパ進出をすすめ，59年ジュネーブに販売本部，西ドイツにパロアルト以外で初めての製造工場を建設した。
② 1963年に，HP製品とある程度関連のある日本の計測機器メーカー「横河電機」とジョイント・ベンチャーである「横河・ヒューレット・パッ

カード（YHP）」を日本に設立した。また，84年にはキヤノンからレーザープリンター技術を導入して，今日のプリンター市場における成功の第一歩を開始した。
③1977-79年に，キッシンジャー博士の中国訪問以後，共産主義体制での共同事業化がHPと中国政府との間ではじまり，80年代に入って加速化した。

こうしてHPは，戦後復興期に**大学との連携**をさらに密にすることによって，それ以後も続いた冷戦による軍需と，シリコンバレーの繁栄の基礎となった半導体産業の発展，そして80年代に始まったIT産業の生成と発展を背景として，見事な発展を続けた。

4. HPにみる企業家精神

(1) 5つのイノベーション

1) 新しい財貨
　HPにとっての新しい財貨とは，勃興するエレクトロニクス産業の一翼を担い，第2次世界大戦下で米国を勝利に導くために米国海軍が必要とした3大エレクトロニクス兵器（ソナー，レーダー，VT信管）の開発に欠かせないオーディオ測定器，オシロスコープ，マイクロ波発振器であった。

2) 新しい生産方法
　①大学研究室で開発された技術をそのまま自社製品に応用したこと。
　②第2次世界大戦が始まると，飛躍的に発展したエレクトロニクス兵器への部品供給のみならず，兵器開発にも積極的に参加した。それらを開発製造する過程で高度技術を蓄積し，戦後の復興過程で民生用に応用発展させた製品を迅速に市場に投入したこと。
　③戦後，エレクトロニクスメーカーとして発展するために，母校との共同技術開発に携わる大学院生への奨学金制度や，従業員の大学院派遣留学

制度によって，新たな技術と人材獲得に資する産学共同を効果的に進めたこと。

3) 新しい販路の開拓

大学恩師が紹介してくれた大手企業の開発担当役員に対して試作品を直接説明する。あるいは，恩師が紹介してくれた見込み客にパンフレットを送ったこと。

4) 原料あるいは半製品の新しい供給源の獲得

戦前戦中は，大学や海軍研究所と密接に交流し，新たな原理と試作品を手に入れたこと。とくに，創業間もないHP社の最初の製品は，元々大学研究室で開発された試作品であった。戦後も，母校への研究棟の寄贈，開発協力をしてくれる大学院生への奨学金制度，従業員の大学院派遣制度，学内インダストリアル・パークへの自社ラボを建設し入居したこと。

5) 新しい組織の実現

米国で一般的にみられる資本家対経営者，経営者対従業員といった二元的対立構造を排し，HPウェイにみられる家族的経営，企業家精神を維持する経営に心がけた。その結果，優秀な従業員が全米から集まり，そこから多くのスピンオフベンチャーを輩出するシリコンバレーの先駆的企業となったこと。

(2) 企業家精神の形

HPは，企業と大学が結ぶ新しいパートナーシップのモデルを編み出した。それは，無名のテクノロジー・ベンチャーの発展に欠かせない，他のベンチャーがもち得ない強みとなった。そして，このパートナーシップは，**母校への恩返し**といった側面と**母校からの支援継続**という，２つの側面からHP発展にとって欠かせない非常に大きな経営資源（ブランド力，人材獲得，最新テクノロジー情報）をもたらした。

HPとスタンフォード大学の関係は，「win-win」といった底の浅い短期の

利害関係とは無縁の，大学卒業から60年以上に及ぶ親密な「産学パートナーシップ」であった。

1954年にパッカードはスタンフォード大学評議員になるよう学長から指名され，58年には評議会会長となった。またヒューレットも1958年にスタンフォード大学医療センターと病院総長となり，63年には評議員となった。母校マネジメントへのボランティア参加が際だっていた。スタンフォード大がこれほどの変革を行い得た背景には，この大学から育ったOB創業者が母校への恩返しという形で企業家精神を，私立大学のマネジメントに注入したことも大きかったと推測される。

ベンチャー企業は**技術と人材**を大学から獲得し，大学はベンチャー企業への支援を通じて**富と世界的名声**を獲得した。その結果，こうした場にベンチャーを育む支援人材が集積し，さらなる大学発型ベンチャーの創出に多くの経験に基づく貴重なアドバイスと投資がなされていった。その結果，スタンフォード大学周辺には，のちにシリコンバレーと呼ばれる特有なハイテク・ベンチャーの集積地域が形成されていった。

ひるがえって，しばしば私たちは日本国内においても「シリコンバレーのようなハイテク集積地域・クラスターを地域に創造したい」との声を，自治体や政策官庁から耳にする。その実現のために，はじめに工業団地造成・オフィスビル建設などが行われる。しかしながら，HPの創業にあたって，彼らの創業場所は自分たちで借りた民家の10坪にも満たないガレージだったし，インフラは一般家庭にある電気・ガス・水道に過ぎなかった。

むしろ重要だったのは，大学の研究室が，指導教官の指導の下に試作のための技術を提供したこと，同じ研究室の仲間が参加してくれたこと，最初のマーケティング対象を指導教官が教えてくれたことだった。つまり，創業に求められたものはハードではなく，**暖かい友情に満ちた師弟関係と大学で生まれたてのサイエンス**だった。それゆえに，もしもわが国のどこかの地域が第2のシリコンバレーを望むなら，同様に，こうした地域の大学が地域に自ら創業コミュニティーをどのように形成するかが問われている。

(3) HPにみられる創業者の品位

　HPのヒストリーをみると，ビジネスやテクノロジー以外にも日本のベンチャー創業者たちは習うべき点が多い。

　ベンチャー企業は，創業前後に多くのエンジェルやメンターによる支援を必要としている。ところが，わが国の成功した創業者から，後にかつて彼らを親身になって支援したエンジェルやメンターについての感謝の言及を耳にすることは少ない。こうした品位礼節に欠ける日本の創業者の姿勢は，次なる善意にあふれるエンジェルおよびメンターの出現を妨げるばかりか，当該ベンチャーの発展にも相当のマイナス要因となっていることを，日本の創業者たちは米国に見習い深く反省すべきであろう。

　大学発型ベンチャーにとってのエンジェルやメンターが大学や大学人であった場合，のちの感謝がなければ次の支援循環が生まれない。それゆえ，支援を受けた大学や地域に対して，成功したベンチャーは精一杯の恩返しを物理的にも精神的にも行うべきである。先輩創業者をみて後輩創業者は生まれる。

　大学発型ベンチャーHPが優れている所以は，初期のこのような支援者・協力者・参画者に対する恩義を終生忘れなかったことにあり，それがのちの同社発展にも好影響をもたらしているように思われる。さらにHPの感謝の姿勢は，大学とのいっそうの強い連帯をもたらした。HPの初期の支援者に対する感謝は，大学におわらず販売店，職人，銀行にまで及んでいる。

1）販売店

　　早くからわれわれの活動に関心を持ち，HPの成功にきわめて重要な役割を果たすことになる人物が，もうひとりいた。ノーマン・ニーリーは，ラジオ，レコードなどの電気製品を専門に，カリフォルニア南部のメーカーの製品を委託販売していた。（中略）その後まもなく，ノームはアディソン街のガレージにビルと私を訪ねた。われわれは最初の販売代理店になってほしいと事前に働きかけていたため，この機会に口頭で契約し，約束の握手をかわした。<u>それから五十年，ノームとのビジネスは，いつもこんなやりかただった。</u>（同書，p.61［下線筆者］）

2) 職人

　　板金の加工は、アディソン群のガレージから少し離れた所に商店を構えているアーニー・シラーに依頼した。アーニーはぶっきらぼうな老人だったが、良い腕をもった職人で、長年にわたってHPの板金加工を続けた。(同書、p.66［下線筆者］)

3) 銀行

　　私は、事業の出だしが順調であること、事業拡張資金として五百ドルの融資が必要であることを説明した。(小さな地元銀行である「パロアルト・ナショナル」の) クラリー社長は慎重に耳を傾け、いくつか質問したうえで、証書を出してサインするよう求めた。そして部屋の反対側まで行って、五百ドルの預入伝票を私に渡した。このとき、クラリー社長からほんの少しの信頼を得たのをきっかけに、長年にわたって良い関係が続くことになった。(同書、p.68［(　) および下線筆者］)

　HPが半世紀50年にも及ぶ取引を継続した相手先は、地元の家電ショップ経営者であったり、板金加工職人であったり、わずか500ドルを融資してくれた地元中小銀行だった(日本なら信金に相当)。HPは、こうした多くの地元の個人・中小企業の信用と協力を得て成長した。世界的超大企業となりおそらく経済合理性がなくなったにもかかわらず、HPは社是としてこれらの地元企業との取引を忘れない。そして、そうした企業文化をヒューレットとパッカードは後継者たちに根付かせるために、『HPway』と呼ばれる企業行動方針を制定した。制定の理由を再度引用する。

　　　会社が成長しても、小企業のような雰囲気を守ること、幹部にこの経営スタイルと目標をよく知ってもらうことが必要だと考えた。(同書、pp.97-98)。

　こうした行為の積み重ねは、HPが地域に愛され尊敬される企業となる強固な地盤をつくった。ベンチャー企業といえども、やがて上場会社となって永続的な発展を志向する段階に入ったとき、独自の理念に基づく企業文化を

企業経営にビルトインすることが大切だ。それが、言葉だけにおわらない企業としての**品格**につながり、**企業文化**として従業員の間に根付く。

　大企業と比べ企業年金など十分な福利厚生など望むべくもないベンチャー企業だからこそ、従業員とともに成長するといった視点は非常に大切だ。そうした意味で、独自の企業市民観として現在ではCSR（企業の社会的責任）と呼ばれる考え方を、HPは創業の初期から有していたことが特筆される。つまり、**HPにとっての企業家精神は、大学発型ベンチャーとして地元大学や地元中小企業から受けた支援を生涯忘れないリスペクトに満ちた産学連携**であった。それが具体的に記述されたものが『HPway』であった。

　そして、本書の序文には以下の言葉が添えられている。簡潔にして、胸を打つ。

　　"This book is dedicated to the memory of Flora Hewlett and Lucile Packard. Their steadfast encouragement and their active participation in the early years of our company were the genesis of the HP Way."

　　本書をフローラ・ヒューレットとルシール・パッカードの思い出に捧げる。会社設立にふたりがわれわれを常に励ましてくれたことと献身的に協力してくれたことがHPウェイの原点となった。(Packard, 1996, i.; パッカード, 1996, i)

　2人の創業者を半世紀以上支えた、それぞれの妻への感謝の記憶は、HPの原点そのものであった。

第9講　創業者にみる企業家精神

1. 4社の創業比較
2. 創業の壁
3. 創業者にみる企業家精神

　これまでに取り上げた4社の創業ヒストリーから，それぞれのテクノロジー・ベンチャーを水平比較し，創業者たちが創業期に出会う壁の存在と，それを突破するときにみられた具体的な行動原理，すなわち企業家精神を検出する。

1．4社の創業比較

　4社の創業比較をまとめたものが図9-1である。表によると，4社に共通している項目は次の2項目であった。すなわち，**(K)創業者の実家職業**がすべて自営業であること，および**(N)支援者**を有していた点である。
　4社の創業にあたって「エンジェル」「メンター」と呼ばれる支援者が必ず存在した。それぞれの支援者の内容・属性は各社によって異なるが，少なくとも成功率がきわめて低いテクノロジー・ベンチャーの創業にあたり，支援者の存在なしに最初の第一歩を踏み出すことは不可能である。
　わが国では，2000年以降大学発型ベンチャーが隆盛をみせるようになったが，大学からの直接的な支援や大学発であることからの政府や産業界からの応援が，わが国のテクノロジー・ベンチャーの創出と育成に計り知れない促

◆図9-1　4社の創業比較◆

	本田技研 (独立開業型)	京セラ (スピンアウト型)	SONY (スピンオフ型)	HP (大学発型)
(A)創業/設立	1946/48	1958/59	1945/46	1938/39
(B)創業地	浜松	京都	東京	パロアルト
(C)株式公開年 (公開まで)	1954（6年） 東証店頭	1971（12年） 大証二部	1958（12年） 東証	1961（22年） ニューヨーク証取
(D)創業者 (◎設立者)	◎本田宗一郎＆藤沢武夫	◎稲盛和夫	◎井深大＆盛田昭夫	◎B・ヒューレット＆◎D・パッカード
(E)引退（年齢）	1973 (66&62)	1997 (65)	1976 (68) & 1993 (72)	1987 (74) & 1993 (81)
(F)生年	1906＆1910	1932	1908＆1921	1913＆1912
(G)役員経験	2回＆1回	なし	2回＆なし	なし
(H)創業時職業	ベンチャー経営者＆自営業経営者	中堅企業技師	ベンチャー開発担当常務＆旧海軍士官・大学専任講師	ポストドクター＆技師（GE）
(I)創業年齢 （過去創業） （創業）	(本田) 30歳＆ (藤沢) 33歳 (本田) 42歳＆ (藤沢) 38歳	(稲盛) 27歳	(井深) 32歳 (井深) 38歳＆ (盛田) 25歳	(ヒューレット) 26歳＆(パッカード) 27歳
(J)創業者学歴	旧高等小学（新制中学相当）＆旧制中学校（新制高校相当）	工学部	工学修士＆工学修士	工学修士＆工学修士
(K)創業者の実家職業	自転車販売＆自営倒産	印刷自営	鉱山技師（死去）＆造り酒屋	医学部教授＆弁護士
(L)結婚年齢 （創業時）	29歳（既婚）	28歳（既婚）	28歳（既婚）＆26歳（未婚）	25歳（既婚）＆26歳（未婚）
(M)他創業メンバー	0名	7名	7名	1名（妻）
(N)支援者 （メンター）	あり（役人）	あり（第三者）	あり（親族）	あり（教授）
(O)創業資金 （エンジェル）	個人出資＋パートナー増資	個人出資＋支援者借金	個人出資＋親族支援	個人出資＋教授支援
(P)保有技術	創業者保有	創業者保有	創業者保有	大学から移転
(Q)創業場所	自宅	支援者間借り	間借り	間借り
(R)見込み顧客	あり（買い出し主婦など）	あり（前職顧客）	なし（義父紹介）	あり（恩師教授紹介）
(S)第1号製品	原付自転車	テレビ部品	テープレコーダ	電子計測器

進効果をもたらしている。

さらに創業に関して興味深い点は(F)**生年**である。ホンダの本田・藤沢,SONYの井深,HPのヒューレット・パッカードは,全員1910年前後に生まれた同世代人であり,京セラの稲盛とSONYの盛田も年齢差10年未満の同世代人である。また,ホンダとSONYの設立者には創業したベンチャーの役員経験があり,京セラとHPはともに大学卒業後3年で創業している。つまり,上の4社を比較すると創業には**2つのピーク**が認められる。

すなわち,1回目のピークが会社勤務・大学院などを経て学部卒業後3年目の20歳代後半にあり,2回目のピークは一度創業したのち30歳代後半である。加えて,2回の創業のうち1回目の創業年は,本田宗一郎30歳(脱サラリーマンによる独立開業型ベンチャー副社長),藤沢武夫33歳(脱サラリーマンによる独立開業型ベンチャー社長),井深大32歳(前企業常務から離脱したスピンオフ型ベンチャー取締役)であった。

それゆえ,ホンダ・SONYともに1回目の創業からカウントすると,驚くべきことに全員が25歳から33歳までのわずか8年間に創業が集中していた。すなわち,創業者在職中に売り上げ1兆円を実現した日米の世界的ベンチャー4社の創業者全員の創業年齢は,すべて29歳±4歳の範囲に収まっている。

加えて,それぞれの初婚年齢は全員25-29歳に集中しており,サブパートナーを除く全員が創業時に既婚者もしくは新婚だった。これは,われわれが創業に対して抱く「独身だから自由に何でもできる」「結婚は創業のあとでもいい」「ある程度の経済基盤をもってから創業」という固定観念を否定する。補足すると,SONYの井深を除き離婚経験者はなく,また例外の井深は創業時に前文部大臣であった初婚相手の義父より多大な支援を受け,SONY設立時の社長就任と資金調達支援をお願いしている。

加えて,藤沢・稲盛・井深は3人ともに,十代で第一志望校に合格できなかった受験失敗組であることも共通している。

これら4社の創業機会を考察した結果,以下の類型化は妥当との結論を得た。

①独立開業型:ホンダ

本田宗一郎・藤沢武夫ともに,1度創業経験をもち,それらの技術と資本

の蓄積を基に、改めて支援者をとくに求めずに独力・共同で創業した。

②スピンアウト型：京セラ

　学歴と高い志のみでサラリーパースンとして社会人第一歩を踏み出すが、自らの技術ポテンシャルを開花させるためには脱サラによる創業しかないことを悟る。創業にあたって経験も資金も人材もないため、それらすべてを入社企業の上司・同僚・部下に頼り、地元のエンジェル・メンターにも認められ援助を受けて創業した。

③スピンオフ型：SONY

　敗戦という国家的悲劇によって、井深大は、戦時中軍需によって急速に成長したテクノロジー・ベンチャー経営をあきらめざるを得なくなり、改めて一部の同調する部下をつれて離脱した。同時に、敗戦がなければ職業軍人として海軍に一生奉職したはずの元海軍技術中尉・盛田昭夫の参加を得て、共同で創業した。

④大学発型：HP

　SONYとは裏表に位置する戦勝国のテクノロジー・ベンチャー。第2次世界大戦の直前1938年に、同じ工学部研究室を卒業したB・ヒューレットとD・パッカードは、共通の恩師教授の手厚い支援をうけて大学研究室試作の製品化に取り組み、共同で創業した。

2. 創業の壁

　日本には、ホンダの本田宗一郎・藤沢武夫、京セラの稲盛和夫、SONYの井深大・盛田昭夫と世界に誇るすばらしい創業者が存在する。この事実からしても、日本は巷でいわれるような企業家精神に乏しい社会などでは決してないことがわかる。また、その支援者たるエンジェル・メンターが存在しない社会でもないことがわかる。米国とは形こそ違っても、日本にもすばらしいエンジェル・メンターが存在した。彼らの支援があったからこそ、以上のすばらしい創業者がわが国の土壌で育ち世界に飛躍するベンチャーを作り上げられた。それらはほんの半世紀前に過ぎない。

次なる課題は，第2，第3のホンダ，京セラ，SONYの輩出である。21世紀日本が到達した経済発展段階は，豊かでもあるが問題も多い。現在，国内には無数の仕事が存在し国内失業率が5％程度であるにもかかわらず，高校や大学を卒業しても20％近くの若者が定職をもたない（もてない）。技能や技術を真剣に学ぶことなく20歳代を通り過ぎた若者が，平均的な労働者が得られる生涯所得を得ることはほぼ不可能だし，彼らがテクノロジー・ベンチャーの担い手たる創業者となる可能性もほぼゼロに近い。

このような豊かさゆえに生じる問題に加えて，現在，先進国中でも例をみないハイスピードの少子高齢化が進行している。このままだと20年以内に総人口の3分の1が年金受給者になる。そうすると前節で確認された創業時の年齢である29歳±44歳という世代が現在より極端に減少する。

年金受給者の増大と医療費の増加を支える原資となる外貨を獲得できる産業は，資源のないわが国では唯一輸出製造業しかない。それが弱体化すると外貨を稼ぐことができず海外から資源も食料も輸入できなくなってしまう。だからこそ，わが国のみならず世界中でホンダ・京セラ・SONYのような国際競争力のある製造業を支え高度技術を次々と生み出す**テクノロジー・ベンチャー**の創出が期待されている。その担い手は**創業者**と呼ばれる企業家精神に基づくイノベーションの遂行者に他ならない。

そこで，創業者がベンチャーで必ず直面する創業の壁について検討しよう。

これまでに分析した日米4社のテクノロジー・ベンチャーにおける創業ケースで，イノベーションの行動原理たる企業家精神の必要条件は，大学での勉学も含め創業以前10年程度の技術習得であった。

それは狭義の科学技術にとどまらず，料理・大工・金属加工など匠の技に代表される高い**技術力**である。こうした高い技術力は，次の2つに分解される。

①義務教育終了までに身につけた「読み書きそろばん」に象徴される基礎学力
②義務教育以降に身につけた専門分野における技術とノウハウ

次に，イノベーションの行動原理たる企業家精神の十分条件として，3つ

の支援者がどのケースにも存在した。すなわち，
　①創業をともにしてすべてを託せるパートナーの存在
　②資金提供者ないし連帯債務保証者としてのエンジェルの存在
　③無報酬で親身に経営指南を行ってくれるメンターの存在

　これらの3つの支援者のうちどれかを欠いても，資金力・製品開発力・マーケティング力のすべてにおいて非力なベンチャー企業は18ヵ月以内に資本金を使い尽くして，倒産するか休眠状態に陥ってしまう。
　以上，日米4社におけるテクノロジー・ベンチャーの成功した創業ヒストリーから，創業者たちのバックボーンにあった企業家精神にとって，必要条件は技術力（基礎学力＋専門技術ノウハウ）であり，十分条件がパートナー，エンジェル，メンターであることがわかった。
　そうした意味で，企業家精神の必要条件である技術力は，義務教育期間における基礎学力を前提として，学生時代から社会人時代にかけてのおよそ10年間（20-30歳くらい）の勉学と勤労によって養われる。さらに十分条件であるパートナー，エンジェル，メンターに関しては，たとえそれらを生まれながらにしてもっていなくても稲盛やパッカードたちをみてもわかるとおり，学生ならびに社会人生活における真摯な生き方が，すばらしい友人，指導教授，上司との出会いをもたらし，彼らがのちにパートナー，エンジェル，メンターになり得る。
　それゆえに，30歳前後で創業することを目指す創業者は，それに先立つ20歳代の過ごし方が決定的に重要である。つまり，**学問の壁**や**社会の壁**に直面してもそれを回避すべきではなく，寸暇を惜しんで勉学と仕事に集中すべきである。
　もちろん，本書を手にする読者には30歳代，40歳代，50歳代の方々も多いだろう。これらの人々にとって，20歳代をどう過ごしたかで創業者としての条件が決定済みであると宣告されれば，もはや人生はやり直しがきかないと思われるかもしれない。だが，人生はあきらめるにはあまりにも長い。気づいたときが何歳であれ，そこから10年をどう送るかでどのような出会いがあるか決まる。さらに自分が変われば周囲の人々も変化する。

結局，成功する**創業者となるための壁**は，どのような人と出会うかによって大きく変わるが，その出会いは過去10年間における自らの学び方や働き方によって決定される。

　改めて4社の創業比較をみれば，29歳±4歳の若者が世界を揺り動かし，国家経済を支えるほどのグローバル企業を作り上げた。その始まりは，わずか数名が参加して始まったテクノロジー・ベンチャーであった。ところが，創業者はどこでも創業者であり，誘われて参加した従業員とは一線を画す存在である。それゆえに敬意をこめてFounderと呼ばれる。創業者は困難な道をひたすら走り続けなくてはならないので，一生にわたるパートナー，エンジェル，メンターが重要だ。もちろんパートナーにはビジネスパートナーに加えて，ライフパートナーすなわち配偶者も非常に大切だ。

　創業者の人生は山あり谷ありの人生だ。だからこそ配偶者（恋人）と友人，恩師と上司，先輩と後輩を大切にしたい。

3. 創業者にみる企業家精神

　創業者がどんなに優れた技術力をもっていても，どんなに優れたビジネスアイデアがあっても，それをビジネスとして具現化するためには，**資金と従業員**が必要だ。もし外部の支援を仰げないとすれば，先祖伝来の土地を担保として融資を受けるか，長年コツコツとためた貯金をもって，自分だけを頼りに個人事業を始めるしかない。だが，10年かかっても資本金を2倍にすることすら実際には難しい。なぜならば，貧しい農民にとって今年の食料用と来年の種まき用の種を今年の収穫から得ることが非常に困難であるように，今年の売上げで今年の生活費を稼ぎ，同時に来年に向けた投資を行うことはほとんど不可能だからだ。

　つまり，第三者が信用創造することで，初めて今年の生活と来年の投資は行われる。そして，エンジェルがいれば仕入れ代金や生活費はまかなえるし，メンターがいればセールスマンがいなくても有望な顧客にたどりつくことが可能だ。また新たなエンジェルの紹介も受けられる。

そこで，改めて4社は，企業家精神の十分条件であるパートナー，エンジェル，メンターの3つをどのようにして見いだしたのか確認して，本講を締めくくりたい。

(1) パートナー
ホンダ
　戦時中，本田宗一郎と藤沢武夫がそれぞれ協力メーカーとして部品を納入していた中島飛行機製作所の元エンジニアで，敗戦後は通産役人となっていた竹島弘が2人を結びつけた。竹島は浜松高等工業学校出身者であり，浜松が誇る伝説的創業者・宗一郎の弱点が優れた経営参謀不足であることを見抜いていた。そこで，東京の竹島自宅で両者が会えるよう2人の見合いを買って出た。竹島は通産省退官後にホンダ常務として迎えられた。時に宗一郎43歳，藤沢38歳だった。藤沢はこの見合いの後に浜松の宗一郎の自宅を訪ね，戦後の食糧難の時代に「さち夫人」の精一杯の手造りうどんでのもてなしに感激し，それまでに築いた彼のすべての事業資産を売却してホンダに投じ，営業担当常務として入社した。そして宗一郎が66歳のときにその引退を待って自らも62歳で副社長のままホンダを引退，学卒第1号社員（浜松高等工業学校卒）である45歳の川島喜好を社長指名する。まさに，宗一郎の女房役パートナーに徹した後半生だった。

京セラ
　県立鹿児島大学工学部（当時）から京都の斜陽名門企業に新卒入社した稲盛和夫を入社以来支援し，かばってくれた京都帝国大学工学部卒の上司・青山政次が銀行派遣の社長によって左遷されるに及んで，稲盛は怒り退職した。時に稲盛27歳，青山56歳だった。その青山が，今度は京都帝大工学部同窓で地元有力企業の社長・幹部役員に稲盛を紹介し，出資と事業化支援を一生懸命頼んでくれた。青山は後に京セラ社長になった。この場合，厳密には元上司である青山は稲盛の対等なパートナーとはいえず，むしろ先輩というべきであろう。だが，稲盛とともに会社を辞め，新会社発足に向けてエンジェルを紹介し説得してくれた青山は，京都で何の人脈も金もない稲盛にとって最良のパートナーとなりメンターとなった。

SONY

　新兵器開発を目的とする産学官合同の陸海軍科学技術研究会において，大阪帝国大学理学部を戦時中に卒業し帝国海軍技術中尉であった盛田昭夫と，民間代表の日本測定器開発担当常務で盛田より13歳年上の井深大は互いに面識をもった。だが，敗戦とともに海軍技術将校としてのキャリアを失った盛田は実家に戻り，井深は会社疎開先の長野県から少数の部下とともに上京して先行的にSONYの前身「東京通信工業」を個人創業した。井深の会社が朝日新聞のコメントで紹介されたことがきっかけで，盛田は当時東京工大教授であった恩師の推薦により東京工大講師の身分を得て，井深のベンチャーに無給手弁当で参画した。やがて盛田は東京工大を辞職し，新株式会社となった同社に常務として入社した。時に井深38歳，盛田は25歳で元帝国海軍技術中尉にして東工大専任講師だった。この時点で2人のパートナーシップは永遠となった。

HP

　出身地は違うが同じ年にスタンフォード大学工学部に入学したビル・ヒューレットとデイビッド・パッカードは，それぞれ理解と教養ある両親（ヒューレットの父は元スタンフォード大学医学部教授でヒューレットの幼少時代に死去，パッカードの父は弁護士）に育てられ子どもの頃から工作実験が大好きな理科少年だった。彼らは，ともに後のスタンフォード大学工学部長で，戦時中はハーバード大学に設置された全米レーダー開発プロジェクト組織の総指揮者となるF・ターマン教授に師事した。このことから同じゼミ生として共通の恩師の下で，ともに学びともに将来の夢を他ゼミ生と語り合うようになった。そして，大学卒業後数年を経て創業，時にヒューレット26歳，パッカード27歳であった。結婚後は，互いの妻同士も最高の友人同士となり会社を妻同士で手伝い，その後60年以上もの人生をHPと夫婦共々に歩む4人の最強パートナーシップを形成した。

(2) エンジェル

ホンダ

　共通の知人である通産役人の紹介で知り合った本田宗一郎と藤沢武夫だが，

すっかり意気投合した藤沢は自分の製材事業をすべて売却して得た資金をホンダ増資引受けに投入した。そして，宗一郎が望みながらも地元取引銀行と地元商会そして複数役員が反対するため実現できずにいた東京進出も，藤沢が私財を投じて東京事務所を確保し，次に浜松から移送されるエンジンとボディを組み合わせる東京組立て工場を開設した。そして，藤沢の大胆な行動によって三菱銀行を以後変わらないメインバンクとすることに成功した。パートナーである藤沢は宗一郎にとって唯一無二のエンジェルとなった。

京セラ

京セラ設立のために職を投げ出して行動をともにしてくれた上司のおかげで，上司の母校京都帝国大学同窓の援助が得られた。設立資本金300万円のうち，京都の配電盤メーカー，宮木電機製作所の宮木社長と同社関係者が130万円，西枝専務40万円，交川常務30万円，あとの100万円は上司と稲盛らの技術出資だった。そして，工場も宮木電機の空いている建物を借りて出発できた。その1人で，西枝専務は，40万円の個人出資に加えて，設備投資や原料仕入れ・運転資金として必要な1,000万円を銀行から借り入れるにあたり自宅を抵当に入れ保証してくれた。西枝氏は日本人として京セラ最高のエンジェルとなった。

SONY

盛田と井深そして井深の義父で初代社長の前田多聞は，会社設立早々に愛知県の盛田実父に盛田の経営参画の許しを得に出かけた。その後，しばしば資金援助を盛田家に頼むようになる。盛田の実父は先祖伝来の土地を売ってこれに応えしかも借金の返済を迫らなかったという。その代わり，SONY株式を受け取った。つまり，盛田実父こそはSONY最高のエンジェルだった。さらに，井深の義父である前文部大臣・前田多聞は，SONY社長に就任し，東京帝大友人である田島道治（元宮内庁長官）を通じて，旧帝国銀行会長（のちの三井銀行）であり盛田実父と懇意でもあった万代順四郎に個人出資をお願いし，SONY相談役になってもらった。さらに，石橋湛山（首相），石坂泰三（東芝社長，経団連会長）らが個人的に出資に応じてくれた。

HP

ビル・ヒューレットとの再会を気にかけてくれた恩師ターマン教授は，デ

イビッド・パッカードをスタンフォード大学特別研究員に指名して年間500ドルの奨学金を与え，新婚間もないパッカードがスタンフォード大に帰れるように財政支援した。また，妻のルシールは元の職場であるスタンフォード大学学籍課での勤務を再開し，夫の創業期における生活費を一手に支えた。事業が始まって運転資金が必要になったとき，パッカードは小さな地元銀行である「パロアルト・ナショナル」に出かけ，事業の出だしが順調なため事業拡張資金として500ドルの融資が必要であることをクラリー社長に説明した。社長はヒューレットがスタンフォード大学のフットボール選手だったことを覚えていて，慎重な質疑応答のあと500ドルの預入伝票を渡してくれた。HPにとって，恩師ターマン教授の推薦による大学，妻，そして日本なら信金にあたる地元銀行がHPのエンジェルだった。

(3) メンター

ホンダ

本田宗一郎と藤沢武夫を結びつけてくれた中島飛行機製作所の元エンジニアで，敗戦後は通産役人となっていた竹島弘がメンターとなった。だが，それ以降のホンダにとくに大人物の支援を受けたという記述は見あたらない。これは，藤沢参加以降のホンダが，すべて藤沢武夫の独創的アイデアで経営されたことを意味する。すでに本田宗一郎にとって2つ目，藤沢武夫にとっては3つ目の創業であったから，2人のベストパートナーが完成した後のホンダに外的助言者としてのメンターが必要なかったことは自然である。

京セラ

稲盛が鹿児島大学卒業直前にセラミックスという新規分野を指し示し，京セラ創業後も終生アドバイスをもらい続けた母校恩師の内野正夫教授，そして京セラ設立時に創業に参画しのち京セラ社長をつとめてくれた前職上司である青山政次の2人は，故郷鹿児島から新卒就職の地京都で知り得た稲盛の終生変わらないメンターとなった。さらに，創業後借入で自宅を抵当に入れてくれた宮木電機専務の西枝一江は，稲盛が悩むと彼を祇園に連れていってくれて酒を飲みながら励ましたという。京都で誰1人親戚や幼なじみがいない稲盛にとって，真に得難いメンターであった。

SONY

　初代社長を引き受けてくれた井深の義父・前田多聞が第1のメンターであった。その後，盛田の実父と前多の交友幅から，首相や経団連会長が個人出資者となってくれるなど，SONYのメンターは実に多彩で豊かだった。だが，井深と盛田のベストパートナーシップで最も重要なことは，盛田自身が大阪帝国大学理学部卒業（旧制なので戦後大学院修士に相当）のエンジニアであったにもかかわらず，13歳年上のエンジニア井深を経営面で支えていこうと決心し自らの生き方を変えたことが大きい。その結果，井深は販売や金策に一切触れることなくSONYが世に問うべき技術開発に専念できた。そうした意味で，井深にとってメンターとは，金策で多大な貢献をした盛田実家をふくめて，幼い頃から造り酒屋盛田家15代当主となるべく帝王教育されてきた盛田自身であった。

HP

　スタンフォード大学工学部に入学した同期であるビル・ヒューレットとデイビッド・パッカードを陰に日に応援してくれたのが共通の恩師フレッド・ターマン教授であった。さらに，彼らの母校スタンフォード大学はいつもターマン教授を通じて，彼らに技術と人材を供給した。そうした意味で，HPにとっての最大のメンターは恩師と母校スタンフォード大学であった。

　以上をもって第Ⅱ部歴史篇を完了する。次に，いよいよ第Ⅲ部現実篇に進む。そこでは，21世紀における企業家精神の在り方，具体的な発現様式が実例に基づき紹介される。21世紀は，インターネットが地球規模で接続され，先進国・途上国における知識の偏在がみられない社会となりつつある。その結果，国内における所得格差やインフラ格差が存在しながらも一部では先進国を上回る速度で経済成長が続く途上国が出現し始めている。こうした新たな環境にあって，21世紀にテクノロジー・ベンチャーはどのようにして生まれ，企業家精神はどのような展開をみせるのであろうか。そうした先端事例を，米国シリコンバレーとサッポロバレーと呼ばれる地域において実例を基に観察する。

第Ⅲ部　現実篇

第10講　ベンチャー・インキュベーションの重要性
第11講　スタンフォード大学発ベンチャー
第12講　日本の大学発型ベンチャー
第13講　地域にみる企業家精神

前半（第Ⅰ部理論篇，第Ⅱ部歴史篇）までに，読者は企業家精神という概念が，いつ，どのようにして生まれ，それはどのように歴史上体現されてきたかを学んだ。

それではいよいよ21世紀を支えるテクノロジー・ベンチャーの創出について考えよう。それが生まれる可能性の高い地域や国とはどこなのだろうか。その可能性はどれくらいあるのだろうか。また，その誕生がすでに始まっているとしたら，誰によって，どこで，どのように始まっているのだろうか。

これらの疑問に答えるため本篇は執筆された。その回答として，第Ⅱ部歴史篇で扱った4つのベンチャーのうち，第10講の大学発型ベンチャー「HP」をモデルとしている。なぜ，Yahoo，Googleなどの世界的テクノロジー・ベンチャーが，今も変わらずシリコンバレーで生まれ続けているのだろうか。その理由として，HP以来の伝統をもちノーベル賞受賞者数が世界トップクラスでもある名門スタンフォード大学の存在抜きには語れない。

本篇では，21世紀地域におけるベンチャー・インキュベーション（未熟児が保育器に入れられるように，生まれたてのベンチャー企業が入居できる施設および支援活動をベンチャー・インキュベーションと呼ぶ）の重要性と現状について考えたのち，先行例が豊富なシリコンバレーにおけるスタンフォード大学における実例と，それらをモデルとしてわが国でも20世紀末期に始まったサッポロバレーにおける国内地域の先駆的実例を紹介する。最後に，21世紀における**地域にみる企業家精神**を導出する。

第10講 ベンチャー・インキュベーションの重要性

1. 21世紀の創業者像
2. 21世紀のテクノロジー・ベンチャー
3. ベンチャー・インキュベーションの重要性

1. 21世紀の創業者像

　21世紀に入り，わが国における創業者の出現を想定するとき，ホンダ・SONY・京セラが設立された当時と今日の日本では，**前提とする社会構造**があまりにも違うことに気づかされる。

　①戦争や敗戦といった国家的悲劇は今日想定されない
　②1945年当時の旧制高等・専門学校以上の進学率が同世代の3-7％未満であったのに対して，今日の若者の90％以上が実業・普通高校に進学し，その過半数が大学・専修学校などに進学する
　③戦前あった徴兵制度がなくなり，進学，就職，無職という進路選択が完全に個人に任される時代になった

(1) 大衆化した国内大学
　こうした結果，職業選択に関して「選択しない」という選択肢すら生まれた。つまり，若者が無職であっても実家に住み続ければ食べていけるほど，戦後日本社会は豊かになった。そして，高等教育に意味を見いだせずにモラ

トリアムとしての進学が昨今顕著となった*。

> *コメント　欧米先進国における大学進学は，2つの理由により非常にハードルが高い。米国では学費が非常に高く，親の学費負担は住宅ローン以上に生活を圧迫している。そのため低所得者層の奨学金依存度はきわめて高いが，年収5万ドル以上の中流層がこうした奨学金を期待することは難しい。学費は，1ドル100円として比較的安い州立大学の州外進学で2万ドル（200万円），私立大学だと5万ドル（500万円）にも達する。そのため2,000万円以上の学費ローンを抱えて卒業する学生も多く，親も同様である。また，大学独自の奨学金受給生の場合，アルバイトやサークル活動などの理由で不勉強となり学期内に「C（可）」がつくと，次学期から奨学金の受給資格が剥奪されるので自弁できない場合は自動的に退学を選ばざるを得ない。
>
> 他方，欧州では英国のオックスフォード・ケンブリッジ大の附属カレッジ（学部・大学院は国立）が私立であることを除くと，ほぼ100％が学費無料に近い国立大学である。そのため，高校卒業時に課される国家試験としての高校卒業資格試験（仏バカロレア，独アビツア）に合格しなければ，どの大学にも入学が許可されない。その結果，高校程度の基礎学力もあやふやな高校生の大学進学は入学前に排除されるシステムとなっている。そもそもドイツ語圏では，小学5年＝10歳で大学進学コースとそれ以外に分離されるため，日本でいう中学以前に大学進学予定者は異なった教育カリキュラムにおかれる場合が多い。

さらに，多くの大卒者の基礎学力（とくに数学・物理・世界史）はかつての高卒者程度にまで低下したともいわれ，以前の大卒学力を求めるのであれば大学院修士課程へ移行せざるを得ないなど，わが国における高等教育の大衆化と学力低下が進行中である。国内およそ800校の4年制大学のうち700校強をしめる私立大学の2/3で入学定員が埋まらない。そして，受験生が「AO入試」と呼ばれる自己推薦によって学力試験なしに高校・大学まで進学可能な現状では，半数近い大学で入学と卒業時に厳しい学力試験を課すことが事実上不可能となっており，大卒者としての品質保証は崩壊していると言わざるを得ない。

だから大学卒業生を「高等教育をおえた新社会人」として扱うことに無理が生じている。その証拠に，彼らを30年以上雇用する覚悟で日本の企業は多

額の採用費用・研修費用を支出するのに，入社3年未満で大学卒業者の30%が退職・転職している。その根本的理由は，入社する大学卒業者が社会人としてはまだ判断力・見識ともに未成熟であるのに，政府と企業がその現実に目を伏せ，彼らに対応する比較的長いトライアル期間を法制度上与えられないためだと考えられる*。

> *コメント　20歳前後の若者に人生におけるさまざまなチャンスを与えることが，その人間のキャリア形成や職業意識をもたせるうえで大変有効なことはいうまでもない。たとえば，24ヵ月程度の青年海外協力隊，希望する政府・自治体・公的福祉施設における12-24ヵ月の自主就役，12-24ヵ月程度の農業実習などがその後の進学や就職で大いに加点されるキャリアとなれば，若者の職業人生観が劇的に開花することはいうまでもない。

こうして，現代日本の豊かさゆえに生じた若者の新しい社会現象を注意深く観察すれば，21世紀の日本におけるテクノロジー・ベンチャーの担い手たる創業者が大学院修士・博士レベルに移行したことは明白である。もはや，旧制小学卒の本田・旧制中学卒の藤沢が起こしたホンダのようなテクノロジー・ベンチャー創業は幻想に近く，学部卒の稲盛が起こした京セラの創業も，先端電子部品を薄利多売で大量供給する中国がこれほどの実力をつけ始めた現在では，不可能といわざるを得ない。

米国スタンフォード大学の大学院コンピュータサイエンス専攻に所属する2人の博士課程在学生が起こしたGoogleは，時価総額20兆円以上の世界的企業となって今日のアメリカ経済を牽引している。同様に，大学院生ないし卒業生が在学中または卒業後まもなくして起こす大学発型ベンチャーが，今後わが国におけるテクノロジー・ベンチャーの主流とならないかぎり，少子高齢化にあえぎ若い世代の基礎学力低下が顕著なわが国では，その未来像はきわめて危うい。

だからこそ，未来の創業者候補である理工系を中心とする学部や大学院生に対する手厚い企業家精神教育が重要性を増している。本書もそれを念頭としており，1人でも多くの医薬理工系の学部生・院生に読んでもらいたいと

切に願う。

　同時に，ホンダ藤沢副社長にみられる，テクノロジーを非常に身近な存在として受け止め，その事業化を物心両面でサポートできる有能勤勉実直な経営パートナーが不可欠である。それゆえ，経済経営系学生に対する技術経営教育および企業家教育も非常に重要だ。否，藤沢武夫がいなければ世界のホンダになる以前にホンダが経営破綻していたことを想定すれば，理工系エンジニア1人に対して女房役の経営パートナーとなる取締役候補を3倍養成する覚悟が必要だ。

(2) 21世紀産業革命のエンジン

　20世紀産業革命のエンジンは，ガソリン＆ディーゼルエンジン，真空管＆トランジスタ，石油＆原子力エネルギー，航空機＆ロケットであった。それでは，21世紀産業革命のエンジンとはどのようなものであろうか。

　それらは，IT・バイオ・ナノ・光・新型電池・新エネルギーが主役となるといわれている。だが，それらが大学・公的研究所で生まれても，産業界において実用化され人々の生活を支える製品やインフラとなるためには，サイエンスをテクノロジーへと**橋渡し**できるテクノロジー・ベンチャーが欠かせない。なぜなら，莫大な公的資金が投入される大学や公的研究所において論文や特許を生み出すために行われる基礎研究と，少しでも安く大量に製品化することを目的とする産業界における技術開発の間には，絶望的な**ギャップ（断層）**が存在するからである。

　テクノロジー・ベンチャーは，学術における基礎研究成果を基に，その実用化のための技術開発するミッションという特異的性質をもっている。そして，ベンチャー自身が早く成果を出さないかぎり消滅する宿命にある。だから，新技術の応用が早いのだ。だがそれには，創業初期に大量の資金が投入されなければならない。戦時下であれば巨大な軍事資金が投入されるが，平時においては株式市場における上場（IPO）を念頭にしたベンチャーキャピタル（VC）からの株式交換型資金注入が欠かせない。

　第2次世界大戦直前，HP（1938年創業）と同じくエレクトロニクス分野における技術開発を目的として設立されたSONYの前身「日本測定器」（1940

年創業)には，大量の軍事資金が新兵器開発のために投入された。だが，日本測定器は敗戦国日本に生まれたゆえに，HPとは異なった再スタートを戦後切らざるを得なかった。それゆえ，軍需(海軍向け)企業である日本測定器からのスピンオフ型ベンチャーとしてSONYが誕生した。つまり，敗戦は大いなる社会的イノベーションをもたらし，SONYをはじめとする戦後ベンチャーがテクノロジー・ベンチャーとして一大飛躍することを可能とした。

同様に，バブル崩壊を受けて1997年に拓銀・山一証券が消滅すると，敗戦と同様にイノベーションの機会が再び日本に巡ってきた。その変化とは，次の5つである。

①1997年の山一証券と北海道拓殖銀行の破綻に象徴される護送船団方式の崩壊は，官による市場統制を完全に終焉させたこと
②勃興するアジア経済を背景として，知識と技術力さえあれば豊かで広大なアジアにおけるビジネスチャンスが急拡大していること
③大証ジャスダック・東証マザーズのような新興企業向け証券市場が2000年前後から整備され，設立10年未満のベンチャー企業IPOが可能となった。その結果，創業者は多大な創業者利得を得ることが可能となり，徐々にではあるが貯蓄に偏っていた国内余剰資金が株式投資に向かい出したこと
④明治期以来の外国技術の翻訳と模倣，標準化された産業人材育成というミッションを完了し，21世紀に入って国立大学は法人化され教育・研究・知財を統合的にマネジメントする知識創造者へと移行しつつあること
⑤M&AはもちろんTOB(株式公開買い付け)すら一般化しつつあり，社会や株主もそれを受け入れるようになったこと

つまり，1945年の敗戦で財閥がGHQにより解体された旧日本経済同様，経済社会システムにおける劇的変化(社会的イノベーションの機会)が再び日本に訪れており，無名のテクノロジー・ベンチャーが早期の株式上場や大企業とのM&Aを通じて急激に発展することが可能となった。私たちは，こうした機会を見逃すことなく，ピンチをチャンスとして21世紀前半の日本経

済を支える新たなテクノロジー・ベンチャーを躊躇することなく公的助成により育成支援すべきときにある。

現在の日本は，主役として本田宗一郎，藤沢武夫，稲盛和夫，井深大，盛田昭夫らが第1の創業を行った30歳前後の創業者登場を切望している。まさに，わが国初の西欧型大学として開校した札幌農学校（現・北海道大学農学部）の初代校長クラーク博士が内村鑑三ほかの学生たちに訓示した「Boys be ambitious！（青年よ大志を抱け）」である。幕末日本に生きて混沌としたわが国を救った土佐の坂本龍馬は，暗殺された年（1867年）31歳の春，前土佐藩主である山内豊信（容堂）に大政奉還論を進言するため，後の明治という新国家戦略となった『船中八策』を京都に向かう途上船中で書き上げたといわれる*。

一策　天下ノ政権ヲ朝廷ニ奉還セシメ，政令宜シク朝廷ヨリ出ヅベキ事（→大政奉還）
二策　上下議政局ヲ設ケ，議員ヲ置キテ万機ヲ参賛セシメ，万機宜シク公議ニ決スベキ事（→国会二院制）
三策　有材ノ公卿諸侯及天下ノ人材ヲ顧問ニ備ヘ，官爵ヲ賜ヒ，宜シク従来有名無実ノ，官ヲ除クベキ事（→試験制度に基づくキャリア公務員選抜）
四策　外国ノ交際広ク公議ヲ採リ，新ニ至当ノ規約ヲ立ツベキ事（→外交確立）
五策　古来ノ律令ヲ折衷シ，新ニ無窮ノ大典ヲ撰定スベキ事（→憲法制定）
六策　海軍宜シク拡張スベキ事（→帝国海軍の新設）
七策　御親兵ヲ置キ，帝都ヲ守護セシムベキ事（→近衛師団の設置）
八策　金銀物貨宜シク外国ト平均ノ法ヲ設クベキ事（→外貨為替法）

＊コメント　『船中八策』で構想された八案はすべて明治政府の手で実現され，日本は大正の終わりまでに江戸幕府が結んだ不平等条約をすべて改訂し，第1次世界大戦後ジュネーブに設立された国際連盟に事務局次長（元北大農学部教授であった新渡戸稲造博士）を送るなど，世界列強の一国として認知されるに至った。

2. 21世紀のテクノロジー・ベンチャー

　21世紀の創業者にとって，新産業創出に向けて積極的に活動を早期に開始するためには，大学や研究所におけるサイエンスをいち早くテクノロジーに転換することが重要だ。その担い手こそがテクノロジー・ベンチャーであり，21世紀の日本社会では米国のスタンフォード大発「HP」にみられる**大学発型ベンチャー**の創業が有望である。

　本論2の内容は，筆者が，大学発型ベンチャーがなぜ必要かという視点から『フジサンケイビジネスアイ』紙上（2007年2月8日，p.22；2007年7月5日，p.20；2008年3月20日，p.18）に寄稿した3つの論文を，同紙編集部好意により転載加筆したものである。

＊＊＊

（1）少子高齢化する日本

　現在わが国産業界は，外からのグローバル化要求と内なる少子高齢化・人口減少に直面し，重大な局面に立たされている。「国内でこのまま開発製造体制を維持した場合，優れた若年労働力は早晩枯渇し，頻繁な新製品を必要としない高齢者人口比の高い社会において，自社の技術開発や生産体制は弱体化する一方ではないか？」という懸念が生じている。

　また，国内失業と技術空洞化がもたらす悲劇は，少子高齢化するわが国にとってあまりに深刻だ。高齢者の年金や医療費を負担すべき国内産業が弱体化すると，年金生活者を直撃するインフレと医療の質低下が現実化してしまうからだ。また，小学校における顕著な低学力化は最近の大学卒業生にまで影響を及ぼし始めており，高校程度の数学や物理・化学の知識すら怪しい理工系大学院修了社員すら出現している。

　こうした事態を重くみた政府は教育こそ国の基盤であるとの認識を示し，教育改革を国政の重要課題に据えた。だが，優れた人材が大学を卒業するまでには20年以上を要する。これに対し20年後のわが国高齢化率は30％にも達する。10年はおろか5年先すら見通せない国内グローバル企業にとって，教育改革の成果を待っている余裕はない。それは公教育における重要課題であ

っても，経済界における喫緊の産業政策とはなり得ない。

そこで，技術開発の源泉となる高度なサイエンス探求と人材育成を同時に進めることができる**国内大学**が脚光を浴びるようになった。こうした事態のあるなしにかかわらず，国内に優れた大学が存在しなくなれば，企業は国内で開発製造を維持する人材も技術も得られなくなってしまうことは自明である。

(2) 高品質の教育研究と大学発型ベンチャー

このため，今後も優れた国際競争力のある産業を国内に温存するには，優れた国内大学がイノベーションの源泉として機能することが欠かせない。そして，大学発型ベンチャーは，海のものとも山のものともわからないサイエンスを，可視化したテクノロジーとして産業界に提示できる存在である。だからこそ，多くの技術課題や未熟さが残されるにせよ，将来有望と思えるテクノロジーを企業に伝達できる大学発型ベンチャーを輩出する大学は，今後非常に尊敬されよりいっそう優れた教員と学生が集まるようになる。

一見，産業化とは無縁に思える基礎研究者の最高峰であるノーベル賞ですら，産業界におけるインパクトが受賞の原因として大きく取り上げられている。実際に，産業貢献に多大な成果を収める米国スタンフォード大学は，同時に多くのノーベル賞受賞者を輩出している。

もともとノーベル賞は産業化に大きく貢献した研究者に与えられてきた伝統をもつ。第1次大戦直後にドイツのF・ハーバーが「空中窒素固定法」でノーベル化学賞を受賞したが，それは窒素資源のないドイツでの農薬・火薬・毒ガス製造を可能とするアンモニア合成を実現した産業上の一大エポックであったからだ。

膨大な国費が投入される大学や国立研究所が，大学発型ベンチャーを媒介者として可視化したテクノロジーを国内企業に提供することはとても重要だ。ましてや臨床実験をともなう人工心臓などのメディカルデバイス（医＝工）や植物にヒト型抗体を生産させるバイオ創薬（農＝薬）など，複合テクノロジー開発の主戦場は複数の学問領域を有する理工系大学が担うべきことは明白だ。

それらのことは，世界の常識であって日本での非常識だ。だからこそ最先端の企業は大学に目先の技術協力など望まない。他社が模倣可能な技術水準では投資価値がないからだ。世界の一流企業が大学に望むことは，10〜20年の基礎研究を経た同業他社を圧倒できるサイエンスを基盤とし，それを企業と共同で特許出願できる程度に可視化できるテクノロジーである。

それゆえに，大学はこれまで以上に先端的かつ基礎的なサイエンスに投資して，同時に良質なサイエンティストやエンジニアの卵を丹念に育てる必要がある。少子高齢化社会にあって人材の粗製乱造は有害であり，高品質な教育と研究が求められている。そこでの大学発型ベンチャーのミッションとは，イノベーティブな大学における高度なサイエンスを可視化するテクノロジーの伝道者であり，イノベーションそのものだ。

筆者は，1980年代の初頭に英国，そして80年代の終わりに米国に留学した。留学時代，深刻な高失業率に苦しむ英米両国にはある共通する認識が存在した。それは，ハイテク社会の到来に国内企業がついていけず，日本から怒涛（どとう）のようなハイテク製品が流れ込み，日々増大する対日貿易赤字は国家的危機であるとの認識であった。当時，日本の半導体・コンピュータ産業は世界1位にあり，米国の半導体産業は瀕死の状態で，大企業IBMですら社長更迭という暗黒の時代だった。

そのため，親元の企業から独立したスピンオフ型のテクノロジー・ベンチャーに対する待望と，ハイテク創出源としての大学への期待は社会の隅々に感ぜられた。強力な新興産業国家（かつての日本，現在の中国）との競争に敗れ始め従来型国内産業が危機に瀕したとき，欧米の心ある人々は**企業家精神の行動原理**を自覚し，次世代ハイテク産業を生み出す努力を開始した。

ドラッカー博士の著『イノベーションと企業家精神』（1985）が出版されたのは，まさにこのような時代背景を受けてだった。1990年代に入って，米国はバイオ・IT（情報技術）などのハイテクを武器とするテクノロジー・ベンチャーとその早期上場による株式市場の活性化によって見事に立ち直った。

(3) 大学発型ベンチャーと地域の役割

　大企業がまったく存在しない地方におけるテクノロジー・ベンチャーは，非常に不利な立場におかれているとともに，同時に有利でもある。

　地方が不利な理由としては，技術に先行投資できる**潤沢な資金力**と先端技術を学んだ博士級人材を擁する**金融機関**が存在せず，またこれらベンチャーにおいて開発されつつある技術を先行的に評価・購入してくれる世界の技術競争にしのぎを削る**大手メーカー**が存在しないことがあげられる。それらが存在する地域は例外的に幸運だ。

　他方，地方が有利な理由は，主に**少子高齢化**にある。日本国内で研究開発を進めようとするかぎり，国内大手メーカーの開発部門は今後いっそう若手研究者が比較的多く集まる地方国公立大学に依存せざるを得なくなる。少子化は，従来の大学進学や就職における首都圏集中に大きなブレーキをかけるからだ。たとえ首都圏に就職しても3年以内に3割が退職する若者の多くは，やがて老いる親が待つ出身地域への回帰を目指すことは自然である。まして，昨今の優れた女性研究者・技術者の出産後における勤務継続を考えた場合，育児に関して親の支援を受けられる出身地方における国内研究所立地は，企業にとって絶対的命題となろう。

　それゆえ，優れた理工系人材を地方でどのように雇用できるかが，国内における研究開発力と大きな相関関係を今後有するようになる。反対に地方大学が応用先もわからない特許を首都圏のメーカーに売り渡しても，地方に雇用は生まれず日本経済社会における貢献は極小に終わる。地方大学には地域の雇用と投資をともなうテクノロジー・ベンチャーの育成という崇高なミッション（使命）が存在する。

　かつて，英国は「世界の工場」と呼ばれた。今も横須賀に保存される，日露戦争における日本海海戦（1905年5月27-28日）において東郷平八郎提督が指揮をとった連合艦隊旗艦『三笠』は，1902年に英国ヴィッカース社で建造された。そして，ワット（Watt, J.）を生んだ英国グラスゴー大学工学部は，こうした戦艦建造に多くのエンジニアとテクノロジーを提供した。大正期に戦艦国産化を急いだ旧日本帝国海軍は，日英同盟の下で英国に協力を仰ぎ，北海道の有力企業であった旧北海道炭砿汽船（出資50％）と英ヴィッカ

ース社（同25％），英アームストロング社（同25％）の日英折半による合弁会社を1907年北海道・室蘭市に設立した。

　その日英合弁会社が，当時国内最先端の技術をもって世界最大級の戦艦大和の砲身砲塔を製作し，現在は大型タービンローターや原子炉格納容器の世界的トップメーカーとなった「日本製鋼所（JSW）」である。さらにグラスゴー大学を模して，室蘭市に1939年戦時技術者養成のため国内で7つ設立された官立高等工業学校（室蘭，盛岡，多賀，大阪，新居浜，宇部，久留米）の1つとして，「旧室蘭高等工業学校」（現・室蘭工業大学）が生まれた。本科（修業年限3年）には機械科・電気科・工業化学科・採鉱科・冶金科の5学科が設置された。いずれも**鉄と鋼の都市**にふさわしい陣容だった。

　地方に生まれる大学発型ベンチャーは，大学発の技術を市場に送り出す地方のテクノロジー・ベンチャーであり，50年先のわが国産業競争力を左右する新産業の試金石にもなり得る。室蘭の再生はそこにかかっているし，現に低炭素時代の到来とともに急速に復権しつつある原子力関連部品の発注が室蘭に殺到している。

　そこでの新素材開発を担うと期待される室蘭工業大学が，次世代原子力発電所の安全運転を可能にする新合金開発や圧倒的な効率と低コストを誇る太陽光発電素材開発に資する世界的な研究者を集結させ，その実用化を目指すテクノロジー・ベンチャーを大学発型で生み出すことに自ら成功したならば，国内ではなく世界が注目する大学へと大きく飛躍するし，室蘭のイメージは大きく変化するであろう。

　欧米では，こうした地域の大学の試みに州・市が直接財政資金を投入することなど日常茶飯事だ。もはや公共事業で雇用を維持する時代は終焉した。ハイテクと若者，その親たちがともに幸せに暮らせる豊かな地方都市の時代が始まる。

3. ベンチャー・インキュベーションの重要性

　2004（平成16）年の国立大学法人化後における国立大変貌は，劇的である。

それは，1950年代にスタンフォード大学がキャンパスの一画をインダストリアル・パークとして企業に貸し出した頃に一致する。

とくにスタンフォード大学がアメリカのR&D中心地であるボストンやシカゴ，ワシントンDCとは遠くかけ離れたカリフォルニアにあったことを考えると，日本国内地域においてもこうした高度なテクノロジーが集積した地域クラスターを形成することは国家的課題となっている。

地域社会においてSONYやHPにみられた企業家精神をいち早く開花させるためには，大学発型のテクノロジー・ベンチャー創造が欠かせない。そのため，スタンフォード大学が1950年代に全米に先駆けて提供した「キャンパス近接型インダストリアル・パーク」の整備が喫緊の課題である。かつて石炭産業が消滅したあとの旧産炭地における工業団地整備などを担っていた独立行政法人中小企業基盤整備機構（中小機構）が，21世紀の新たなミッションとして大学向けインキュベーション施設の整備を開始した。これこそが21世紀のわが国産業の行方を左右する一大プロジェクトであると筆者は考える。

京都大学は，新しい工学部キャンパスの開設に連動する**隣接型イノベーションパーク構想**を2001年に発表した。

> 京都大学は六日，二〇〇三年の完成を目指して建設中の桂キャンパス（京都市西京区）に隣接する形で「桂イノベーションパーク」を形成する構想を発表した。工学部の拠点となる桂キャンパスと一体となり，産学連携を推進するのが狙い。（中略）同構想は敷地内にハイテクプラザ，ハイテクインキュベーター，イノベーションラボといった施設を建設し，企業を誘致するなどハイテク産業の集積地をつくり上げようというもの。敷地面積は六ヘクタール強。土地所有者である都市基盤整備公団や京都市と協議しながら，計画を進める。（『日本経済新聞』2001年11月7日，p.46［下線筆者］）

6年後，京都大学桂イノベーションパークは完成した。京都大学は，同地においてインキュベーション活動を開始する。

> 中小企業基盤整備機構は桂イノベーションパーク（京都市西京区）のイン

キュベーション施設「京大桂ベンチャープラザ南館」の開設記念式典（写真）を開いた。南館は敷地面積3,915平方メートル，鉄骨2階建てで延べ床面積2,620平方メートル。実験・オフィス兼用室は31室。式典では施設概要のほか，併設する産学の共同実験施設「京都大学サテライトラボ」の説明などが行われた。<u>南館は成長中期に差しかかった中小ベンチャー企業を対象とする施設。06年12月に完成した。</u>企業の新規開発部門，大学が委託を受けた国のプロジェクト部門も入居できる。（略）（『日刊工業新聞』2007年3月19日，p.24［下線筆者］）

　さらに，中小機構は，産学官連携の定義を見直して機構のミッションを捉え直すと発表した。

　　<u>中小企業基盤整備機構は中小企業の産学官連携を促すため，既存の「組織」指向の産学官の考え方を「機能」別に見直すなど新たな視点で産学官を定義した。</u>現状の大企業や一部の研究開発（R&D）型中小企業にとどまらず，一般中小企業も参画できる産学官連携の環境をつくり出すのが狙い。中小企業に有効な連携モデルを探る材料にする。21，22の両日に東北大学で開かれる研究・技術計画学会で発表する。（中略）
　　新たな考え方によると，「産」は経済的な責任主体として，イノベーション（技術革新）に対するリスクを負う機能を持つ。「学」は学術的なシーズの創出・提供を目的とする存在。「官」はイノベーションやその研究開発を支援する機能を持つ存在とした。新定義では高度な技術を追求する国の研究機関，企業の研究所は「学」に分類した。（中略）
　　<u>中小機構は1日付で本部内に「産学官連携推進室」を新設済みで，今回の理論なども踏まえて中小の実践的な産学連携を後押しする考えだ。</u>（『日刊工業新聞』2006年10月20日，p.1［下線筆者］）

　こうした中小機構のミッション変更を受けて，スタンフォードにみられる**オンキャンパス（大学敷地内）型インダストリアル・パーク**が，ついに国内大学に誕生する。パークの重要な役割は，キャンパス内に大手企業が自己費

第Ⅲ部　現実篇

用で自前研究施設を建設することと，キャンパス内に外部から資金導入して，中小ベンチャー向けのインキュベーション施設を建設することにある。

<u>独立行政法人の中小企業基盤整備機構は道，札幌市，北大とともに二〇〇八年夏をメドに，同大の北キャンパス（札幌市）内にベンチャー企業の支援施設を開設する計画だ。</u>約十億円を投じ，二十―三十社入居する道内最大級の支援施設とする見込み。専門家を常駐させ経営ノウハウを伝授。北大が蓄積した技術を事業化する橋渡し役も担い，企業化を促進する。

北大から土地を借りて建設する。入居企業のために製品を試作する研究室や実験室などを用意。入居企業の連携に向けた交流スペースや会議室なども設ける。各室の広さなどは未定だが，民間から借りる場合に比べ賃料を安く設定する。道や札幌市は賃料の補助も検討している。

北大ではナノメートル（ナノは十億分の一）レベルの素材を使ったバイオ研究や健康に良い成分を含んだ機能性食品などの研究が盛ん。施設にはこうしたバイオ，環境，ＩＴ（情報技術）分野の企業の入居を促す。施設には販路開拓や市場調査，財務など企業化のための約半年間の研修を積んだ「インキュベーション（ふ化）マネジャー」二―三人が常駐。無料でこうした助言やネットワークの紹介をするほか，北大の研究・技術と企業を結びつける役割も果たす。（中略）

<u>北大北キャンパスを巡っては，旧国立大としては初めての民間研究所となる塩野義製薬の研究所が〇八年に開設される。</u>ベンチャーの支援施設の開設により，北キャンパスをバイオなどの一大研究拠点に育てる「北大リサーチ＆ビジネスパーク構想」がまた一歩進むことになる。（『日本経済新聞』2006年10月31日，p.1 ［下線筆者］）

21世紀日本が企業家精神を最も必要としている場所は，1950年代にスタンフォード大学で始まった「学内インダストリアル・パーク」であり，1980年代に米国で一般化した「学内ベンチャー・インキュベーション」と筆者は考える。HPがスタンフォード大学のインダストリアル・パークに進出してから，21世紀に入り塩野義製薬が北大北キャンパス内に自社研究所を建設するに至

った。**その差はわずかに50年**ほどでしかない。

　その先行事例として，次の第11講では，HPからGoogleに至る大学発型のテクノロジー・ベンチャー創造で名高い，米国スタンフォード大学におけるインキュベーションについて学ぶ。

第11講 スタンフォード大学発ベンチャー

1. 米国ハイテクの心臓・シリコンバレー
2. スタンフォード大学発最新ベンチャー・Google
3. スタンフォード大学にできたこと

1. 米国ハイテクの心臓・シリコンバレー

　第1講で学んだグラスゴー大学とジェームズ・ワット（Watt, J.）の蒸気機関事例にもみられるとおり，ワット自身はロンドンで修業したにもかかわらず，彼の蒸気機関は英国最古最大の大学であるオックスフォード大学ではなく，スコットランドという北部辺境地域にあるグラスゴー大学で手厚いインキュベーションを受けて誕生した。

　他方，人材・技術・資本の首都圏集中が激しい日本において，高い技術力に裏づけられた産業集積を地方で実現することは一見絶望的だ。けれども，米国シリコンバレーは，スタンフォード大卒業生2名が創業したHPの成功に始まり，やがて半導体，IT，バイオなどの先端技術分野における世界標準を次々と生み出すハイテク地域へと発展した。

　シリコンバレーは，日本との従来型産業分野における国際競争に敗れた米国を80年代の停滞から救い出した。HPで生まれた**企業家精神**はシリコンバレーで開花し，地域と国家を救う新産業創出のエンジンとなった。つまり，大学発の企業家精神は，シリコンバレーという半導体・ソフトウェア・バイオに代表される**新産業の母**となり得ることを証明したのだった。

そこで，あらかじめシリコンバレーの歴史を確認しておく。

〈シリコンバレー年表〉

1777年	スペイン軍がサンタクララに駐屯所を設置 （19世紀半ば，カリフォルニアにゴールドラッシュの波が押し寄せる）
1891年	セントラル・パシフィック鉄道の創業者スタンフォード氏（上院議員）と夫人が，ハーバード大学在学中に夭逝した息子の死を悼み，個人全資産2,000万ドルと転売不可を条件に私有地9,000エーカー（果樹園）を寄贈して息子の名を冠する「リーランド・スタンフォード・Jr大学」を開校。
1900年	スタンフォード大心理学教授のルイス・ターマンを父に，息子F・ターマン誕生（スタンフォード大学で工学と化学を学んだのち，東部MITで1924年に工学博士号取得）。
1925年	F・ターマン博士がスタンフォード大学非常勤講師に就任し，その後30年准教授，37年教授就任。
1938年	ターマン教授支援により教え子のヒューレットとパッカードが「HP」を創業し，スタンフォード大学発ベンチャー１号となる。
1942-45年	ターマン教授は合衆国大統領令に基づき，東部ハーバード大学内に設けられた無線研究所長として出向し，レーダー開発を総指揮する。
1951年	スタンフォード大学は全米第１号の「スタンフォード・インダストリアル・パーク」をターマン教授の尽力により開設。
1952年	HPは母校スタンフォード大電子研究所に計測研究室棟を寄贈。
1954年	HPはスタンフォード大学ターマン教授と組んで，自社のエンジニアが社費でスタンフォード大学大学院に学び学位を取得できる「優等教育連携制度」開始。
1956年	HPはスタンフォード・インダストリアル・パーク内に自社ビル２棟を建設。同年，ターマン教授は，ATTベル研究所でトランジスタを発明しノーベル賞を受賞したショックレーを故郷パロアルトに誘致。ショックレーは全米から優れた電子技術者を集めて「ショックレー半導体研究所」設立。

1957年	創業者ショックレーと対立して同社を退社した若手メンバー8名が，同地でノイス・ムーアを中心に「フェアチャイルド・セミコンダクター」を設立。
1968年	「フェアチャイルド・セミコンダクター」資本グループと対立したノイス・ムーア氏は，新たに同地で「インテル」を設立し，70年世界初DRAMの開発に成功。71年日本企業と共同で世界初MPUの開発に成功し，今日の**インテル・インサイド**の流れを作る。
1974年	「タンデム・コンピューターズ」設立。
1976年	ジョブズ・ヴォズニアック氏が「アップルコンピュータ」設立。
1977年	ラリー・エルソン氏が「オラクル」設立。
1982年	**スタンフォード大学発「SUNマイクロシステムズ」「シリコングラフィックス」設立。**
1984年	インテルが赤字転落……日本企業の脅威増大。
1992年	PCブームでインテルはCPUデファクトスタンダードを発表し，完全復活。
1995年	**スタンフォード大学発「Yahoo」設立。**
1998年	**スタンフォード大学発「Google」設立。**

出所：日本経済新聞社編（1996），pp.176-177表を基に筆者加筆。

　年表でも明らかなように，1938年のHP誕生以来，高名なテクノロジー・ベンチャーのみを取り上げてもスタンフォード大学は，過去70年間に大学発型ベンチャーとしてHP，SUNマイクロシステムズ，シリコングラフィックス，Yahoo，Googleと生み出し，アメリカ経済のテクノロジー・ベンチャーのメッカとなった。

　なかでも異彩を放つ2社は，第8講で取り上げた第2次世界大戦直前に創業のHPと最新のGoogleである。Googleはどのようにしてスタンフォード大学で生まれたのであろうか？

2. スタンフォード大学発最新ベンチャー・Google

　HPが，スタンフォード大学発のテクノロジー・ベンチャーであることは日本でも比較的知られているが，私たちの日常に欠かせないインターネット検索エンジン『Google』を提供しているGoogle社もまた，HP同様，スタンフォード大学院生２人が博士課程在学中に教授支援により誕生した最新のスタンフォード大学発ベンチャーである。

　　（Google共同創業者でミシガン州立大学卒業の）ラリー・ペイジと（もう一人の共同創業者でメリーランド大学卒業の）サーゲイ・ブリンは初めて会った一九九五年の春にすぐさま意気投合した。おたがい異なる点もあったが，二人の間には化学反応のような強力なエネルギーが引き起こされたのだった。二人が初めて顔を合わせたのは，スタンフォードの新入生オリエンテーションで，（２年上級である）サーゲイはラリーやほかの大学院入学予定者に，太陽の光が降り注ぐカリフォルニアのキャンパスとその周辺を見せてまわった。そんななか突然，ラリーとサーゲイはどうでもいいことで口論を始めた。相手のことをほとんど知らない二人の人間が火花を散らして議論を交わしているのは，かなり奇妙な光景だった。しかし，実のところは，二人ともお気に入りのゲームをしていたに過ぎなかった。（ヴァイス＆マルシード，2006, p.36［（　）および下線筆者］）

　　ラリー・ペイジが一九九五年の秋にスタンフォードにやって来ると，ラリーとサーゲイは一緒に過ごすようになり，一緒に研究するようになった。（中略）ペイジが進めたいと望んでいたいくつかの研究を補完する別のプロジェクトに取り掛かった。二人は，そのとき出現しつつあったインターネットという未知の世界で共通の好奇心を満たそうとしていた。（同書, p.50）

　もともとGoogleの　検索エンジンは，彼らが既存の検索エンジンに飽きたらず論文引用の概念をweb検索に応用できないかとの仮説に基づき，博士論

文研究として着手した学術向けに研究されたものであった。

　　ブリンとペイジと（ペイジの博士論文指導教官の一人である）モトワーニ教授は，スタンフォードの学内総合検索エンジンの原型を力を合わせて作り上げた。従来の検索エンジンの技術を土台にして，そこにページランクの検索機能を加えた検索システムだった。（中略）一九九七年の秋，ブリンとペイジは（彼らの作った）バックラブ検索エンジンに名前を与えることにした。（中略）G-o-o-g-l-eとタイプしてみた。（中略）一九九七年，この検索エンジンは，スタンフォード大学のネットワークgoogle.stanford.eduに属する学生や教職員が学内で使えるようになった。そしてキャンパス中に口コミで広まっていった。大学の技術認定事務局はこの検索エンジンの特許獲得に乗り出していた。（同書，pp.65-66［（　）および下線筆者］）

ところが研究がすすむにつれて，深刻な研究費枯渇に２人は苦しむ。スタンフォードの教授や大学技術認定事務局の支援を得て高名なエキサイトやヤフーなどの検索エンジンに売り込もうとしたが，無理だった。そんななかで，２人を見かねた指導教官の１人であるチェリトン教授が，シリコンバレー伝説のエンジェルを教授宅に招待して，ブリンとペイジにプレゼン機会を作ってくれた。

　　一九九八年，八月末のカリフォルニアの日差しが降り注ぐ午前中，ラリーとサーゲイは（HPが1938年に創業した）パロアルトに建つ一軒の玄関先ポーチに座って，シリコンバレーの天使（エンジェル）が到着するのを待っていた。二人はインターネットを検索する新たな方法を昼も夜も研究していたが，どんなにがんばって節約しても，資金は底を突き始めていた。そんなとき，二人を大学院で指導しているデヴィッド・チェリトン教授が，友人のアンディ・ベクトルシェイムに会ってみないか，と提案してくれたのだ。コンピュータの天才ベクトルシェイムは伝説の投資家としても知られていて，彼が投資した新進企業は次々と大成功を収めていた。（同書，p.74［（　）および下線筆者］）

第Ⅲ部　現実篇

　ベクトルシェイムは，シリコンバレーに存在する自身がテクノロジー・ベンチャー創業で成功体験をもつエンジェルの1人だった。彼は，チェリトン教授要請に基づき教授宅へ学生2人に会い来たのだった。

　　ベクトルシェイムはかなり控えめな人物でもあった。シスコ・システムズで一緒に技術プロジェクトを進めている社員の多くが，副社長ベクトルシェイムがサン・マイクロシステムズの共同創業者であることも，さらに別の会社を設立して二年前にシスコに数十億ドルで売却したことも，まったく知らなかったほどだ。チェリトン教授は，『すばらしいアイデア』を持った二人の学生がいる，と言ってベクトルシェイムの好奇心をそそった。この二人は，求めている情報をネット上ですばやく見つける情報を発明したんだよ。(同書, p.75［下線筆者］)

　ベクトルシェイムは，新興ベンチャー企業の評価に関して，彼独自の3つの単純な物差しをもって，投資を判断した。

①そのアイデアは，自分も納得できるような現実的な問題を解決しているか？
②そのアイデアは，実際に利益を生み出すビジネスになりうるか？
③創業者が，優秀で情熱的で有能であるか？

　さらに，大学教授をふくめて専門家仲間は，ベクトルシェイムにとって大切な存在だった。逆説的にいえば，チェリトン教授の紹介がなければベクトルシェイムはラリーとサーゲイに会うことはなかった。

　　ベクトルシェイムはまた，自分の直感とシリコンバレーの仲間の何人かを信じていた。その仲間のテクノロジー専門家の一人が，ビジネスの経験と専門知識も持つチェリトン教授だった。チェリトンもまた，ベクトルシェイムがベンチャーにかかわることで，成功への展望が劇的に開けていくことを知っていた。それはベクトルシェイムに資金力があるだけでなく，シリコンバ

第11講　スタンフォード大学発ベンチャー

レー有数の投資企業やテクノロジストとのつながりや，そしてもちろん新しいアイデアや若い才能を厳しく吟味する目があったからである。その日の午前中，<u>二人の学生と話をしたベクトルシェイムは，この二人が金と経験こそ欠いているものの，聡明でやる気に満ちていることを即座に見て取った。</u>（同書，pp.76-77［下線筆者］）

こうして，ベクトルシェイムは投資を決定した。それが数年後に時価総額20兆円企業になろうとは彼自身想像できなかったであろう。だが，ここで重要なことは，彼が信頼する教授宅で2人の若い院生の研究を聞いて当時を決断したことだった。もしこれがなければ，大学院修了とともに優れた論文を書いて2人は卒業せざるを得なかった。

　　『ここ数年で耳にしたなかで唯一最高のアイデアだ』とベクトルシェイムは言った。『ぜひ一枚噛ませてほしい』（中略）交渉なし。株の話もなければ，査定もなかった。ベクトルシェイムはブリンとペイジがまだ会社を正式に立ち上げてないことすら知らなかった。<u>しかし，細かいことはベクトルシェイムにはどうでもよかった。サン・マイクロシステムズを設立して間もない頃，ある投資家がその場で小切手を切ってくれたことをベクトルシェイムは忘れたことがなかった。</u>その投資家は，やがてとてつもなく価値を持つことになった企業に，まさにその場で参画したのだ。彼と同じことを自分はグーグルで行いたい，とベクトルシェイムは思った。細かいことを話し合うこともなく，ベクトルシェイムは「グーグル社」に十万ドルの小切手を切った。（中略）
　　ペイジは小切手を自分の引き出しに入れて保管した。二人がグーグルを会社として興し，この新たな社名で最初の銀行口座を開くまでの二週間，小切手はここに入っていた。（同書，pp.78-79［下線筆者］）

こうして，ラリーとサーゲイは，投資額以上に大切なものをベクトルシェイムから得た。それは，伝説の企業家から得た**信用**であった。その結果，2人は家族や友人からさらなる資金援助を得られるようになった。それは100万ドル（1億円）にも達した。

第Ⅲ部　現実篇

　　その日の午前中チェリトン教授が自宅ポーチで仲介した交渉は，大成功だった。二十歳（飛び級のため）そこそこだった二人は興奮を抑えきれずに，バーガーキングで祝いの食事をした。<u>ベクトルシェイムから小切手という形で得た裏書きは，ブリンとペイジに自信を持たせたし，家族や友人に資金援助を依頼する際には信用証書にもなった。</u>二人は短期間のあいだに資金を集めることができ，その額は百万ドルにも達した。これだけあれば，念願のコンピュータも買えたし，自分たちの経過を次なる重要な段階に進めるにも十分であった。（同書，p.79［（　）および下線筆者］）

　筆者自身も，1990年代の終わりに定期的に訪れていた東部ペンシルヴァニア大学に隣接するインキュベーション施設「UCSC：University City Science Center」内で，ウォートン・ビジネススクール教授が何人かの学生をエンジェルたちに紹介する場面に幾度か立ち会った。また，幾人かの学生がもちよるビジネスプランにメンターとしての参加を要請された。激賞した学生からは，筆者に「Wittness（立会人）」として今後のプレゼン資料に氏名を掲載することを求められた（日本の国立大教官であることを理由に辞退せざるを得なかったが…）。

　実務経験もあり地元で信頼されるスタンフォード大教授が，自宅で学生2人をエンジェルに紹介するといったケースでは，相手方への信用度は最高レベルにあるといってよい。それほど米国では**信頼できる個人推薦**が欠かせない。

　他方，紹介されたエンジェルは，日本の株式会社制度で旧最低資本金とほぼ同額の10万ドル（1,000万円）を株式も受け取る前に提供した。その背景には，次の3つが作用したと考えられる。

　①2人は，スタンフォード大学大学院博士課程の学生であり，身元がしっかりしていること
　②2人は，博士課程指導教授が自宅で紹介するほど優秀と見込まれる学生であること
　③2人の説明から，自分たちが開発した技術はしっかりしており，かつ技

術を世に送り出したいという点で2人は大変情熱的であったこと

3. スタンフォード大学にできたこと

『Google誕生』の著者ヴァイスは，グーグルとスタンフォード大学の関係について，以下のとおり説明する。

> MITやほかの一流の研究機関と違って，スタンフォードでは，<u>博士課程の学生が営利につながるような研究を大学の設備を使って行う際の規則は非常にゆるやかだった</u>。大学の技術管理事務局もその役割を広い視点で捉えていた。技術の権利が大学にあると主張するようなことはせず，学生や教授がキャンパス内で画期的な研究を進めているあいだは特許が取れるように支援したり，資金援助していた。特許取得後は，開発者の学生や教授と長期ライセンス契約を結んで，スタンフォードのロケット科学者たちが新規事業を打ち上げて大金持ちになれるようなシステムを作り上げていた。<u>その見返りとして，スタンフォードの技術管理事務局は，新興テクノロジー企業の株をしばしば手に入れることになったのである</u>。（同書, p.51［下線筆者］）

また，スタンフォード大学のジョン・ヘネシー学長は，技術が産業界で応用されることを拒むことは絶対したくないと，同書のなかでインタビューに答えている。

> 『スタンフォードには，起業家精神をかき立て，危険をおそれずに研究に邁進させる環境があります。こんな環境にいるからこそ，教授や学生は科学技術の最先端の問題をどのように解決したらいいのか，方法を考えることができるのです。<u>そしてスタンフォードには，それを後押しして産業界に組み込む環境もあります</u>。この大学の人たちは，世界に対して最大の影響を与える方法とは，時として論文を書くことではなく，自分が信じているテクノロジーを使って，そこから何かを作り上げることである，ということを十分理解

しています。キャンパスから一マイル（一・六キロメートル）ほど行けば，ベンチャー企業に投資している人たちや，そうした経験の豊富な人たちがたくさんいますから，話を聞くことができます。そういう環境にわたしたちはいるのです。』（同書，pp.51-52［下線筆者］）

事実，スタンフォード大学から車で数分の距離には，米国でもアクティブなベンチャーキャピタルが集まっていた。そして，彼らはかつてのSUNやシリコングラフィックスの成功例に続くハイテク投資先を日夜探していた。

　しかし，最高のベンチャー企業には資金はふんだんにあった。それを新しいアイデアや技術を持つ個人会社につぎ込めば，その会社が上場したり，売却された際には莫大な利益を手にできる可能性もあった。近くにベンチャー投資家たちがオフィスを構えていることで，スタンフォード大学の学生や教授たちは，ほかのどの大学の人たちよりも容易に資金援助やアドバイスを求めることができた。また，スタンフォードは教職員の保有株や現金化を適宜認めることで，非常にすぐれた教授陣を数多く大学に留めていた。（同書，p.52［下線筆者］）

スタンフォード大の大学院カリキュラムでは，HP創業当時から工学研究科や医学研究科の大学院生が同じキャンパス内にあるビジネススクールで講義をとることが可能で，現在もその取得は積極的に奨励されている。こうした学風が，HPに続くスタンフォード大発のベンチャー誕生に大きく影響している。パッカードは，MBAの価値について以下のように述べている。

　HPの経営陣を務めた管理者のほとんどが，技術分野での経験をもっている。たとえば，ジョン・ヤング（第三代社長CEO）は電気工学の，ルー・プラット（第四代社長CEO）は機械工学の学位をもっている。彼らは，エレクトロニクスやコンピュータ技術の詳しい知識を必要とする仕事など，社内でさまざまな職務を経験してきた。
　最近，HPに入社してくる若者は，工学または科学とMBAの二つの学位を

持っていることが多い。私は，ビジネス・スクールで正式な教育を受けることを強く勧める気はないが，HPで重要な管理職に就こうとするなら，経営と財務のあらゆる面にわたる基礎を身につける必要があるだろう。(パッカード，1996, p.187［下線筆者］)

つまり，HPの最高経営および部門管理はエンジニアが行うべきものであるという前提に立ちながらも，管理職となるべきエンジニアは経営と財務の原理について学ぶことを求めている。

そうした意味では，米国と人口比で2倍（理工系学部卒業者の絶対数が日米同じ数）の理工系輩出率をもつわが国で，ビジネス基本科目を大学院理工系研究科における必修科目として取り入れることは非常に大切である＊。

> ＊**コメント**　小樽商科大学ビジネススクール（大学院商学研究科アントレプレナーシップ専攻MBA）に学ぶ学生のおよそ4分の1が医歯薬理工系学部出身だが，入学早々の1学期（4-7月）に，「マネジメントと戦略」「企業会計の基礎」「組織行動のマネジメント」「マーケティングマネジメント」「情報活用とビジネスライティング」の基本5科目を全員が学ぶカリキュラムとなっている。

スタンフォード大学と周辺の企業家精神にあふれるこのような状況は，HPがそのスタートであったが，そのビジョンと戦略を固く決意した人物が大学側にいたからこそ実現した。もちろん，それはHPの恩人ターマン教授だった。以下は，これまで筆者がみた産学連携に関する著述で最も歴史に忠実でリアリティがあふれる文章だ。

> 戦争が終わると，ターマンは地域の技術と産業の基盤を発展させる活動にさらに力を入れはじめた。一九四〇年代の初めにスタンフォードを離れ，戦時の特別職としてハーバードの無線研究所の所長を務めていたが，一九四六年に工学部長としてスタンフォードに帰ってきた。東部で軍用エレクトロニクス機器の研究にかかわった経験は，ターマンに西海岸の産業と大学の弱さを強く意識させることになった。サンフランシスコ半島にほとんど産業がないだけでなく，ターマンによると『スタンフォードは恵まれない立場のまま

第二次世界大戦の終わりをむかえた。戦争に関連する刺激的な技術活動や科学活動には，どれ一つ深く関与してはいなかったのだ」。ボストン一帯の（MITを中心とする）大きな技術のうねりに深い感銘を受け，優秀な学生が東部へ流出するのをくい止めようと固く決意して，ターマンはスタンフォードと地域産業が手に手をとって発展してゆけるよう全力を傾けた。

「西部は長い間，農業と釣り合う規模の工業を持つことを夢みてきた。戦争によってこの夢がふくらみ，西部に工業化というすばらしい新時代の始まりが訪れた。しかし，強力な自立した産業を発展させるためには，科学技術の分野で独自の知的資源を築かなければならない。外部から迎え入れた頭脳や借り物のアイデアに頼る産業活動では，年貢をおさめる家臣以上の存在になることは望めず，永久に競争に勝てないことになる。」

ターマンは，スタンフォードのまわりに『技術者と研究者のコミュニティー』を築くことによって，大学がもっと積極的に先端産業を支援する体勢を整えようとした。『このようなコミュニティーは，高度な技術を用いるさまざまな産業と，周囲の産業の創造力にみちた敏感に反応してゆく強い大学とで構成される。こうした形こそ将来の流れであろう』と彼は語っている。この計画を実現するため，ターマンは，有望な教授をほかの大学から引き抜き，大学院課程を充実させて，スタンフォード大学の電気工学科をアメリカで最高の学部の一つに育て上げた。一九五〇年には，スタンフォード大学は，MITよりはるかに少ない教授陣で，MITと同じ数の電気工学博士を世に送り出した。（中略）

ワシントンから距離の関係で，連邦政府の役人との交渉ではボストンの企業の方がカリフォルニアの企業より有利になることが多かった。そのためターマンは，スタンフォードと地域産業との協力関係を築くことに最も力を注ぐようになった。『西部の産業と西部の事業家が，自らの長期的利益のために賢明に，かつ効果的に動こうとするならば，できるかぎり西部の大学と協力し，資金そのほかの面で大学を援助し，強力な大学に育ててゆかねばならない』というのがターマンのゆるがない信念だった。教官や学生に，地域の企業を知り，そこにあるチャンスを見つけよとはっぱをかけ，学生のために地元のエレクトロニクス企業の見学をアレンジした。産業界の集まりでたびたび講演して，地域のビジネスマンに，スタンフォードの活動を知り，その研究を

<u>自分の会社にどう役立てられるか考えるべきだと説いた</u>。さらに，西海岸電子製造者協会のメンバーに共通の利益のために力をあわせようとよびかけ，地域のメーカーに協力の精神を浸透させていった。

　一九五〇年代に三つの革新的な制度が誕生した。これらはいずれもターマンが唱えた大学と地域産業との協力を体現するものだった。一つは，防衛関係の研究を行うとともに西海岸の企業をサポートするために大学が設立した「スタンフォード研究所」である。（中略）

　次に，「特別協力プログラム」を通じて地域の企業に大学の授業を開放したことだ。エレクトロニクス企業の技術者を正規の大学院に入学させたり，専用の教育用テレビ・ネットワークを使って，会社にいながらスタンフォードの授業が受けられるようにした。<u>これに匹敵するプログラムはMITにはなかった</u>。スタンフォードのこのプログラムは，大学と企業のつながりをさらに強める役割をはたし，技術者たちはこのプログラムのおかげで最先端の技術についていくことができ，ほかの技術者と知り合うこともできた。<u>一九六一年には，三二社がこのプログラムに参加し，約四〇〇人の社員がパートタイムで理学部や工学部の修士や博士をめざして勉強した</u>。入学者の数はその後もますます増えていった。（サクセニアン，1995, pp.51-54［下線筆者］）

　その後，大学が所在するパロアルト地区にターマン教授の後押しで航空宇宙産業が立地し，次いでゼロックス社が有名な「パロアルト研究所」を設立した。さらに，トランジスタの発明者ウイリアム・ショックレーは，自分の発明を事業化するためAT＆Tのベル研究所を退職し，故郷パロアルトに戻って1956年に「ショックレー半導体研究所」を設立した。翌年そこからスピンアウトした8名の技術者が有名な「フェアチャイルド社」（京セラに初めて半導体用のセラミックパッケージを発注した米国企業）を設立し，またたく間に成長した。さらに1968年にフェアチャイルド社からスピンアウトした3名の技術者が「インテル社」を設立した。

　　最後は，ターマンがすすめたスタンフォード・インダストリアル・パーク（工業団地）の開発である。大学がつくった工業団地としてはアメリカで初め

てのもので，(中略) ターマンは，工業団地を売り込むために昔の教え子デイビッド・パッカードに協力してもらった思い出を次のように語っている。『彼と私はちょっとしたゲームを始めた。工業団地について誰かが私のところに話を聞きにくると，私は必ず，ぜひパッカードにも会って，協力的な大学の近くにいることがどんな意味を持つか聞いてごらんなさい。とすすめることにした。一方，彼のところに先に行った人には，彼がターマン教授にも話を聞いてごらんなさいと言うわけだ。われわれの共通の目的は先端技術のセンターをつくることだった』

　<u>工業団地はスタンフォードの教室から目と鼻の先にあり，大学に利益をもたらすと思われる技術企業にだけリースされた。その結果，工業団地の企業は積極的に，スタンフォードの教授をコンサルタントとして迎え，卒業生を社員として採用した。自社の活動に関係ある大学の研究プロジェクトに参加するようにもなった</u>。一九五五年には，スタンフォード・インダストリアル・パークは約二二〇エーカー（八九ヘクタール）の広さに達していた。一九六一年には，約六五二エーカー（二六四ヘクタール）に広がっており，テナント数は二五社にのぼり，計一万一〇〇〇人が団地内で働いていた。(同書，pp.54-55［下線筆者］)

　こうした半導体をめぐる爆発的なベンチャーブームは大学所在地のパロアルトで起こったが，同地域とその周辺を半導体原料シリコンにちなんで「シリコンバレー」と呼ばれるようになった。だが，パロアルトに半導体ベンチャーが次々と企業できた背景には，ターマン教授が中心となってスタンフォード大学が実現した**大学と地域の密接なコミュニティー**が存在したことを忘れてならない。

　加えて，それらが1950年代と現在からわずか60年ほど前に起きた現象に過ぎないことも重要だ。わが国の基礎的研究と理工系人材育成に貢献すべき国立大学が，米国の私立大学同様にベンチャー設立やインダストリアル・パークを学内に設置できるようになってから，わずか10年ほどである。

　筆者が，文部省委託研究のため米国・カナダおよび英仏独の有力大学知財本部を現地インタビュー調査した結果では，大学による技術移転組織（TLO

ないし大学知的財産商業化を目的とする学内企業）が単年度黒字化を果たすために，最短でも9年を要していることが判明した。「国家百年の計」とよくいわれるが，一国の科学技術の水準を先端レベルに引き上げるためには，少なくとも1世紀の時間を要する。同様に，そうした科学技術を用いた最先端技術の産業化には，シリコンバレーの歴史を観察すると少なくとも半世紀を要することが理解される。

それゆえに，2000年以降始まった国立大学における技術商業化のための試み（TLOや知的財産本部整備，民間企業役員兼業，学内インキュベーション事業，インダストリアル・パーク整備）が日本で花開くには，あと40年以上の歳月が必要と考えられる。もちろん，その政策効果は，徐々にではあるが単発で打ち上げ花火のような成功例が断続的に続くだろう。だが，それが地域や国家を支える屋台骨となるには，少なくとも20年以上待たねばならない。そして，それだけの投資を続けられるか否かが21世紀後半の日本の将来を決定する。

欧州の古い大学には創立が12-13世紀のものが多い。同様に，アメリカ最古の大学であるハーバード大学が江戸時代初頭にあたる1636年の創立である。これに対して，日本最古の大学は，1891年のスタンフォード大学創設よりわずか20年ほど古い1872年の札幌農学校（北大農学部の前身），1873年の工部大学校（東大工学部の前身）とわずか140年ほどに過ぎない。

そうした意味で，生まれたてのわが国大学にとってベンチャーへの関与は西暦2000年以降の現象に過ぎず，国内大学にとってこれから半世紀以上続く壮大なイノベーション分野ともいえるだろう。だとすれば，予算年度にしばられ当該年度の雇用確保が主たる経済効果として期待される土木中心の公共事業と，半世紀にも及ぶハイテク・インダストリーを地域に生み出す大学発型のテクノロジー・ベンチャー育成を，同一時間軸で比較することはまったくナンセンスである。否，政策担当の公務員が通常の業務ローテーション期間内に一定の政策効果をねらったり，政治家が4年に1度の選挙公約で目玉となるイノベーション政策として追求することなど無意味である。

すべては，現在生まれつつある子供たちが，現在の大人たちが享受している先進国家としての豊かさを同様に享受できるかにかかっている。そうした

意味で，国家百年の計を考えた坂本龍馬たち幕末の若者たちの長期国家ビジョンに，今一度原点回帰すべき時代に日本は突入している。1930年代，デイビッド・パッカードとビル・ヒューレットという2人の電子工学科学生とターマン教授の出会いに始まったスタンフォード大学における産学連携の歴史と実績が，それを実証している。

第12講 日本の大学発型ベンチャー

1．大学発型ベンチャーの実際
2．地域経済と大学発型ベンチャー
3．大学発型ベンチャーの限界と可能性

産業技術力強化法*が国会決議される半年前の1999（平成11）年4月，国立小樽商科大学（現・国立大学法人）は，OB会である「社団法人緑丘会」（東京・池袋サンシャイン60）の強力な財政支援を受けつつ，国内初のベンチャーならびに中小企業支援組織として「小樽商科大学ビジネス創造センター（CBC：Center for Business Creation）」（旧文部省令地域共同研究センター）を設立した。筆者もその設立と運営に6年間関わった。

CBCの開設以来，地元中小企業経営者はもとより国内全域の自治体や国立大学事務局や教員個人から年間80件を超える新事業・新会社設立に関する相談が寄せられた。そしてCBCは，設立から6年間に累計100件を超える中小企業の新規事業創出，11社の新規国立大学発ベンチャー設立を支援した。以下，CBCでの経験を基に，今後わが国大学に求められる大学発型ベンチャーとその地域経済への関わりについて考察する。

> *コメント 「産業技術力強化法」は第147回国会において成立し，平成12年法律第44号として4月19日に公布され同年4月20日から施行された。その4つの骨子は，以下のとおりである。
> (1) 受託研究などに係る資金の受入れなどの円滑化
> (2) 大学などの研究成果を活用する事業者への支援……国および地方公共団体は，国立大学等及び国の試験研究機関の研究者がその研究成果を活用する事業を実施する営利企業の役員等の職を兼ねることが重要な意義を有することに配慮しつつ，当該研究成果を活用する事業者に対する支援に必要な措置を講じるよう努めなければならないこと。「営利企業」とは，営利を目的とする私企業を営むことを目的とする会社その他の団体をいうこと。「役員等」とは，役員，顧問若しくは評議員をいう
> (3) 特定大学技術移転事業を実施する者等の国有施設の無償使用
> (4) 特許料等の特例……特許庁長官は，特許料等を納付すべき者が大学等の研究者若しくは大学または高等専門学校を設置する者で一定の要件を満たす者であるときは，特許料を軽減し若しくは免除し，またはその納付を猶予すること等ができる

1. 大学発型ベンチャーの実際

　大学発型ベンチャーは，ほかのベンチャー企業と比較してどのような点が異なるのであろうか。CBCは，2001年4月の規制緩和以降，国公立大医科系教官を中心とする役員兼業型の大学発型ベンチャー11社に対する役員兼業申請および定款作成などの設立準備を支援し，CBCからは筆者を含む3名の兼業監査役を派遣した。だが，これらの大学発型ベンチャー企業は，設立直後から予想を遙かに超える困難に直面し，それを乗り越えなくてはならなかった。

　大学発型ベンチャーが創業後に直面した4つの経営課題とは，(1)経営管理体制，(2)資金調達，(3)コアテクノロジー，(4)マーケティング，であった。

（1）経営管理体制

　設立直後の大学発型ベンチャーにとって存続の絶対条件は，優秀な**幹部人材**の確保にある。その理由は，コアテクノロジー開発にイニシアティヴをもつ大学教員は，代表取締役CEO（最高経営責任者）にはなり得ないからだ。大学発型ベンチャーでは，事業開始後すぐに大学教員との開発計画作成，VCからの資金調達，顧客となり得る大手企業との共同開発契約，従業員の採用，そして公的研究助成申請を，CEOが1人でこなさなくてはならない。

　そのため通常の大学発型ベンチャーは，次に述べるタテとヨコの経営管理体制を必要とした。

①ヨコ組織

　常勤と非常勤を問わない少数の取締役と，厳密な会計監査を行う監査役によって構成され，四半期ごとに重要な経営戦略を決定する代表取締役が議長を兼任する

②タテ組織

　ミッション別にCEO（最高経営責任者）を頂点として，COO（最高執行責任者），CTO（最高技術責任者），CFO（最高財務責任者）によって構成される専門業務執行を担う

　つまり，大学発型ベンチャーにかぎらず最新テクノロジー・ベンチャーは，従来にはない**新たな経営形態**を必要としている。大学教授や他のVC派遣取締役，監査役などヨコのコンセンサスを得ながら，タテのトップである代表取締役CEOはCOO，CTO，CFOといった幹部人材の仕事の進捗を判断し，再びヨコに伝えて経営の意志決定を行う。それゆえに，タテのポテンシャリティと業務遂行能力がきわめて重要であり，もはや副社長，専務，常務といった旧い経営管理体制は役に立たない。

　こうしたことから，タテについての定例ミーティングとなる「経営会議」は，毎週月曜日または金曜日に開催されることが望ましく，他方ヨコの定例会議である「監査役も出席する取締役会」の開催は毎月ないし四半期ごとの開催が適切である。本社が地方都市にあり，大手出資者（VCなど）が首都圏にいる場合には，地方と首都圏で交互に取締役会を開催することが望まし

い。その結果,毎月作成されるべき月次計算書は毎週の経営会議で検討される必要があるし,それをベースに取締役会の四半期開催にあわせた四半期損益計算書・貸借対照表が作成され取締役会で検討される。

さらに,大学発型ベンチャーの側面には**外部アドバイザリー機能**が重要である。多くの専門化され分業化された大企業組織と異なり,大学発型ベンチャーは研究開発に特化し,そこで開発された成果の知的財産化が企業存続の基本である。そのため,研究開発にかかわらない間接部門は最小で機能するよう心がけるべきである。

極論すれば,設立直後の大学発型ベンチャーの管理スタッフは,専任CEOと専任秘書の2名で十分である。それ以上の管理するための人件費を負担する余裕は,大学発型ベンチャーにないし,無駄でもある。つまり,先述のタテの機能のうち非研究開発部門を担うCOO・CFOは,当初はCEOが担う必要がある。やがて財務的余裕ができてくれば優先して雇うべき経営幹部がCOO・CFOである。

これに対して,CTOは大学とベンチャーの接点にあって大学側から提供される研究成果をいち早く試作し具現化できる最重要人物であることから,CTOに見合う人材を見いだせないかぎり株式会社設立は見送った方が賢明である。なぜなら,専任CTOの仕事は本社でなく大学とテクノロジー・ベンチャーを結ぶ研究開発現場の**前線指揮官**だからだ。

もちろん,ホンダのように社長 & CTO（本田宗一郎）と副社長 & CFO（藤沢武夫）といったパートナーシップ経営もあり得るし,HPのようにCEO & CSO（ビル・ヒューレット）とCOO & CTO（デイビッド・パッカード）のようなパートナーシップ経営もあり得る。

創業当初の役割分担はさまざまだが,唯一わかっていることは,CEOが1人でテクノロジー・ベンチャーの創業を行ってはいけないという点である。

創業当初,ヒューレットとパッカードが開発に取り組み,昼間は大学事務員として働くパッカードの妻が平日夜や週末にHPの事務一切を行った。しかしながら,こうした家族創業形式は現代にそぐわない。それゆえに,大学発型ベンチャーは小さな本社を実現するためにも,経理面での会計事務所による決算書作成代行はもちろん,会社定款変更や株主名簿管理など司法書士

による登記関連業務，知財面での弁理士事務所による特許出願業務，労務管理面での社会保険労務士による社会保険事務代行など，広範に及ぶ外部専門家による業務代行支援が創業初期（5年程度）に欠かせない。

こうしたことに要する報酬は，印紙代などの実費をのぞいて1代行当たり月額平均5万円・年間60万円程度である。仮に，上の4つの機能をすべて外部化しても支払う報酬総額は年間240万円程度となる。経理部門に簿記資格のない通常の課長級スタッフを1人配置しても，年間500万円＋雇用者負担100万円の計600万円程度の本社人件費が必要となる。また，課長級を1名配置しても，結局決算申告時には会計事務所に申告業務を要請せざるを得ない。

だとすれば，こうした本業であるテクノロジー開発に関係ない仕事は可能なかぎり信頼できる外部アドバイザリー機能にアウトソーシングすべきである。

さらに，これらのマネジメント理論や人材紹介に向けて，さまざまな外部支援組織とのコーディネートを行える大学支援機関「CBC」のような組織も重要である。およそ一生出会うことがなかった理工系大学研究者とビジネス関係者を，ベンチャービジネスという紐帯で結びつける仲介者として，シリコンバレーにおける「スタンフォード・ビジネススクール」の貢献は有名だ。また，国や県，市や公的試験研究機関，政府系金融機関などの政策支援者も同様に重要だ。こうした地域の企業家精神を支えるインキュベーション・インフラなくして，地域におけるハイテクの源となる大学発型ベンチャーの創造と発展は望めない。

(2) 資金調達

数年間にわたって研究開発投資を続けなくてはならない大学発型ベンチャーの資金調達に，従来型の銀行による**融資**は役に立たない。なぜならば，大学発型ベンチャーは売上げそのものを単年度損益で判断すれば赤字企業でしかないからだ。それゆえ，大学発型ベンチャーの企業価値は，現在の単年度キャッシュフローで測られるべきではなく，将来獲得するであろう収入を基礎とする将来キャッシュフロー，および株式公開もしくはM＆Aによって株主にもたらされるキャピタルゲイン（成長可能性）で評価されるべきだ。そ

れゆえに、地域の大学発型ベンチャー育成には、大手事業会社提携型・首都圏独立型・地域独立型を問わずベンチャーキャピタル（VC）による**投資**が欠かせない。

さらにVCには、テクノロジーの見極めと将来の市場予測を行うだけの**技術評価能力**が必要だ。このようなベンチャー投資が盛んに行われている米国では、VC側に多くのMD（医師）・PhD（博士号）保持者が働いている。たとえ研究者としては第一線をリタイアした人でも、最新の論文を読みこなし研究者にインタビューしてその技術ポテンシャルを探ることは、経験上きわめて得意である。

むしろ、本質的な難しさは、ビジネスとしての**投資価値判断**にある。しかしながら、長年にわたって金融機関や企業の企画部門で多くの新規事業に携わってきた専門家と、これら医師や博士号研究者たちが**合同評価チーム**を作れば、そのこと自体は決して不可能なことではない。米国では現実に成功している。かつて筆者は、米国フィラデルフィアのいくつかのテクノロジーVCの投資会議にオブザーバーとして同席した。その場には、第一線を退いた60歳代の医師やPhD研究者がボードメンバーとして参加し、シリコンバレーの新興ベンチャー経営者や開発責任者に研究開発や製品化の進捗状況について、連日電話会議によるインタビューを行っていた。そして、チームで最終的な投資判断を行っていた。

このように技術の発掘と投資を繰り返し行いながら、いくつかの成功事例が出始めるようになると、現在の金融機関や大学院の最前線で働き学ぶ若い世代のなかからもVCで働く志望をもつものが現れ始める。そして、成功したテクノロジー・ベンチャーにIPO事例が出てくれば、投資活動に厚みが出て地域の企業家精神は可視化される。つまり、地域によき経済循環が始まる。

(3) コアテクノロジー

技術は産業の源である。とくに日本のように人的資源をのぞけば食料もエネルギーも国内自給不可能な、他国と陸でつながらない孤立した島国では、国際競争力のある高い技術力をもって財を輸出し、食料やエネルギー資源を輸入できる**外貨**を獲得することが国家存立の絶対条件である*。

> *コメント　江戸幕藩体制のもと完全な鎖国による封鎖経済では，国内人口3,300万人を食べさせることすら容易ではなく，数十年ごとに冷害などの飢饉が発生すると数十万-数百万単位の餓死者が国内に発生した。幕府はこれに対して打つ手がなかった。なぜなら，海外から直接米を輸入する術をもたず，禁止していたからだ。そのようなことがわずか200年前の日本では現実だった。（西）ローマ帝国は500年以上続き，江戸幕府は260年続いた。今日，明治以降の日本はわずか150年の歴史しかなく，戦後と呼ばれる時代はわずか70年弱に過ぎない。現在の繁栄はきわめて短期間に過ぎず，これが永遠と思いこむことはきわめて非現実的である。

　このように食料・エネルギー・鉱物資源の確保にきわめて脆弱な日本が，世界GDP第2位の経済大国となれた最大の要因は，戦前戦中に蓄積した優れた電力鉄鋼などの産業インフラと人的資源を，製造系テクノロジーの開発と実用化に集中的に振り向けたからである。トヨタのハイブリッド車『プリウス』は，トヨタ1社で完成した訳ではなく，日本製造業のすべてのテクノロジーの結晶といえる。東日本大震災で東北の幾つかの素材・部品メーカーが震災したことによってプリウスの生産が滞ったことは，その端的な証明だ。

　現在，世界第2位の労働生産性を誇る国内輸出製造業に働く1人は，ほかの国民8人分の食料とエネルギーを供給している。ところが，その「ドル」の稼ぎ手である国内輸出製造業が次第に中国などの追い上げによって競争力を失い始めている。日本経済を新たな成長軌道に押し上げる経済発展を遂げるためには，**新産業のコアテクノロジー**を自らの手で生み出さなければならない。

　コアテクノロジーなしに，安易な国際分業という美名のもとでの国内製造業の海外移転と空洞化を招くと，国内主要産業の半分を占める国内サービス産業に対してエネルギーおよび食料を供給することが困難に陥る。その結果，国民所得および国内純貯蓄は自国通貨安インフレーションを通じて坂を転げ落ちるように低下する。それはかつて，19世紀に世界の工場と呼ばれた大英帝国が20世紀に歩んだ道であった。

　他方，他国が容易に追いつけない独創的なコアテクノロジーを開発するた

めには，それに先行して十数年以上に及ぶ大学・国立研究所などにおける基礎研究が欠かせない。さらに，こうして生み出される技術は早期に特許化するかノウハウとして秘匿されなくてはならない。

コアテクノロジーは，特許の有効期限である20年内に製品化されなければならない。だから，20年の期間内で全投資を回収すべきコアテクノロジーの開発は，戦後の日本企業がとってきた安直な米国からの技術導入とはまったく異なるアプローチが求められる。なぜなら，基本特許から応用特許，そして周辺特許までを戦略的に保有するためには，必要条件として，知的な成果を上げるものに対して十分かつ長期的な投資と報酬が与えられなくてはならないからだ。

さらに十分条件として，大学および国立研究機関→大学発型ベンチャー→大手企業というプロセスごとに，行うべき技術開発内容と取得すべき特許の目的が大きく異なっており，それぞれのプロセスを結ぶ戦略的連携のためのプログラム立案と確実な遂行が不可欠である。

大学における終身雇用の研究者は，日々の収入と研究費を国民から善意に基づき与えられている以上，こうしたコアテクノロジーの開発過程で多額の報酬を必要としない。だが，これらのコアテクノロジーが産業界でひろく活かされ，国内に雇用が生まれ企業が収益を上げるようになったとき，大学の研究者は発明者として，またその技術供与元の大学発型ベンチャーの出資者として，ライセンス料やキャピタルゲインを大学知的財産本部やTLO，そして直接株式市場から得ることは，アダム・スミス博士も肯定するように**創業者利得**として自然な対価である。

(4) マーケティング

イノベーションは，通常使われる狭義の**技術革新**にとどまらず，本来は，企業家による生産手段の組替えによるマーケット創造を意味する。大学は，非営利組織だからこそ可能な人類普遍の英知や文化の正統な継承者・養成者であると同時に，社会経済が停滞局面に陥ったときに必要とされるイノベーションの源でもある。つまり，断片的な技術の提供者であるよりも，次なる経済発展に向けたコアテクノロジーの発明者でもありサプライヤーなのだ。

それゆえ，コアテクノロジーのマーケティングは，**大学発型ベンチャー**の最重要ミッションとなる。それゆえ，大学発型ベンチャーは**マーケティング**について深い関心と理解をもつことが大切である。マーケティングとは，「誰にどう売るのか」といった表層的なことよりも，蓄積された経営資源を「どの分野でどう活かすのか」といった本質的な命題を含む重要概念である。それゆえ，大学が，コアテクノロジーの販路や組織について真剣に乗り出すときに，大学発型ベンチャーの重要性はさらに拡大する。

　Googleは，スタンフォード大学で大学内情報検索エンジンとして研究室で誕生した。それをインターネットに接続することで，全世界の情報を検索することが可能となった。つまり，大学発のコアテクノロジーを商業化するためのマーケティングにGoogleは成功したのであった。

　だとすれば，大学発型ベンチャーは，消費者や企業がもつ常識的な価格・品質に基づく商品ニーズを度外視して，大学ならではのイノベーション（新結合）をもって市場を創造する視点と行動が必要だ。それゆえ，大学発型ベンチャーは，膨大な資金と組織力を必要とする一般消費市場をターゲットとする「B to C」をむしろ避けるべきで，戦術的にはこれらの市場に対して常に新製品を必要としている国内外の大手企業数社をターゲットとすべき「B to B」が，マーケティング活動の主たる課題となる。

2. 地域経済と大学発型ベンチャー

　大学発型ベンチャーを**新産業の先端モデル**として捉えた場合，地域経済における存在は新たな色彩を帯びる。なぜならば，過度に大企業本社と研究部門が首都圏周辺に過密する日本では，そのほか地域に海外や国内に情報発信するだけの高い技術力を有する大手企業がほとんど存在しないからだ。

　そのため，地方の理工系学部・大学院修了者の就職時における恒常的な首都圏への流出が続いている。テクノロジー・ベンチャーの象徴ともいえる大学発型ベンチャーの創造は，それゆえに首都圏ではない地域の人々と国内産業にとって大きな希望となる。現に欧米では，地域の大学を核とするハイテ

クエリアの創造が国家戦略目標となっている。IT大国フィンランドの成功も大学を核とする地域産業クラスター政策の賜である。

（1）地域における唯一の高度技術蓄積

　首都圏から離れた地域において，首都圏の大手企業を顧客とできる高度な技術蓄積が，その潜在力も含めてなされている唯一の組織体は地域ごとに存在する国立大学法人，公立医科系大学および私立理工系大学である。

　これらの大学は，従来，**サイエンス**に重きをなし国内外学会への論文投稿競争に終始してきた。ところが，1990年代に入って米ソの冷戦構造が終焉するとともに，米国はそれまでの西側同盟国に対して**軍事優位**の姿勢から一転して**技術優位**の立場を明確にし，自国で生まれた知的資源を財産化するための「プロパテント戦略」を行使するようになった。

　一度学会などで発表した論文は国内で特許出願権を失ってしまい，反対に外国で特許化された場合，自国の国民の健康を守る医薬品などの製造が国内でできなくなってしまうおそれが現実化している。英国はペニシリンの発明国でありながら特許化しなかったところ，米国製薬企業に医薬品としての製造法を特許出願された結果，英国企業は多額の特許料を払い続けなければならなかった。こうした**科学の産業化**に関しては，米国で1980年に成立した「**バイ・ドール法（Bayh-Dole Act）**」が有名である。この法律によって米国の大学や企業は，連邦政府の開発資金を得て開発した研究成果の所有権とライセンスの交付権を得た。これをわが国でも取り入れたものが，先述の2000年4月に施行された「産業技術力強化法」である。

　日本政策投資銀行の報告書は，バイ・ドール法に関して以下のように説明する。

　　　法の意図するところは，大学のような非営利組織が産み出した技術に，特許権，販売，ライセンスを与えるなどの活動を認めることにより，国家資金を投入した発明や創造的アイデアの商業化を促進することであった。更に，これら大学などの組織は技術からのライセンス収入を自己の収入とする権限が与えられたが，但し交換条件として，政府に対しては無料で技術の使用を

認めることが義務付けられている。なお，この法律の定める条件やガイドラインで注目される点は，特に中小企業に優先権を与えることを義務付けていることである。

　上記の法律成立に呼応し，主要大学では教授や研究者を対象にした新しい知的財産に関する方針や基準を設けた。また主要大学では，1980年代初めに技術の特許とライセンシングを取り扱う技術移転局（OTT：Offices of Technology Transfer）を設立した。（ヒューズ，2000，p.5）

　その後，特許収入だけで，1999年に第1位のコロンビア大学は9,580万ドル（約100億円）に達したと報告されている。もっともこれは1980年のバイ・ドール法の施行からおよそ20年を経た数字であり，「産業技術力強化法」が日本においても施行され日本の大学が実績を上げ出すためには，少なくとも2020年頃まで待たねばならない。

　こうした状況にあって，大手企業が存在しない地域において，世界的な技術開発をすすめるための唯一の拠点ともいうべき存在は，地方国公立大学ならびに私立理工系大学である。地方の大学は，地域における科学の産業化に貢献し，その具体的な手法として大学発型ベンチャーの創造が地域に求められている。まさに，ターマン教授が言うがごとくである。

　　強力な自立した産業を発展させるためには，科学技術の分野で独自の知的資源を築かなければならない。外部から迎え入れた頭脳や借り物のアイデアに頼る産業活動では，年貢をおさめる家臣以上の存在になることは望めず，永久に競争に勝てないことになる。（サクセニアン，1995，pp.51-52［下線筆者］）

　たとえば，大学の薬学部・医学部の教員や研究員が新薬候補を発明発見したとしよう。従来，これらは論文として大手製薬メーカーに無料で公開されてきた。もちろん，従来の大学は特許料を論文提出前に用意する予算などなかったので，大学教員・大学・政府のすべてが知財に関してまったく権利がない状態であった。

ここで，Googleのような大学発テクノロジーの重要性に気づいている有能な大学知的財産本部とスタッフと予算があれば，大学は論文発表前に特許化しておくであろう。そして，この特許を基にベンチャーを作ることができる。大学が基本特許のみを売る場合，日米ともにその売価は数万ドル（数百万円）程度にしかならない。だが，基本特許をもち，その試作品を開発したベンチャーは，自らの特許の専用実施権や自己株式を数百万ドルから数千万ドル（数億円から数十億円）で大手企業に売却することが可能となる（13講末のコメントa参照）。

3. 大学発型ベンチャーの限界と可能性

研究開発型営利企業への役員兼業が2000（平成12）年の規制緩和により認められた。それは，直前に生じた一橋大の中谷巌（元）教授のSONY社外取締役就任問題に対するリアクションとして（SONY社外取締役兼任が認められなかったため，同教授は国立一橋大学教授を辞任した），経産省の強力なバックアップと人事院・文科省の迅速な対応によって実現した画期的な規制緩和だった。

その結果，教授会承認による大学発型ベンチャーを含む民間営利企業への教官による役員兼業が可能となり，大学学部長・研究科長承認のみで許可される技術と経営に関する教員の技術アドバイザー兼業は一段と容易となった。現在のわが国における大学発型ベンチャーが，他先進諸国と量の面で遜色ない水準にまでに到達したことは，こうしたたゆまない産学官連携の賜といえる。

大学発型ベンチャーの総数は2010年度で1,800社といわれているが，「リビングデッド」といわれる休眠会社も多数存在する。こうしたベンチャーにはどのような問題があるのであろう。

ベンチャー起業論で高名な米国バブソン大学の故J・ティモンズ教授の説明によると（同大学で直接聴取），新規ベンチャー企業は6年以内にその内のおよそ7割が消滅するという。だとすれば，7年間を経て目立った廃業が

聞かれないわが国大学発型ベンチャーは，ずいぶん健闘しているということになる。大学発型ベンチャー最大のミッションは，極端な富裕層を作ることでもなければ，第2の公共事業を作ることでもない。大学発型ベンチャーは，特許や論文に代表されるサイエンスと産業界で製品化されるテクノロジーの中間領域に存在する。そのミッションは，多額の税金を投入されて生まれる**大学発の潜在的知財**を，将来の国民財産や社会保障の原資，すなわち**21世紀の国富**として顕在化させることにある。

　大学にせよ企業にせよ，一度，研究開発部門に所属し現場を知るものなら誰でもわかる空気がある。それは，プロジェクトを始めるに際して「やってみなければわからない」という博打に似た心情である。それゆえ，大学で生まれたどのような画期的な発明発見も，それを製品応用するためには「やってみなければわからない」リスクを企業は抱え込んでしまう。加えて，たとえ開発に成功しても商品がヒットする可能性は甚だ低い。そうした開発案件を一部上場企業が直接丸抱えした場合，それが失敗した場合の社内外におけるリスクはきわめて高い。当然，それにかかわった担当役員は更迭されるだろうし，開発部隊の解散も免れない。

　だから，どう化けるかわからない技術的リスクの高いものほど経営を分離し，大学発型であれ何であれテクノロジー・ベンチャー多数をモニターしながら，これはと思われるベンチャーに迅速な投資を段階的に行っていく方が，大手中堅企業にとってはるかに賢明である。

　それゆえに大学発型ベンチャーは貴重だ。税金を投入して得られた知財を，スピードだけを強みとして開発を急ぎ，既存の大手中堅企業に対して試作品を提供できる。これらのテクノロジー・ベンチャーはどこよりも早く開発できなければ自らが倒産してしまうから，ベンチャーから技術供与を受ける大手中堅企業は特許から事業化にいたるプロセスを大幅に短縮することが可能となる。

　その間にベンチャーと既存企業の双方が受けるメリットは，計り知れない。大手中堅企業の収益向上は国民経済全体に波及し，大学発型ベンチャーが存在する地域の経済は活性化し，地域の研究人材雇用が拡大する。また，既存大手中堅企業の知財面でも大きなメリットがある。というのは，予測もつか

ない博打のような新商品を考えるよりも，みずみずしいアイデアとサイエンスに満ちた大学の門をたたき，フェアな契約を大学発型ベンチャー経由で締結することが，結局効率的だからだ。元来，研究と自由が好きで大学に残った大学人をビジネス契約で直接縛ることは不可能だ。それよりも，ビジネスライクな契約ができる大学発型ベンチャーと共同開発契約を結んで，創業者利得の果実を大学発型ベンチャーともども味わうべきであろう。こうした学と産の**接着材機能**が大学発型ベンチャーの本領である。

そして，いよいよ地方大学の出番だ。既存大手中堅企業が大学発型ベンチャーに寄せる最大の期待は**低コスト**かつ**迅速**な試作品の提供にある。低コストで迅速な試作品を作るためには，発注元企業よりも大学内外の人件費とラボなどの賃貸費が絶対的に安くなくてはいけない。さらに，良質な開発系人材が十分に確保できる必要もある。他方，大学発型ベンチャーと既存大手中堅企業との間で交わされる試作品の納入契約は通常1年単位で行われるから，合同打ち合わせ会議はおおむね3ヵ月ごとに開催されればよい。

つまり，大学発型ベンチャーの最大の売りである低コストと迅速さは，土地価格・賃料・生活費が安く，技術系人材が豊富な地方大学ほど有利となる傾向にある。もちろん，主たるマーケティング対象地域は遠隔地であるため，交通費コスト増は避けられない。だが，それが海外である場合，日本から出かけるコスト差は同じか僅差に過ぎない。

さらに，日本を代表する大手企業は，海外大学との連携をしばしば強調する。だが，中国をはじめとする海外の日本追い上げ・追い越しが加速化するなかで，最新最高のテクノロジーを日本企業が海外大学から導入できる可能性は次第に消滅傾向にあると考えることが自然だ。また，海外技術導入にともなう多大な法的コストの高さも無視できない。

加えて，少子高齢化は，国内純貯蓄の減少と経常収支の赤字を通じて，長期的な円安をもたらす。目先の景気や新興国ビジネスに躍らされ，中長期のコアテクノロジー自社開発を忘れた日本企業は必衰だ。もしも地方の大学に優れたコアテクノロジーがあれば，地域における企業家精神は，大学発型ベンチャーによって最大限発揮される。シリコンバレーが生まれたように*。

＊**コメント** 産業構造の変化に欠かせないイノベーションと，それを担うべきテクノロジー・ベンチャーに関する経済分析については，『MBAのためのビジネスエコノミクス』の第Ⅱ部を参照。さらに，こうしたテクノロジー・ベンチャーを育てるために欠かせない国家戦略については，『JST 産学官連携ジャーナル』（2011年9月号）に収録された筆者論文「日本にテクノロジー・ベンチャーを育てるための国家戦略を」に詳しい。

第13講 地域にみる企業家精神

1. 地域のベンチャー・インキュベーション
2. 地域ビジネススクールの役割
3. 地域にみる企業家精神

1. 地域のベンチャー・インキュベーション

(1) ファイナンス事業

　1999年8月に札幌市において設立された「**北海道ベンチャーキャピタル株式会社**」(本社札幌市http://www.hokkaido-vc.com/) は，国内初の地域系独立VCである。「投資事業有限責任組合法」に基づき，北海道で初めての地域密着型投資ファンド「ホワイトスノー第一号投資事業有限責任組合（基金8.6億円）」（当時）の運用を開始した。同社ホームページ（当時）において，同ファンドを設計した北海道ベンチャーキャピタル株式会社常務取締役（当時，のち社長）の松田一敬氏（山一証券出身，INSEAD/MBA，小樽商大商学修士，北大医学博士）は，同社設立経緯を以下のとおり説明する。

　　ベンチャービジネスへの資金供給としては，本来リスクキャピタルが対応するべきという考え方があります。このリスクキャピタルの担い手はビジネスエンジェルであり，ベンチャーキャピタルです。しかしリスクキャピタル供給の主役であるベンチャーキャピタルとしては，道内にジャフコ，日本アジア投資に加えて昨年7月に設立された北洋銀行系の北洋インベストメント

の3つしか存在せず，主に道内企業もしくは北海道に拠点をおく企業に限定して投資する道産子ベンチャーキャピタルは1つもありません。（中略）

　そこで，われわれはこうした状況打破をめざし，道内に地域密着型のベンチャーキャピタルを設立しました。このベンチャーキャピタルを通じてファンドを調達し，有望なベンチャービジネスを発掘し，投資し，「事業を育てる」という役割を果たしながら，投資先企業の世界市場における発展を目指し，尽力していきたいと考えているのです。（同社ウェブサイトより掲載当時の原文掲載）

　1,000万円程度の少額な資金で開始して，3-5年間にわたり研究開発が主で日々の売上げのめどが立たないテクノロジー・ベンチャーの場合，借入れに対する月々の元利金返済など不可能だ。そこで，大胆にして細心なる投資を実行し，その知的財産権を大手の製薬企業などに研究受託形式で売り込みを支援し，やがて株式公開ないしM&Aまで併走支援する，地域独立系VCの登場が渇望されていた。

　こうした投資が地域において発展するためには，**必要条件**として大手企業からの研究受託を受けられるほどの優れた研究能力と技術開発力を有するテクノロジー・ベンチャーが必要である。その研究基盤が大学であり，技術開発主体が大学発型ベンチャーである。また，**十分条件**としては，それらのVCにおいて投資を決定する技術の目利きが必要であり，自ら事業の採算性を計算してCFOとして投資先ベンチャー企業経営に参画し，大手企業に技術を売り込める戦略的交渉能力が必要だ。

(2) インキュベーション事業

　2002年7月に設立された「**株式会社ヒューマン・キャピタル・マネジメント（HCM）**」（本社札幌市http://www.hcm.ne.jp/）は，大学発型ベンチャーが誕生する札幌で，設立にあたって最大の問題である**民間発起人**，**本社登記**，**本社マネジメント**を請け負う純民間インキュベーション会社として設立された。役員のうち1人を除いて全員が，小樽商大にビジネススクールが設置される以前，修士論文作成を主要課題とする（旧）小樽商科大学大学院修士課

程において経済学理論とイノベーションに関する歴史を原著からともに学んだ大学院ゼミの仲間たちである。

母体となったゼミは，入学時点で実務経験を十数年有する現役社会人学生で構成され，大学医学部教授＊＆助教授，中小企業経営者，政府系銀行現職＆民間銀行元職員，大手広告代理店現職，メーカーエンジニア，公認会計士事務所長＆大手監査法人公認会計士，税理士事務所長など，多岐にわたる。彼らは，在学中も働きながら夜間主大学院に学び，毎週続くゼミとその予習を業務と並行して行い，かつ国内外フィールド・スタディを敢行しながら，全員が100頁を超える修士論文を完成した。それは，彼ら自身の刻苦勉励に加えて，家族や部下の協力の賜であった。修士論文の多くが，その後の彼ら自身の事業計画として実行に移された。(守内 (2005)「新米バイオベンチャー教授が商大大学院生になった理由」参照)

HCM創業者で代表取締役の土井尚人氏（信託銀行出身，小樽商大商学修士）はいう。

> 北海道の大学にはバイオやIT産業につながる良い素材が眠っていた。(中略) とはいえ，自らの知的財産を生かしたビジネスで，大学の研究者がどこまでリスクを負えるかを判断するのは難しい。誕生したばかりのVBが，経営判断のできる人材を抱えるわけにもいかない。しかし経営判断のできる人材1人で5社のVBを見ることはできる。当社は"経営人材"を供給しつつ，インキュベーション機能を提供している。小さなブースながら，本社機能にもなり，各種事務手続きや秘書・総務・経理事務を請け負う。それ以上に，VBが集まることで人のつながりを経営に生かすことができる。現在は18社が入っている。
> (『日刊工業新聞』2005年5月9日，p.21)

HCM社は，相次いで設立されるバイオに代表される大学発型ベンチャーの設立にあたって，致命的な問題となっている**事業計画立案，開発資金提供先探索，対大手企業マーケティング，契約締結支援**など，真にテクノロジー・ベンチャーが必要とするプロフェッショナル・ビジネスを請け負う。

設立当初，収益的には大学発型ベンチャーに多くを期待できず，HCMは

自治体からの受託事業や対民間企業コンサルティングによって会社存続のための収益を得ていた。そして，収益は期待できないが地域の未来に欠かせない大学発型ベンチャーに対するインキュベーションの事業化を，地元の社会人大学院仲間の力によって軌道に乗せた。

日本初の血の滲むような彼らの努力は，まさに**地域における企業家精神**そのものであり，多くの大学人や自治体関係者，テクノロジー・ベンチャーとの対応に不慣れな地元金融機関より，その存在を深く感謝されている。と同時に，これはスタンフォード大学が世界をリードするハイテク・ベンチャーを日本の経済力貧困な地域に生み出そうとする希有壮大な叙事詩の始まりでもある。

このようなシリコンバレーにみられるテクノロジー・ベンチャーを国内地方都市に何とかして生み出そうとする非常に困難な試みは，21世紀に入った日本に第2のホンダ・京セラ・SONYを生み出そうとする試みに他ならない。

テクノロジーとは無縁だと日常考えがちなわれわれの現在の生活水準とGDPは，半世紀以上前に創業した過去のテクノロジー・ベンチャーの発展に依拠している。もう一度いおう。トヨタも東芝も日立も，はじめはテクノロジー・ベンチャーからの出発だった。それゆえ，21世紀の半ば頃における私たちの子供や孫の世代の生活水準は，今日の最新テクノロジー・ベンチャー創出いかんに関わっている。

だからこそ，理工系を中心とする初等中等教育はとても大切であり，またノーベル賞に象徴される基礎的なサイエンスを研究教育する大学の維持も，国民経済にとって非常に重要なのだ。

2. 地域ビジネススクールの役割

2004（平成16）年に，国立大学が法人化されるにともない，全国で5つの国立大学法人ビジネススクール（専門職大学院）が開校した。

それらは，北から小樽商大（OBS），一橋大（HBS），神戸大，香川大，九州大（QBS）の5校である。国立大学法人小樽商科大学は，その1つとして

「アントレプレナーシップ専攻修士課程」を設置した*。

> *コメント　わが国における近代ビジネス教育の伝統は，フランス・ベルギーの高等商業学校制度（Institut superieur de commerce）をモデルに，明治期に「旧制高等商業学校制度」として始まった。それは，1947年敗戦後のGHQ指令による学制改革まで存在した，国内における商業・商学に関する最高教育機関であった。
> 　明治政府は，欧米の進んだ近代的経営の担い手を国家主導で育成するため，国内ナンバー5校の官立ビジネススクール「旧制高等商業学校」を設立した。5校とは，第一高商（1887年：現・一橋大学），第二高商（1902年：現・神戸大学），第三高商（1905年：現・山口大学），第四高商（1905年：現・長崎大学），第五高商（1910年：現・小樽商科大学）である。
> 　だが，敗戦後の「各県一大学方針」に基づき旧制高等教育機関を統合せよ，というGHQ指令に抗して他大学への併合を拒み独立存続に成功したのは，わずかに一橋大と小樽商大の2校に過ぎなかった。その結果，両校には国立大学法人として唯一の商学部と商学研究科（博士課程）が設置されている。
> 　以来，一橋大・小樽商科大の両校は過去100年以上にわたって，わが国産業界および学界に経済人を輩出してきた。旧制・新制と学制は変わっても明治以来の精神と卒業生の活躍は変わらず，2005年9月23日付『週刊ダイヤモンド』誌上で，両校は上場企業代表取締役社長の大学別輩出率でそれぞれ国内2位および5位にランクされた（1位東大，2位一橋大，3位慶應義塾大，4位京大，5位小樽商大）。

　現在，小樽商科大学ビジネススクール（OBS）では，1学年定員35名，2学年で70名を超える大学院生が学んでいる。入学者の背景は多彩だが，その9割は現職を有する社会人院生である。こうしたニーズに応えるためにも，ビジネススクールは初めから「平日夜間授業体制」と「札幌駅隣接サテライトキャンパス」を二本柱として開校した。

　開校2-3年目にあたる平成17年-18年度で，入学者年齢分布は35歳以上が3分の2を占め，出身学部では医学を含む理工系比率は3分の1に達した。また，平成17年度入学者の理科系出身者の2分の1が6年制の医学部卒を含め修士号以上の学位を入学時に取得済みであることからも，スタンフォード大

◆図13-1　小樽商大ビジネススクール（OBS）開校2-3年目の入学者内訳◆

年齢別	H17年度	H18年度	計	
22-25歳	6	2	8	35歳未満 35.1%
26-30歳	2	6	8	
31-35歳	6	4	10	
36-40歳	5	10	15	35歳以上 64.9%
41-45歳	15	8	23	
46-50歳	2	1	3	
51歳-	3	4	7	
計	39	35	74	

出身学部別	H17年度	H18年度	計	
商学・経済系	21	15	36	文科系 66.2%
法律系	4	3	7	
人文・外国語系	2	4	6	
理工系	8	4	12	理科系 33.8%
農学・畜産系	2	3	5	
医学系	2	2	4	
工業高専（含短大）	0	4	4	
計	39	35	74	

やMITにみられる理工系学位＆MBAタイプの学生が毎年卒業している。

さらに，平成24年4月現在で，同ビジネススクールは北海道大学大学院の農学系全専攻（修士2年とポスドクを含む博士3年）と工学系全専攻（修士2年と博士3年），ならびに医学系保健科学専攻（修士2年）を対象として，学費無し（北大で支払っているので），MBA1年次の単位履修生として受け入れ，2年次に1年間でMBA卒業可能となる「理工系大学院生受け入れ協定」を両大学間で結び毎年数名を受け入れている。これは，スタンフォード大学におけるビジネスとの医工分野における協力体制を国内地域で早期実現したモデルである。

今後の課題として，これらの卒業生が企業家精神を発揮するためには，優れたコアテクノロジーに出会い，優れたビジネスモデルを構築し，設立した

ベンチャー企業に対する顧客と投資家を見つけること，にある。

こうした技術とビジネスの出会いの場を，アメリカではビジネススクールにおけるビジネス・プラン・コンテストによって人工的に創出している。スタンフォード大学では，エンジニアリングスクールやメディカルスクールの学生と，ビジネススクールの学生がペアを組み（それが参加資格），ベンチャーキャピタリストが観客である。

コンテストでは，彼らの**共同ビジネスプランの概要（Executive summary）**が披露される。その後，キャピタリストからコンタクトがあれば，秘密保持契約（NDA）を交わした後に，技術の細部を開示して投資の受け入れ交渉に入る。大学側も熱心に後押しする。

だが，そうしたことは，HPが創業して十数年後に初めて大学インダストリアル・パークができ，さらに30年以上経ってからベンチャー・インキュベーションが一般化し，その後ビジネス・プラン・コンテストに発展したものである。実にHPの設立からおよそ半世紀を要している。それはまるでウイスキーの醸造のように時間を要する。

そうした意味で，まずはHP型の成功モデルを日本の大学が地域に生み出すことが先決である。成功モデルから人々は次世代の創業者ならびにそれを活かす企業家精神を学ぶ。それを地域で支えることが国内地方ビジネススクールの主要な課題である。

3. 地域にみる企業家精神

第12講で引用したHP生みの親スタンフォード大学F・ターマン教授の言葉を，再び引用する。

> 強力な自立した産業を発展させるためには，科学技術の分野で独自の知的資源を築かなければならない。外部から迎え入れた頭脳や借り物のアイデアに頼る産業活動では，年貢をおさめる家臣以上の存在になることは望めず，永久に競争に勝てないことになる。（サクセニアン，1995，pp.51-52）

ところが，金型・射出形成・工作機械といった部品装置メーカーがあって初めて最終組立てメーカーが存在できるように，産業基盤インフラがそもそも存在しない地域経済に新産業を興そうとすることは幻想に近い。それでもなお，脆弱な地域経済に新たな産業を興すためには，上に引用したターマン教授の言葉どおり，**科学技術の分野で独自の知的資源**を自らの英知と努力で築かなければならない。

なぜターマン教授は，西部辺境の地で82年の生涯をHPのようなテクノロジー・ベンチャー支援とインダストリアル・パークにみられる産学連携に捧げたのであろうか。ターマン教授自身は，スタンフォード大学心理学教授の息子として生まれ，若き日に東部MITで工学博士を取得し，第2次世界大戦中にハーバード大学無線研究所にあってマンハッタン計画に並ぶ国家的プロジェクトであるレーダー開発総責任者まで努めた国家の重要人物であった。すでに引用したターマン教授の言葉を，再び教授の言葉を含む和訳ならびに英文を引用する。

> ターマンは，スタンフォードのまわりに『技術者と研究者のコミュニティー』を築くことによって，大学がもっと積極的に先端産業を支援する体勢を整えようとした。『このようなコミュニティーは，高度な技術を用いるさまざまな産業と，周囲の産業の創造力にみちた敏感に反応してゆく強い大学とで構成される。こうした形こそ将来の流れであろう』と彼は語っている。
>
> "Such a community is composed of industries using highly sophisticated technologies, together with a strong university that is sensitive to the creative activities of the surrounding industry. This appears to be the wave of the future." (同書，p.52；Saxenian, 1994, p.22)

まさに産業インフラがない地域であっても，高度に産業界の動きにセンシティブである大学が存在すればそれに呼応する新産業は育つし，それは未来のあるべき姿であると，ターマン教授は1938年のHP創業当時からすでに自覚していた。そして，シリコンバレーはやがて世界のハイテクの標準を生み出す地域へと変貌した。同時に，スタンフォード大学はハーバード大学と並

ぶノーベル賞受賞を輩出する米国を代表するアカデミックの最高峰となった。

　1880年代には果樹園しかなく，大学ができて50年経った1930年代でも西部辺境の一田舎私立大学に過ぎなかったスタンフォード大学が，ターマン教授の尽力とHP創業の成功によって，世界をリードするハイテクエリアを生み出し，その中心的存在へと大学は変貌した。まさに，地域における企業家精神が地域において最高度に結実した人類史である。

　他方，日本に目を転ずると，戦前，日本の大学は，親が十分な学資を負担できるきわめて限られた若者のみがいける最高学府であった。戦後，1947-52年生まれの団塊世代が大学に入学した1965-1970年に学生運動が吹き荒れたが，戦後社会はこうした若くて大量の労働力を吸収して高度経済成長を実現した。その後，団塊世代の子供たちが大学に進学するようになった1993-97年にかけて，拓銀・山一証券は破綻し日本経済はかつてないデフレ不況を体験した。同時に，同世代の過半数が大学進学するようになった大卒者の価値は半減し，その3割近くがフリーターと呼ばれる非正規社員となることが社会的現象となった。

　人間が社会経済を形成する以上，そのボリュームと質が経済発展の行方を左右する。現在，国内人口は幕末期の4倍に達し，その4分の1が首都圏とその周辺地域に集中している。こうした状況では，首都圏における所得格差と一般的生活水準はさらに悪化し，同時に過疎化に苦しむ地方の生活水準も同様に悪化している。

　このような悪循環を打破するためには**地方の均衡的発展**が欠かせないが，それらが大規模なダム・港湾や道路などの公共事業によって可能となるという希望は，もはや幻想に近い。地域の発展はひとえにハイテクを主体とする新産業によってのみ達成される。そうでなくては，若い世代は残らず，雇用と貯蓄は流出し，新築物件も生まれないからだ。

　シリコンバレーにおいてハイテク産業が地域経済にもたらしている最大の果実は，住宅ビルなどの不動産価格高騰，ホテル・レストラン業の活況，弁理士税理士業の拡大，大型ショッピングモールの活況，育児支援サービス・高級自動車販売の増加だ。ハイテクをベースとする新産業が生まれると，その地にビジネスマンと若者が殺到するためだ。その結果，地元大学卒業生が

地元に就職,結婚,出産し,住宅を新規取得する。

それでは,基盤となる産業インフラもない果樹園が大半の農業地域に,なぜシリコンバレーは誕生したのであろうか。シリコンバレーにおける地域の壁は,まさに産業インフラと資本蓄積の不足だった。だが,大学発型ベンチャーであるHPが成功したために,大学もまた変化した。そして産業界の変化にセンシティブな大学へと生まれ変わった。つまり**シリコンバレーにとっての企業家精神とは,HPを生み出したスタンフォード大学の在り方そのもの**であった。さらには,Googleに至るスタンフォード大学発型ベンチャーの数々の成功が地域に計り知れない富と新産業をもたらした。まさに,シリコンバレーは,企業家精神あふれる大学とベンチャーが生み出した奇跡の物語であった。

2000年の産業技術力強化法を受けて,国内に先駆け役員兼業型の大学発型ベンチャーを輩出した札幌が真にサッポロバレーとなり得るか否かが,今問われている。地域の未来は断崖絶壁だ。2030年までに総人口の30％が引退者&年金受給者の65歳以上となるわが国に残された時間は短く,たぶん1回かぎり,あと20年しかわれわれには時間が残されていない[a・b]。

> **＊コメントa** (1)のインキュベーション事業で紹介したHCMの土井尚人社長は,北大医発バイオベンチャー「㈱イーベック」の会社設立本社登記から政府グラント獲得,事業経営全般,そして技術アライアンス契約交渉全般を請け負った。土井HCM社長は,イーベック創業者＆会長の北大遺伝子病制御研究所・高田賢蔵教授と二人三脚で,高田教授を含む計4名の北大医学系教授の指導の下,**完全ヒト抗体**のコアテクノロジー開発に努めた。その結果,以下の成果をイーベック設立5年後に商業化することに成功した。
>
> 現在,世界標準になりつつある生物製薬の代表である抗体は,従来欧米では**マウス由来ヒト型抗体**である。だが,北大発イーベック社製抗体は,①ヒトリンパ球から作製される**完全ヒト抗体**であること,②マウス由来ヒト型抗体に比べてきわめて高いアフィニティー(親和性)を有する,③マウス由来ヒト型抗体に関する外国特許を必要としない完全国産の独自技術,との画期的特性を有する。(登坂(2009)「札幌・イーベックの衝撃」参照)

『2008年10月北大発ベンチャー・独製薬大手と88億円契約・ヒト抗体独占提供』

　　北大発のバイオベンチャー企業，イーベック（札幌）は二日，同社が開発した治療用のヒト抗体の利用について，ドイツの大手製薬会社ベーリンガーインゲルハイムと総額五千五百万ユーロ（約八十八億円）のライセンス契約を結んだと発表した。

　　ベーリンガー社が，イーベックが開発した一種類のヒト抗体を使って病気の治療法を開発し，抗体を販売することについて独占権を取得する。ベーリンガー社は，動物実験や臨床試験などの開発段階に応じてイーベックにライセンス料を支払うほか，発売後も販売実績に応じてロイヤルティーを支払う。ベーリンガー社は世界規模の製薬会社で，二〇〇七年度の売上高は百十億ユーロ（約一兆七千七百億円）。

　　イーベックは〇三年設立。北大遺伝子病制御研究所の高田賢蔵教授（同社会長）が確立した，ヒトの体内で採取したリンパ球から「完全ヒト抗体」を作る技術を生かし，がんや感染症，炎症の治療に役立つ精度の高いヒト抗体を開発している。土井尚人社長は「抗体作製技術に高い評価を受け，契約金額の基準ができた。すでに開発済みの抗体についてライセンス契約の交渉を進め，さらに良い抗体を開発したい」と話している。（後略）（『北海道新聞』2008年10月3日朝刊，p.2［下線筆者］）

『2011年9月「完全ヒト抗体」を提供，アステラスと契約，イーベック，一時金6億円』

　　北大発バイオベンチャーのイーベック（札幌市，土井尚人社長）は5日，同社が製造技術を持つ「完全ヒト抗体」1種類をアステラス製薬に提供するライセンス契約を同日付で結んだと発表した。イーベックは近く，一時金6億円をアステラスから受け取る。

　　両社は2010年2月に独占交渉権に絡む事前契約を交わしている。アステラスによる同抗体への機能性評価を経て，今回の本契約に至った。アステラスは同抗体を素材に，感染症を治療する医薬品の開発に取りかかる。製品化できればイーベックは最大で総額130億円をアステラスから受け取るほか，製品の売上高に応じたロイヤルティーをもらう契約だ。

　　完全ヒト抗体は，ヒトの免疫システムが病原体から体を守るために作り出す物質。抗体を活用する抗体医薬品は一般に副作用が少ないとされている。

イーベックは08年，ドイツの製薬大手，ベーリンガーインゲルハイムと，別の抗体を提供する契約を交わしている。抗体医薬品の開発に応じて最大5,500万ユーロを受け取る内容となっている。」(『日本経済新聞』2011年9月6日地方経済面北海道，p.1 [下線筆者])

> *コメントb　さらにHCM社は，地方が抱える豊かな環境資源を活かすタイプの大学発型ベンチャーもインキュベーションしている。土井氏と同じ小樽商大大学院社会人ゼミ仲間の鈴木宏一郎氏（リクルート出身，小樽商大商学修士）は，観光支援ベンチャーをHCMの支援とゼミOBの出資を受けて創業した。

『2008年9月［観光再興］ネットで案内人・「おすすめの旅」提案』

「目指すは体験観光のコンセルジュ」。インターネットで，道内の体験観光情報を発信する北海道宝島旅行社社長の鈴木宏一郎さん（42）は，高級ホテルで旅行者のさまざまな要望に応える「総合案内人」役に自らをなぞらえる。

昨年十二月に開設したウェブサイト「北海道体験.com」は，グーグルなどの検索サイトで，「北海道　体験」と検索すると，真っ先に飛び出す。登録された六百件を超える体験プログラムは「スタッフがすべて足を運んで運営者の思いを肌で感じてきた」（鈴木さん）というこだわりのたまものだ。

鈴木さんはリクルート勤務時代に北海道で求人誌や観光誌の発行にかかわった。各地を回るうち北海道の魅力にとりつかれたが，物足りなさもあった。「川下りのラフティング，乗馬，自然散策と観光資源は盛りだくさんだが，知られていない。もっと多くの人にアピールできる場を提供したい」という思いから昨春独立し，旅行会社を設立した。（後略）(『北海道新聞』2008年9月19日朝刊，p.2)

第Ⅳ部　実践篇

第14講　企業家精神が組織を救う
最終講　企業家精神の実践法

第Ⅳ部　実践篇

いよいよ最終となる実践篇に入る。ここで読者は，大学のゼミ室から出て緑まぶしいキャンパスの芝生にすわり，3-5名のゼミ生が輪になってゼミ指導教授とディスカッションしている光景を想像されたい。

＊＊＊

しばしば私たち日本人は，過度の常識やしがらみにとらわれる傾向が強くなりがちで，驚くほどの機会に出会いながらも一歩飛び出す勇気を心の底にしまいがちだ。曰く，「出る杭は打たれる」「中庸がよい」「皆さんがいっている」。こうした考え方には，そもそも自分が考える余地がないし，現実にぶち当たる壁を乗り越えるための手がかりもない。

大切なことは，壁を乗り越えるための行動原理としての企業家精神を平素からしっかり身につけて，いざというときに周囲の目や意見に左右されず，毅然として壁を乗り越えようとする行動力が必要だ。それでは，勇気の根拠となる企業家精神を，われわれ日本人は平素どのようにして身につければよいのだろうか？

だが，現実に目を転ずると政治・経済・社会のどこでも日々深刻な問題が発生している。こうした問題に対して，政府・産業界・学界などに属するリーダーは，明解なビジョンをもって人々に語りかけ，果敢に対応策を実行しなければならない。そして，優れた解決策を組織にもたらすリーダーは企業家精神を示し，組織全体に浸透させる必要がある。

1990年代初頭，日本メーカーや新興ITベンチャー群との競争に直面し苦境に立たされた**米国IBM**と，2008年にリーマンショックによる世界経済減速と2011年の東日本大震災直後の急激な円高ユーロ安によって，大幅な経営赤字に直面した国内生産が主の**日本マツダ**は，1人の企業家精神を実践した経営者によって救われた。ここから組織を救った企業家精神に触れてみよう。

さらに，人生で企業家精神を具現化するための企業家精神15ヵ条を説明する。最後に，日常における**企業家精神の実践法**を展望して，本書を締めくくる。

第14講 企業家精神が組織を救う

1. 大企業を救う企業家精神
2. 企業家精神は現状を肯定する
3. 企業家精神15ヵ条

1. 大企業を救う企業家精神

　毎年数百人の新人が入り数百人が退職する規模の大組織では，官庁や民間を問わず繰り返して作成されるあるパターン化した報告書や稟議書が存在する。その書き出しは「ＸＸＸ企画に関する検討」で始まり，「以上の理由から，本企画については今後とも鋭意検討を続ける必要がある。」で終わる。

　上の文章は，一体何を意味しているのだろう。答えは「その企画を実行しない」ことだ。つまり，できない言い訳を何日間も費やして書いてきたわけだ。理由は，自分はその責任をとりたくないし失敗と徒労がみえているから。つまり，報告書はできない言い訳探しをもっともらしく理屈づけただけに過ぎない。

　非常に残念なことだが，本人が意識している・いないにかかわらず，人間は怠けることが大好きな動物だ（私自身を含めて）。そのため，ニンジンをぶら下げるような信賞必罰に基づく成果報酬を会社や組織は導入したがる。だが，嫌いなことや強制されてすることはほとんど意味ある結果を残せない。「人間は考える葦」なのだから，熱意と関心をもって取り組めば本人も驚くほどの集中力と創意工夫が発揮される。だから，強制されて行う仕事の場合，

できない言い訳探しは最高潮に達する。とくに，前例のない仕事を命ぜられ失敗するリスクが高そうなとき，何としても自分に火の粉が降りかかることを避けようと，尋常ならざる熱意をもってできない言い訳探しが始まる。

そして，個人に終わらずチームや課全体ができない言い訳探しに手を染めたとき，不滅と思えた大企業もどんどん沈み始める。そして，沈む大企業のトップ経営者に限って以下の指示を発する。曰く「何事もチャレンジ精神が重要だ。成功は君たちの双肩にかかっている」と。ところが，組織に20-30年も働く老練な中間管理職たちは背後の意味をよく知っている。「成功すれば私の手柄だが，失敗すれば君たちの責任だ」と。だから，何とか現在のトップ経営者が交代するまでリスクをとらなくてもすむようにできない言い訳探しが蔓延し，業績はさらに悪化する。ひどい場合は，粉飾決算をしてでも問題を先送りしようとすることさえある。

しかしながら，社長が交代したのち，見違えるように組織がダイナミズムを取り戻し，業績がV字回復する例外もなかには少数存在する。その実例を，米国と日本から1例ずつ取り上げよう。

(1) 米国IBM

1993年3月，米国が誇る巨大名門企業IBM（1992年当時の売上高7.7兆円，全世界従業員30万人）は経営危機に瀕した。手元余裕現金が90日分を切ったとき，コンピュータ産業をまったく知らない1人のCEO（最高経営責任者）が125名にのぼる候補者から選出された。彼はその責任の重さのゆえに一度は辞退したが，「IBMはアメリカの財産なのだから，国家のために」と要請され結局引き受けた。

IBMのCEOは，それまでもそれ以後もすべて創業者一族および生え抜き社員から選ばれてきた。工学部を卒業し，ハーバード大MBAをもつルイス・ガースナーCEOは，時に51歳（就任時）だった。彼は，就任してすぐに本社の経営幹部に対して，己が信ずる経営信条をスピーチした。

・手続きによってではなく，<u>原則によって管理</u>する。
・われわれのやるべきことのすべてを決めるのは<u>市場</u>である。

・品質，強力な競争戦略・計画，チームワーク，年間ボーナス，倫理的な責任の重要性を確信している。
・問題を解決し，同僚を助けるために働く人材を求めている。社内政治を弄する幹部は解雇する。
・わたしは戦略の策定に全力を尽くす。それを実行するのは経営幹部の仕事だ。非公式な形で情報を伝えてほしい。悪いニュースを隠さないように。問題が大きくなってから知らされるのは嫌いだ。わたしに問題の処理を委ねないでほしい。問題を横の連絡によって解決してほしい。問題を上に上にあげていくのはやめてほしい。
・速く動く。間違えるとしても，動きが遅すぎるためのものより，速すぎたためのものの方がいい。
・組織階層はわたしにとって意味をもたない。会議には地位や肩書きによらず，問題解決に役立つ人を集める。委員会や会議は最小限にまで減らす。委員会で意志決定する方式はとらない。率直な意見交換を活発に行おう。
・私は技術を完全に理解しているわけではない。技術を学ぶ必要はあるが，完全に理解するようになるとは期待しないように。部門責任者は，技術の言葉をビジネスの言葉に翻訳する役割を担わなければならない。（ガースナー，2002，pp.42-43［下線筆者］）

　その6ヵ月後，IBMの本質的な問題が，顧客の顔をみず本社をみて働き，しかも分権をいいことに勝手な受発注や，統一されない広告宣伝が繰り返されていることに気づいたガースナーCEOは，IBMの新しい企業文化の基礎となる**八原則**を特別メールで全世界の全社員へと送信する。

一　市場こそがすべての行動の背景にある原動力である。
二　当社はその核心部分で，品質を何よりも重視する技術（テクノロジー）企業である。
三　成功度を測る基本的な指標は，顧客満足度と株主価値である。
四　起業家的な組織として運営し，官僚主義を最小限に抑え，つねに生産性に焦点を合わせる。
五　戦略的なビジョンを見失ってはならない。

第Ⅳ部　実践篇

六　緊急性の感覚をもって考え行動する。
七　優秀で熱心な人材がチームとして協力し合う場合にすべてが実現する。
八　当社はすべての社員の必要とするものと，事業を展開するすべての地域社会に敏感である。（同書，pp.267-270［下線筆者］）

　その後IBMに9年間在籍したガースナーCEOは，60歳で生え抜き社員にCEOの座を譲りきれいさっぱりとIBMを辞めた。そしてIBMは，図14-1のとおり見事に蘇った。

◆図14-1　ＩＢＭ業績比較1992-2001◆

1＄＝120円換算	単位	1992年度（就任前）	2001年（退任時）
売上高	10億ドル	64.5	85.9
	（億円）	7兆7,400	10兆3,080
純利益	10億ドル	−5.0	7.7
	（億円）	−6,000	9,240
1株当たり利益	ドル	−2.17	4.35
	（円）	−260	522
営業キャッシュフロー	10億ドル	6.3	14.3
	（億円）	7,560	17,160
株主利益率	％	−15.4	35.1
従業員数	人	301,500	319,900
株価	ドル	12.72	120.96
	（円）	1,526	14,515

　アメリカ型の財務テクニックからすれば，大幅な人員整理と事業売却，資産の切り売りで見かけの短期的財務数値改善が行われる。けれども，ガースナーCEOは，人を辞めさせずに自然および希望退職のみで切り抜け，事業や資産の切り売りもせずにIBMを見事に立ち直らせた。その手法は，**起業家的組織の実現，顧客のための技術開発**そして**官僚主義の排除**であった。
　結局，IBM復活の理由は**企業家精神**に基づく経営方針と，**できない言い訳**

探しの徹底的な根絶にあった。すなわち，これまでに学んだ企業家精神は，テクノロジー・ベンチャーのみならず世界的大企業においてすら，沈みかけた会社を再生し，事業を動かすエンジンとなることを，IBM復活の実例は証明した。

(2) 日本マツダ

　企業家精神が大企業を救う，もう１つの事例が，近年の自動車メーカー・マツダ（本社広島市）にみられる。経営危機に際し，営業畑出身の１人の社長が危機を救う技術開発を指揮したのだった。

　1927年広島に設立された東洋工業株式会社（現・マツダ）は，オート三輪（四輪以前に戦前と終戦直後に国内で普及した前半部がオートバイ，後半部が荷台の自動車）の生産を1930年代に開始して国内有数のオート三輪メーカーとなった。ところが，1945年敗戦直前に広島市中心部に原爆が投下され，「今後，100年間は草木も生えないだろう」といわれ，同市は壊滅した。それは市民殺傷を目的とした原爆投下であった*。

> *コメント　広島市郊外には，旧帝国海軍最大規模の造船所「呉工廠」があり，戦艦『大和』もその地で建造された。だが，同工廠は原爆投下目標ではなく，戦後，米国資本が入り造船業の中核拠点となった。

　だが，広島市民の期待を一心に集める地元企業マツダは，敗戦後まもなくオート三輪の生産を広島で再開し，1949年にはオート三輪「GB型」を発表してベストセラーとなり，戦争で途絶えていた輸出すら開始した。その後，マツダは，世界の自動車メーカーが誰もなし得なかったドイツ生まれのロータリーエンジン実用化に成功した。1991年仏ル・マン24時間レースでは，ロータリーエンジンを搭載した高性能レースカーを持ち込んだマツダは，日本車としては唯一の優勝も飾った。

　しかしながら，オイルショックとその後の燃費競争でロータリーエンジンの燃費の悪さが起因して，販売台数において国内他メーカーの後塵を拝し，ロータリーエンジンも主役から降りた。かつ，経営難から1990年代に米国フ

ォード自動車の資本参加（資本比率33.4％）を受け入れ，長らく社長はフォード本社からの派遣米国人であった。

　マツダは，現在でも生産する自動車の80％以上を輸出し，自動車成熟地である欧州において，国によっては外国車シェア１位となるほどの高い技術力評価とブランド力を得ている。フォードが乗用車部門を抱えた「VOLVO」があったが，その基幹車台の一部もマツダが供給した。にもかかわらず，マツダは本社を広島から動かさず，かつ広島を中心とする中国地域での**国内生産**に徹底してこだわり抜いた。スタンフォード大学のターマン教授がいった言葉にあるとおり，「強力な自立した産業を発展させるためには，科学技術の分野で独自の知的資源を築かなければならない」のだ。

　2008年９月のリーマン・ブラザーズ破綻以降に世界経済を揺るがせたリーマンショックは，マツダにも激烈な経営環境変化をもたらした。フォードは急激な米国での経営環境の悪化により，マツダの所有株式の大半を手放した。結局，マツダは地元銀行などの協力を得てフォードから株式を買い戻し，再び独立独歩を開始した。そして同時期，「スカイアクティブ・テクノロジー」と呼ばれる一連の革新的な高燃費エンジン・ミッションそして軽量シャーシの開発に，全社をあげて注力した。

　その成果は，2011年11月の東京モーターショーで明らかとなった。そこには，２台のスカイアクティブ新型車が展示された。１台はSUVと呼ばれる四輪駆動車『CX-5』，もう１台は斬新なセダン『TAKERI』である。２台には，驚くべきことに2014年に欧州で始まる「ユーロ６」と呼ばれる世界で最も困難なディーゼル排ガス規制を**排ガス後処理触媒装置なし**でクリアする，「スカイアクティブ・ディーゼルエンジン」が搭載されていた。しかも，従来49％であったエンジン直結率を82％まで高めた高性能オートマチック・ミッション「スカイアクティブ・ドライブ」も搭載された。

　年が明けて，『CX-5』が2012年２月16日に国内で発売開始された。高価な排ガス後処理触媒装置を必要としないため，『CX-5』の発売価格は安く，排ガスとCO_2は極限まで少なく，燃費性能は世界トップ水準にある*。

> ＊コメント　厳しい欧州の「ユーロ６」排ガス規制と同等の日本「2009年ポスト新長期規制」を，国内で初めてクリアしたのは，2008年９月発売の排ガス後処理触媒装置を必要とする仏ルノー製エンジンを搭載する日産『エクストレイル6MT』であった。同社とマツダの「CX-5」をディーゼルAT4WDの同クラス間で比較すると，価格は日産311万円／マツダ279万円（CX-5が34万円安），重量は日産1,690kg／マツダ1,610kg（CX-5が80kg軽量），1,000cc当たりの最高トルクはそれぞれ2,000回転で日産18.39kgf・m／マツダ19.56kgf・m（CX-5が6.3％高い），10.15モード燃費は日産14.2km／マツダ19.0km（CX-5が34％良好）である。まさに，『CX-5』に投入されたスカイアクティブ技術は世界水準を圧倒している。
>
> 　マツダ社長記者会見によると，新型「CX-5」は，国内発売１ヵ月で予定販売台数1,000台の８倍にあたる8,000台を超え（世界での受注残16万台），さらにディーゼルの国内不人気を跳ね返し，受注の７割超が「スカイアクティブ・ディーゼル」車であるという。

　これらの世界を驚かすスカイアクティブ技術は，マツダが抱える優秀なエンジニアたちによって実現された。だが，マツダは同技術を開発する過程で，リーマンショック以降，世界のどの自動車メーカーよりも過酷な経営環境にあった。それを可能としたのは，ひとえにIBM復活時と同様の**最高経営責任者による企業家精神の社内注入**だった。そして，経営者によって鼓舞された企業家精神は，研究開発現場のみならず，生産，品質管理，関連部品メーカーなど社内外の隅々まで充溢し，地域のエンジニア魂を燃え上がらせた。

　マツダ生え抜きの経営者が注入した企業家精神は，以下にみられる３つの経営イノベーションを起こした。

①文系社長による技術経営

　スカイアクティブ技術の開発を，全社一丸となって指揮した山内孝（やまのうち・たかし）社長は，1967年に慶應義塾大学商学部を卒業しマツダへ入社した営業畑出身の経営者である。2008年９月のリーマンショックによってフォードが20％の株式を売却し，実質的な経営権を手放した2008年11月，マツダにとって最も困難な時代に最高経営責任者を引き継ぎついだ。そして，

営業系出身社長がエンジニアを燃え上がらせたこと

②世界初の技術イノベーション

　ディーゼルエンジンの生まれ故郷ドイツにおける3大自動車メーカー（メルツェデス・フォルクスワーゲン・BMW）が未だ達成できない，排ガス後処理触媒装置を必要としないクリーン・ディーゼルエンジンを，マツダは国内広島で開発して安価な量産まで実現したこと

③社内企業家精神

　東日本大震災以後の異常な円高によって，マツダは1,000億円の赤字に直面した。だが，同社長は，スカイアクティブに代表される高度な技術進化と主力エンジン工場の拡張にみられる国内生産体制の堅持を，常に公言している。そして，従来みられなかったようなさまざまな機会で，同社のスカイアクティブ技術開発に携わったエンジニアたちをメディアに頻繁に登場させ，彼らのひたむきな技術開発姿勢を前面に発信し続けたこと（通常の自動車メーカーは，シャーシやエンジン部品の開発技術者を人一人個人として登場させない）

　そして2012年2月3日，マツダが発表した円高に対応する中長期戦略で，世界販売台数175万台の半数にあたる85万台の国内生産維持を公言した。

　読者は，マツダのケースをみて，第Ⅱ部歴史篇で取り上げたホンダのケースを思い起こすであろう。ホンダは，敗戦直後に天才技術者である本田宗一郎によって創業された。だが，資金難に苦しみ，倒産の一歩手前で天才経営者・藤沢武夫によって救われた。藤沢は技術を知らない営業系経営者であった。

　そして，ホンダが名実ともに世界の四輪メーカーに躍進した契機は，1970年代初頭，世界中のどのメーカーもクリアできないといわれた厳しいガソリン車排ガス規制法案「米国マスキー法」を，**排ガス後処理触媒装置なしで**クリアした世界唯一のホンダ「CVCCエンジン」であった。同エンジンを搭載した新型車が「シビック」であった。

　つまり，本田宗一郎とホンダ・エンジニア集団に対して，藤沢武夫は明確な開発目標を与えた。そして，財務的に苦しい経営環境にあっても十分な開発資金を用意し，目標にむかって邁進するよう会社を牽引した。「CX-5」量

産開始は，ホンダにおける「シビック」に相当する，と筆者は考える。

　現在，超円高に苦しむ日本で地域の雇用と産業構造を支える**モノ作り**が，次第に優位性を失いつつある。そうしたなか，地域の基幹企業であるマツダの経営者は，地域に産業を残すための新技術開発をトップ自らが鮮明に全体指揮鼓舞する。こうした姿勢は，ホンダを救った営業系出身経営者・藤沢武夫を彷彿させる。未来を切り拓く技術を指揮する最高経営責任者の企業家精神は，大手企業と地域の雇用をも救う。

2. 企業家精神は現状を肯定する

　水が半分入ったコップをみたとき，ある人は「コップに半分も水が残っている」というし，またある人は「コップに半分しか水が残っていない」という。どちらも事実は同じだが，その語感は絶望的なくらいに違う。

　現状を肯定的にみているか否定的にみているかで，人の表現はまったく変わる。企業家精神を理解する人は，自ら否定的な表現を使わない。なぜなら否定的な表現は，周囲を悲観的にしてしまい，皆のやる気をそいでしまうからだ。そして，企業家精神を実践するリーダーは，特別待遇や危険な現場から離れた安全を意味するのではなく，反対に率先してリスクや困難を自ら引き受け，周囲に希望と信頼を与え，皆が遂げられるべきビジョン（目的）とゴール（目標）を明確に指令する。だから，真のリーダーは決して否定的な言葉を使わない。

　同様に，自分の人生においてどのような壁にぶち当たったとしても，壁の存在を否定的にみるならばそれを乗り越える意志や勇気がわくはずもない。むしろ壁を肯定的に捉えて**ピンチをチャンスに変えていく**姿勢が大切だ。誰でも自分の人生は，自分が決定していくことが大切だ。そのための第一歩は，「コップに半分も水が残っている」という肯定的見方である。

　もちろん，「自分に素直に生きたい」などといって勝手に約束の内容をすり替えたり，自分さえ得をすればいいといった身勝手な自己肯定では，決してない。人は人と約束したことを何とか守ろうとして苦しむが，その苦しみ

が他人との信頼関係をより強固なものにする。だから，誠実さと勤勉は企業家精神の大前提だ。

　第Ⅱ部現実篇で明らかになったパートナーシップ経営の有効性でも，**誠実さとパートナーへの信頼**が欠かせない条件であった。さまざまな人生の壁を乗り越えてイノベーションという「明日に架ける橋」を実現するためには，ビジネス・パートナーやライフ・パートナーが欠かせない。そして，よりよきパートナーをみつけるためには，どれほど相手を信じることができ，相手によって信じられるに値する誠実で裏表のない行動を自分がとれるか，が何よりも重要なのだ。

3. 企業家精神15ヵ条

　先のIBM復活やマツダの技術ブレークスルーに触れると大変勇気づけられるとともに，どうして同じ組織の同じ人間集団がたった1人のリーダーによってかくも見事に変貌するのだろうと不思議な思いがする。確かにリーダーによって歴史は動かされてきたし，時としてリーダーの一言は万人をも突き動かす。

　そうしたリーダーの資質を誰もがもっている訳ではなく，またそうなろうとしても凡人の私たちにはとうてい及ばない。けれども，ドラッカー博士がいうとおり，マネジメントの主たる課題は企業家精神を組織内で実現させることにあり，それは後天的に学習できるものであるならば，IBMのガースナーCEOやマツダの山内社長が実行したことは，まさに教科書どおりであったといえる。

　企業家精神が忘れ去られ，社員（または国民）が自分たちの特定利益のみを声高に主張し，会社（または国家）全体の利益に無関心となる。いわゆる，個別最適のみを追究し全体最適を忘れることが一般化するとき，大企業や国家ですら破綻する。だから，会社や自らの人生を誤った方向に導かないためにも，企業家精神を平素から実践するための行動指針として，筆者が学生に日頃語っている『企業家精神15ヵ条』を，以下にまとめた。

企業家精神15ヵ条

〈学生に！〉
- 企業家精神1条　言葉を肯定形で結ぶ（×コップに水が半分しか残っていない，○コップに水が半分も残っている）。
- 企業家精神2条　部分否定は慎重に（△「＊＊＊とは思う」，○「＊＊＊と思う」）。
- 企業家精神3条　知らないことは必ず尋ね調べてから返事する（知らないことを知っているふりをしない）。
- 企業家精神4条　映画や本は自分の目でみて読んでから判断する（書評をみて映画や本をわかったつもりにならず，他人の評価を鵜呑みにしない）。
- 企業家精神5条　引用するときは事前にオリジナル出典で必ず確認する（安易な引用や孫引きをしない）。

〈社会人に！〉
- 企業家精神6条　社会人になったら本を買って，熟読し，線を引いて，コメントを余白に書き込む（立ち読み・乱読・多読は学生限り）。
- 企業家精神7条　いつも堂々と，パートナーに包み隠さず真実のみを語る（パートナーにいえないことを決してしない）。
- 企業家精神8条　知らないことには沈黙する（嘘をつかず事実を歪曲しない）。
- 企業家精神9条　嫉妬は企業家精神最大の敵（他人の成功を妬まない）。
- 企業家精神10条　信ずるべきものを，絶対的に信ずる（根拠のない噂に耳と目をふさぎ，信じない）。

〈全員に！〉
- 企業家精神11条　会議時間に遅れたり，約束を守れないときは，必ず事前に（可及的かつ速やかに）連絡謝罪する（時間と約束を軽視しない）。
- 企業家精神12条　法務局や税務署に届けるべきものは速やかに届ける（法定書類をおろそかにしない）。
- 企業家精神13条　相手に復唱・確認を求める（伝えたことを未確認で終わらせない）。
- 企業家精神14条　目的と手段をとり違えず，ミッションを明らかに理解する，させる（何のためかを軽視しない）。
- 企業家精神15条　3分以内に決断できることのみ採用する（＝己の直感を大切にして，後から思い直さない）。

留意すべきは，企業家精神をもって前進するかぎり昨日を振り返って悔やむ必要は無用だ。大切なのは明日であり，今日から変われば（変えれば）いいのだから。

最終講　企業家精神の実践法

1. 職業選択と家族作り
2. 読書会のススメ
3. 結び—企業家精神が人生を明るくする

1. 職業選択と家族作り

　あらゆる企業は，1人かせいぜい数名の創業者から始まる。その後，個人オーナー社長が「オレが，オレが」といって結局何十年たっても個人事業主の域を出ないケースもあれば，従業員が100-300人程度を擁する中堅企業として発展するケースもある。後者にみられる中堅企業は，一般的に特定銀行の特定支店との付き合いが深く，財務体質は盤石，社員の就業年数も長くて事業後継者が育っている非公開会社，といった特徴がみられる。

　これに対して，ホンダ，京セラ，SONY，HPは，以上の中堅企業と何が違って超グローバル企業へと発展したのであろうか。これまでの講義を読み進めるなかで，4社の偉大な創業者たちと他企業が最も異なっていた点は，ビジネスと人生における絶対的信頼がおける**パートナーの存在**といえるだろう。

　しばしば，筆者は学生に「1の二乗は1にしかならないが，2の二乗は4になる」という比喩をもって，**パートナーの力**を説明する。つまり，同じ努力（二乗）をしても1人では結局再生産ができずストックが生まれないのに対して，2人が力を合わせると2のインプットに対して4が生まれることか

ら2のストック（剰余価値）が生まれる。これが企業を発展させる原動力となる。

　個人の生活でいうならば，独身者は自分のために働き自分のためにお金や時間を費やす。これは1のインプットに対して1のアウトプットを意味する。ところが，結婚して配偶者ができると2人の子供を授かるかもしれない。そして両親は，2人の子供のために一生懸命働き貯金する。そうすると，2のインプットに対して4のアウトプットが生まれる。しかも両親は，自分たちの消費を押さえて子供たちのために家を購入し，将来の学資となる貯蓄に励む。会社も同じだ。2人で創業すると1人は2人のために働くから，結局1人が2人分の価値創造を行う結果，合計で4人分のアウトプットが生まれる。これを翌年の再投資に振り向けること（人を新たに雇用する）で，さらに大きな仕事が可能となる。

　つまり，社会人としての最初の第一歩を1人で始めるのか2人で始めるのかで，翌年の再投資が異なる結果，人生のアウトプットが非常に異なってしまう。だから，社会人となったらいち早く結婚した方が生産性は高まり，早期に住宅取得が実現するだろう。ビジネスも同様だ。ベンチャーをパートナーと2人で創業すれば，少なくとも1人が必死に開発した場合，もう1人が資金調達とマーケティングに専念できる。ホンダは何度かあった危機を藤沢の資金調達とマーケティングで乗り切った。

　人間は孤独では生きられない。正確には，生きることは可能だが楽しくない。だから，喜びも悲しみも分かち合える友が必要だ。もしも良き友を得たければ，自らが相手にとっての良き友にならなければならない。戦前の旧制高等学校時代に，このような言葉があった。

「友の憂いに我は泣き，我が喜びに友は舞う」。友が悲しんでいるのをみると自分のことのように泣けてくるし，自分によいことがあると友は喜びで踊り出すという意味だ。本田宗一郎と藤沢武夫，井深大と盛田昭夫，ビル・ヒューレットとデイビッド・パッカードたちの間に，このような感情が常に存在していたのではないだろうか。

　そこで第Ⅱ部歴史篇であつかった4つの歴史的ベンチャーにおいてみられたパートナーシップを再びとり上げよう。

京セラ

　私は「同志」とか「仲間」という言葉をよく使う。これは，一般の企業の設立経緯とは違って，私を中心に八人の同志が集まり，支援してくださる方々が株主となって会社をスタートさせたからだ。お互いの心の結びつきがベースにあった。社内の人間関係は経営者と従業員という縦の関係ではなく，一つの目標に向かって行動をともにし，自らの夢を実現してゆく「同志」の関係，つまり，「パートナーシップ」という横の関係に基づいている。創業以来，我々は心と心で結び合い，お互いがみんなのために努力をおしまないことを誓ってきた。ちっぽけな会社でみんながバラバラになっていては何もできるわけがない。（稲盛，2002，p.90）

ホンダ

　食うか食われるかというときだったから，（藤沢武夫を）一目見て，これは素晴らしい奴だ，とすっかり惚れ込んじゃって，すぐウチ（本田技研）で働いてもらうことにした。それは勘というか，インスピレーションというか，言葉では説明できるものじゃありませんね。話しているうちに，こいつは俺にないものを持っている。頼れるな，という感じがしたんです。過去にさまざまな体験をして，自らの欠点と長所がだんだんわかってくると，自分にはないものを相手に求めたくなるものです。そういう人間にめぐり会ったときの感じは，口では言えないな。（中部，2003，pp.169-170［（　）筆者］）

　二人でやる仕事というのは，ふつうせいぜい十年ももてばいいほうでしょう。でも，クルマの仕事は十年ではできっこない。相当な年月がかかる。しかし，私はあの人（本田宗一郎）の話を聞いていると，未来について，はかりしれないものがつぎつぎと出てくる。それを実行に移してゆくレールを敷く役目を果たせば，本田の夢はそれにのって突っ走って行くだろう，そう思ったのです。（藤沢，1997，p.23［（　）筆者］）

SONY

　盛田君もこの開発（トリニトロン・カラーテレビ）に際しては全面的に協

力体制を敷いてくれて，『金銭面は私が考えるから，井深さんは技術開発に当たってください』といってくれた。長年コンビを組んできた私と盛田君。ひとつの目的に向かって全力疾走する時，呼吸がピッタリと一致すると，必ずよい結果を生む。トリニトロンの時も，まさにそうであった。開発資金などのやり繰りは盛田君，技術開発の担当は私，と役目はキッチリと決まっていた。(井深，2003, p.159 [( ) 筆者])

　ようやくわれわれは，独自の技術を開発しユニークな製品を作るだけでは，事業は成り立たないことを思い知ったのだった。大切なことは商品を売るということだった。(中略) やっとそういう結論に到達したとき，私は，自分がこの小企業のセールスマンの役割をはたさなければならないと考えた。私が販売のほうを受け持っても，幸い革新的な製品の設計と開発に全精力を傾けてくれる井深氏という天才がいる。(盛田，1987, p.69)

HP

　ビル・ヒューレットと私に，アウトドア活動という共通の趣味があることがわかったのは，(スタンフォード大学工学部) 三年生のときだった。(中略) アウトドア活動という共通の趣味によって，友情をさらに深め，互いの理解と尊敬を深めたことは間違いない。半世紀以上にわたって仕事上いい関係が続いているのは，根底にこうした理解と尊敬があるためだ。(パッカード，1996, pp.34-35 [( ) 筆者])

　(HP創業当初に) こうした雑多な仕事をするうちに，自分たちとその技術に対する自信が生まれてきた。予期していなかったこともわかった。それは，互いの能力が補完的だということで，かえって二人の関係にとってプラスになった。回路技術はビルがすぐれていたが，製造工程は私の方が熟達し，(GEの) 経験もあった。このように，異なる才能の持ち主が組むことは，とくに電気製品の設計・製造には役に立った。(同書，p.55 [( ) 筆者])

　京セラ，ホンダ，SONY，HPの4社の創業メンバーの間にしっかりと存在した相互の尊敬と信頼は，かくも偉大なグローバル企業を作り上げる**原動**

力となった。京セラの場合は，入社した会社の同じ課のメンバーが同志となった。ホンダの場合は，共通の知人（通産省役人）が2人の出会いを用意した。SONYの場合は，戦時中の軍と民間・大学の共同技術開発の委員会で2人は知り合った。そして，HPの場合は，同じ大学の同じ研究室で同じ指導教官をもち，趣味も同じ学生時代からの親友であった。

　どうやら講義もピリオドに近づいたようだ。
　人生におけるさまざまな壁を突き抜けて，明日に向けた企業家精神をもつには，人生とビジネスの双方でパートナーが欠かせない。人生のパートナーは婚姻届を役所に提出して受理されたときに確定し，ビジネスのパートナーは出資金を払い込んで会社定款を法務局で役員登記が完了したときに確定する。そのパートナーとは誰なのだろうか。そもそも存在するのだろうか。
　たとえばパートナーの間で「近いうちに届けを出そう」という言葉はいかにも空々しい。本当に結婚するなら法的証明が必要だし，会社を設立するなら銀行に出資金を払い込んで残高証明書を銀行からもらい法務局でそれを証拠とする会社設立登記が欠かせない。そうでなくては，新たな戸籍を作ることや個人財産の相続，法人としての契約行為や口座開設ができない。きちんとした法的証明は，相手方が誠実であることの証だ。
　かといって，20歳代の読者が生涯にわたるビジネス・パートナーと出会い，すぐにHPやGoogleのような大成功するベンチャーを創業することはほとんど奇跡に近い（不可能とはいえないが）。
　だから，職業選択は，20歳代から30歳代にかけてきわめてエキサイティングで生産的な企業家精神に溢れた活動といえるだろう。学校を出る前の就職活動に関していえば，人生で一度きりの最高に贅沢な選択と集中だ。しかも後で失敗と気づけばやり直しもきくのだから，むしろ積極的にイノベーションの機会と捉えてためらわず飛び込むべきである。職業選択のスタートには失敗も成功もない。
　すべては，それからの企業家精神に満ちた職業人生の過ごし方にかかっているのだから，周囲からどういわれようとやりたい仕事を精一杯やればそれで十分だ。たまたま入った（入れてくれた）会社ないし職業が，周囲にとっ

てどのような評価を得られるかなど何の意味もない。読者は己の人生のために働くのであって，会社の看板や社会のランキング表のために働くわけではない。

2. 読書会のススメ

　著者は，出会うすべての人（学生，経営管理職，経営者，公務員，専門職）に対し，職業と階層を問わず勧めていることがある。それは読書会のススメだ。

　読書と読書会とは，どのように違うのだろうか。読書は1人で本を読み考えることを意味するが，読書会は2人以上である共通の本についてディスカッションすることを意味する。つまり，読書会は最小2人で始められる（5-7人程度が望ましい）。

　今から30年以上前に筆者が20歳の大学生だった頃，ゼミ指導教官となる予定の恩師から，信頼できる友と読書会を結成することを勧められた。

　師曰く，「雨が降っても風が吹いても，2人が約束の時間に集まって同じ書をひもとけばそれを**読書会**と呼ぶ。そこでは，1人では到底読み切れないような大著でも，案外，助け合って読み通せるものだから，ぜひ，始めなさい」。結局，毎週水曜日の夜18:00に先生が普段教鞭をとるゼミ室をお借りして，学内掲示の下集まった数名の学生たちにより古典経済学（当時は『資本論』）の読書会が始まった。

　爾来30年経つが，その頃どんな内容についてどんな議論をしたか今でも鮮明に覚えている。不思議なことに，それ以後ずいぶんと1人で本を読んだがこれほど鮮明には覚えていない。とくに記憶に鮮明なことは，ある特定の章や節で友人がどのような発言をしたかだ。

　だから，読書が大切なことはいうまでもないが，身近な友人と前もって決めた課題図書についてざっくばらんなディスカッションの場をもうけることを提案したい。それをもって読書会と呼ぶ。それは定期的であることも重要だ。その結果，事前の読書は生活のリズムとなる。せめて年に数回こうした

集いをもてる人は幸いだ。なぜならば，善き友人をもてるからこそ読書会は開けるのだから。

　もちろん，読書会は外部の友人に限らない。職場で終業後に開催することも可能だし，家庭内で子供や夫婦で行うことも可能だろう。

　私たちはたった一度の人生を，たまたま生まれた地域や国のなかで平均的には80年ほど過ごして一生を終える。けれどもローマ帝国は500年（東ローマ帝国も含めると1500年）続いた。江戸幕藩体制だって260年である。こうした膨大な歴史と比べれば，私たち個人が知っている時代や地域などほんの一瞬の出来事に過ぎない。だからこそ，すでに存在しないけれどもまるでタイムマシンに乗るように好きな時代の好きな場所へ簡単にいける夢のような道具が本なのだ。

　しかも，難しい言語の壁を易々と翻訳によって乗り越え，まさに時空を超えてその時代に生きた人々の雰囲気や考え方に直接触れることができてしまう。そのコストはせいぜい封切り映画代と変わらない。しかも映画と違って本は書棚に一生残る（もっとも最近は，映画もDVDとして安く買えるようになったが）。

　そうして，同じ本をともに語り合える仲間がいれば，人生は格別だ。読書会がさらに重要な理由は，共通の書について語り合う結果，相手の異なった人生観や職業観を知ることができるようになるからだ。他人の人生観や職業観は，なかなか理解できない。というのは，あまりにも異なる人生や職業を歩んでいる人間同士で，ともに長い時間を過ごさないかぎり，相手の内なる考えを聞き出すことはほとんどないからだ。ところが，同じ本について事前に読み考えてきた場合，その本についての意見には必ずその人の人生観や職業感が反映するため，時間とともに相手の考え方が理解できるようになる。

　こうして2人から始められる読書会は，3人，5人，7人と仲間が増えるにしたがって，本を読む楽しみと相手の異なった考えを知る喜びが重なり，知的な喜びを人生に添えるようになる。そして，決定的に重要なことは，このなかから真の人生やビジネスのパートナーを見いだす可能性が高まることだ。もしも，パートナーを見い出せたら，迷うことなくパートナーシップの可能性について2人でじっくり話し合ってみることを勧める。

同じ本を読んで同じところに感動していたら，パートナーシップの適合性はかなり高いとみるべきだ。そうした意味で，現在学生である読者はほかの誰よりもそうした機会に恵まれているはずだ。

将来，家族のために必死で働くことは目にみえている。だからこそ，学生時代は，お金稼ぎといった物質的な営みに時間を費やすよりも，（図書館で無料で借りられる）1冊の本について語り合う友をみつける時間を増やすべきだ。学生諸君にとって読書を通じた友人との触れあい（読書会）は，人間を理解するために与えられた，これからの人生のまたとない機会となる。

3. 結び—企業家精神が人生を明るくする

本書は，これから職業選択で**社会の壁**にぶつかっている学生，社会人として第一歩を踏み出したけれど**職場の壁**に悶々としているフレッシュマン・ウーマン，そして会社で**事業の壁**にぶつかっている大手中堅企業に勤める経営管理職や中小ベンチャー企業経営者の方々を念頭に執筆された。

第Ⅰ部理論篇では，アダム・スミス博士，シュンペーター教授，ドラッカー博士の3人の偉大な経済思想家たちが，既成の理論を乗り越えて企業家精神を学問の世界に架けてきた理論史を学んだ。

次に**第Ⅱ部歴史篇**では，ホンダ，京セラ，SONY，HPという世界に突き抜けたグローバルベンチャーの創業者たちに触れることで，ベンチャーをテイクオフ（離陸）させるために現実に必要とされた企業家精神に触れた。

そして**第Ⅲ部現実篇**では，シリコンバレーにみられる現代のテクノロジー・ベンチャーがどのようにして生まれ育まれてきたかをみて，さらには日本でも行われている試みについても観察した。

最後に終章ともいうべき**第Ⅳ部実践篇**では，日米のグローバル企業における企業家精神あふれる経営者の実例と，企業家精神の芽を摘まないための心得，そして，それを支えてくれるパートナーとの出会いと読書会の重要性を確認した。

結局，講義全体をとおして読者に伝えたいメッセージとは，**壁を否定的に**

捉えずに絶好のチャンスとして捉え，これを乗り切るために明日に架ける橋（イノベーション）が必要であり，その行動原理として企業家精神が欠かせないということだ。その主体者たる主人公を企業家と呼ぶ。そして，肯定的態度は企業家精神を育み，すべての人生や職業に通ずる重要な指針となる。

　一生懸命額に汗して成功を信じ，艱難辛苦に耐えることによってのみ，人口わずかに3,300万人のうちそのほぼ9割が小作農を中心とする農民社会であった日本は，開国70年にして産業革命を西欧以外で初めて成し遂げた。シュンペーター教授は，一時，東京商科大学（現・一橋大）教授として移籍を考えるほどに日本を愛していた。また，ドラッカー博士は毎年のように日本を訪れては経済人と交流し，家族と北海道旅行を満喫した。なぜ彼らは日本を愛したのだろうか。その理由は，彼らが，日本が江戸から明治に移ったときに示した日本人の企業家精神DNAを見抜いていたからだ。また，幕末そして敗戦といった国家の大事にあって，驚くべき知性と粘り強さをもって世界に突き抜ける国家再生を日本が成し遂げたことを，彼らは知っていたからだ。

　翻って，昨今伝えられる日本国内の汚職，虚偽，不正の数々は，どう理解すればよいのだろうか。それほどの勇気をもって企業家精神を具現化してきた日本人は，救い難いほどに堕落してしまったのだろうか。一生懸命汗を流した人の成功を妬み，足を引っ張り，自己中心的な安楽と，安心・安全ばかりを低コストで追求する安易な姿勢は，明治を創り上げ敗戦から復興した企業家精神溢れたかつての日本人にどうしても重ならない。

　だからこそ，これからの日本を支える若い読者に声を大にして訴えたい。企業家精神は，優れて社会に発展と希望を与えるもので，それは誠実さによって担保されるものだということを！　すばらしいパートナーを得ることで成り立つ誠実な結婚，正直なビジネスがどれほどの大いなる価値を生み出すかということを！　何が規範なのかわからなくなってしまった今日の日本で，私たちは読書を通じて古今東西の偉大な歴史と人物に触れ勇気と展望を得る必要があるのだということを！　枝葉末節にとらわれず，他人の揚げ足をとらず，重箱の隅をつつかず，他人のうわさ話に耳を閉じ，わが道をいく孤独に耐えることの大切さを知ってほしいと思う。

イノベーションの機会は万人に与えられる。けれども機会に対して目を向けなければ，イノベーションを具現化することは一生できない。壁に敗れ去ってしまうからだ。だから，イノベーションの絶好の機会となる壁を正面から堂々と乗り越え明日に架ける橋を人生に架けるため，行動原理としての企業家精神と，すばらしいパートナーが不可欠だ。

すばらしいパートナーを見いだすためには，平素の読書と仲間との読書会が欠かせない。だから営利や貧富に関係なく仲間と本をじっくり読める学生時代は，人生において本質的かつ決定的に重要だ。そうした読書会の友を探すためには，社会人大学や社会人大学院への入学が最適だ。高専・短大を遙か以前に卒業したからといって大学院をあきらめる必要も一切ない。高専・短大卒業者は2年間の社会人経験さえあれば事前審査を経て大学院受験資格が与えられる時代なのだ。国内に多数存在する私立大学に加えて，国立大夜間MBA5校と経験豊富な教授陣が，札幌・東京・神戸・高松そして福岡で入学希望者を年齢制限なしに待っている。

今為すべきことを今為そう。「後で」というのはそれ自体が失敗だ。優柔不断やどっちつかずの中庸は，ありふれた凡庸を自ら招き，偉大な成功の機会を永遠に失ってしまう。今決定すべきことは今決定しなければならない。大切にすべきことと，どうでもいいことの優先順位をつけなくてはならない。人生は有限であり，損得と関係ない真なる友・伴侶・相棒と出会う機会は限られている。

企業家精神は，人生の後半をきっと実り豊かなものとしてくれる。それはこれまでの歴史が証明している。けれども，自分が歴史のなかでいかなる歯車となるべく生まれてきたのか，見当がつかない。それでは，見当がつかないからといって，たった一回きりの人生を投げ出してもいいのだろうか。否，人は生まれてきた以上は各々が幸せになる権利を有する。好きな本，好きな車，好きな旅行，好きな友や恋人との語らい，好きな時間の過ごし方，誰にも好きなことがあるはずだ。それを手に入れるために人は労働しなければならない。そしてお金と時間を自らの労働によって勝ち取っていかねばならない。

他方，幸せをお金で買うことはできない。大切なパートナーの信頼もお金

で買うわけにはいかない。幸せになるためには，さまざまな人生の壁にぶつかっても決してひるんではいけない。逃げてはいけない。壁が大きいほど真のパートナーは，はっきりとみえてくる。

　不平をいわず，人の成功を妬まず，正攻法の人生を歩もう。企業家精神さえあれば，壁は次なるイノベーションを具現化するための絶好の機会となる。だから，できない言い訳探しときっぱりと縁を絶ち，一切の否定的な言動を慎み，前向きに明るく生きよう。人生は企業家精神によってどこまでも輝き，イノベーションへと人を導いてくれるはずだ。そして不可能を可能にするイノベーションを一歩ずつ実現していこう。人生という壮大な『明日に架ける橋』に向けて。

謝辞

　本書執筆の背景として，企業家精神をどのように理解するべきか（させるべきか）という問いかけが常に存在した。そこで，世界各地でインタビュー調査・文献調査・学会討論を重ねたが，日本人に適合する企業家精神論を見つけることは容易にできなかった。

　しかしながら，大学院での社会人ゼミナールが数年を過ぎた頃，予想外の事態が生じた。複数のゼミ現役およびOBの諸君が，現職を辞め創業したのであった。それから約10年を経て，彼らの結果も見え出した。そうして本書の構想が生まれた。

　彼らに教え，彼らから学んだ，すべての抽象がまるで泉のように言葉として筆者に沸き出てきた。それは1979年商学部2年生，筆者が21歳のとき本学図書館に今も所蔵される1776年初版アダム・スミス『国富論』を手にとってみた日から，ずっと思い続けてきた〈何か＝企業家精神〉が言葉になった瞬間であった。初めての『国富論』から本書完成まで33年もの歳月が過ぎた。

　本書ドラフトを読み，ディスカッションを通じて本書のベクトルを明確にしてくれた，本学同僚で旧経済企画庁出身の西山茂教授に謝意を表したい。

　さらに，次の3名の方々には，本書完成に向けて多くの指摘と暖かいコメントをいただいた。国内アントレプレナー教育の先駆者にして早稲田大学ビジネススクールの松田修一教授，社会人大学院著者ゼミOBの2期生でありドラッカー関連ビジネス書の著者として著名な佐藤等公認会計士，そして本学同僚で企業財務会計論専門の旗本智之教授である。深く感謝申し上げる。

　本書は，同文舘出版の青柳裕之氏と大関温子さんのご尽力で世に出た。

　最後に，筆者を育んでくれた両親と母校小樽商科大学，北海道電力株式会社，北海道大学大学院恩師の黒柳俊雄先生・出村克彦先生，瀬戸ゼミOB諸君，そして今日まで結婚26年間にわたり筆者を支え続けてくれる妻に対して，心から感謝する。

　　　　　　　　　　　　　　　平成24年初夏
　　　　　　　　　　　　　　　石狩湾を見下ろす小樽緑丘の研究室にて

章別テキスト原著一覧

第1講　アダム・スミス博士『国富論』とJ・ワット

(1) アダム・スミス（大河内一男監訳）(1976)『国富論Ⅰ・Ⅱ・Ⅲ』中央公論社

原著：Adam Smith (The Cannan Edition) (1979) *The Wealth of Nations*. Carles E. Tuttle Company: Tokyo ［1776年オリジナル初版は小樽商科大学附属図書館に所蔵］

(2) ジョン・レー（大内兵衛訳）(1976)『アダム・スミス伝』岩波書店

原著：John Rae (1965) *Life of Adam Smith*. Augustus M Kelley, Bookseller: New York ［1895年オリジナル初版は小樽商科大学附属図書館に所蔵］

(3) R・H・キャンベル＆A・S・スキナー（久保芳和訳）(1984)『アダム・スミス伝』東洋経済新報社

第2講　シュンペーター教授『経済発展の理論』

(1) シュムペーター（塩谷祐一・中山伊知郎・東畑精一訳）(1983)『経済発展の理論（上）（下）』岩波文庫34-147-1

原著：Joseph A. Schumpeter (1926) *THEORIE DER WIRTSCHAFTLICHEN ENTWICKLUNG, 2. Aufl., 1926*. ［1926年改訂版オリジナル初版は小樽商科大学附属図書館に所蔵］

(2) 伊東光晴・根井正弘 (1993)『シュンペーター—孤高の経済学者—』岩波新書273

(3) シュンペーター（金指基編訳）(1991)『景気循環分析への歴史的接近』八朔社

第3講　ドラッカー博士『イノベーションと企業家精神』

(1) P.F.ドラッカー（小林宏治監訳，上田惇生・佐々木実智男訳）(1985)『イノベーションと企業家精神』ダイヤモンド

原著：Peter F. Drucker (1985) *INNOVATION AND ENTREPRENEURSHIP*. Harper & Row, Publishers. ［1985年オリジナル初版は小樽商科大学附属図書館に所蔵］・・・1997年に，新訳として2分冊化され，『イノベーションと起業家精神』として再版された。内容的に，初版は体系理論と呼ぶにふさわしいオリジナル原著であり，後者はよりベンチャー企業や個人企業家向けに編集され直されている。そのため本書ではオリジナルの初版版を用いた。

(2) ピーター・ドラッカー（牧野洋訳・解説）(2005)『ドラッカー20世紀を生きて—私の履歴書—』日本経済新聞社

第 4 講　経済思想家にみる企業家精神
(1) 第 1 ― 3 講の文献すべて
(2) 小樽商科大学ビジネススクール編（2012）『ＭＢＡのためのビジネスエコノミクス』同文舘出版

第 5 講　独立開業型ベンチャー「ホンダ」
(1) 本田宗一郎（2001）『本田宗一郎　夢を力に　私の履歴書』日経ビジネス人文庫 648
(2) 中部博（2003・初版2001）『定本　本田宗一郎』三樹書房
(3) 藤沢武夫（1997・初版1986）『経営に終わりはない』文藝春秋
(4) 藤沢武夫（2009）『松明は自分の手で』ＰＨＰ研究所（1974年　産業能率短期大学編復刻版）

第 6 講　スピンアウト型ベンチャー「京セラ」
(1) 稲盛和夫（2002）『ガキの自叙伝』日本経済新聞社
(2) 稲盛和夫（1998）『稲盛和夫の実学―経営と会計―』日本経済新聞社
(3) 稲盛和夫（2006）『アメーバ経営―ひとりひとりの社員が主役―』日本経済新聞社

第 7 講　スピンオフ型ベンチャー「ＳＯＮＹ」
(1) 井深大（2003）『「ソニー」創造への旅』グラフ社（1985年　初版復刻版）
(2) （財）幼児開発協会編（2000）『井深大　盛田昭夫　日本人への遺産』ＫＫロングセラーズ
(3) 盛田昭夫・下村満子・E.ラインゴールド（下村満子訳）（1987）『ＭＡＤＥ ＩＮ ＪＡＰＡＮ―わが体験的国際戦略―』朝日新聞社
(4) 江波戸哲夫（2005）『小説　盛田昭夫学校（上）（下）』プレジデント社
(5) Ｊ・ネイスン（山崎淳訳）（2000）『ソニー ドリーム・キッズの伝説』文藝春秋

第 8 講　大学発型ベンチャー「ＨＰ」
(1) Ｄ・パッカード（伊豆原弓訳）（1996・初版1995）『ＨＰウエイ―シリコンバレーの夜明け』日経ＢＰ出版センター
原著：David Packard (1996) *THE HP WAY – How Bill Hewlett and I built Our Company.* Harper Business: New York, paperback.
(2) デビッド・ヴァイス＆マーク・マルシード（田村理香訳）（2006）『Ｇｏｏｇｌｅ誕生―ガレージで生まれたサーチ・モンスター』イースト・プレス

第9講　創業者にみる企業家精神

第5―8講の文献すべて

第10講　ベンチャー・インキュベーションの重要性

(1) 瀬戸篤「アイズ・アイ」『フジサンケイビジネスアイ』2007年2月8日，p.22
(2) 瀬戸篤「アイズ・アイ」『フジサンケイビジネスアイ』2007年7月5日，p.20
(3) 瀬戸篤「アイズ・アイ」『フジサンケイビジネスアイ』2008年3月20日，p.18
(4) 『日本経済新聞』地方経済面兵庫2001年11月7日，p.46
(5) 『日刊工業新聞』2007年3月19日，p.24
(6) 『日刊工業新聞』2006年10月20日，p.1
(7) 『日本経済新聞』地方経済面北海道2006年10月31日，p.1

第11講　スタンフォード大学発ベンチャー

(1) 日本経済新聞社編（1996）『シリコンバレー革命』日本経済新聞社
(2) デビッド・ヴァイス＆マーク・マルシード（田村理香訳）（2006）『Ｇｏｏｇｌｅ誕生―ガレージで生まれたサーチ・モンスター』イースト・プレス
(3) D・パッカード（伊豆原弓訳）（1996・初版1995）『ＨＰウエイ―シリコンバレーの夜明け』日経ＢＰ出版センター
(4) アナリー・サクセニアン（大前研一訳）（1995）『現代の二都物語』講談社
原著：Annalee Saxenian（1994, 1996）*REGIONAL ADVANTAGE—Culture and Competition in Silicon Valley and Route 128*. Harvard University Press: Massachusetts

第12講　日本の大学発型ベンチャー

(1) 浅野信久（2001）「地域を核にしたバイオインキュベーション―バイオベンチャーのリージョナル・デベロップメントの現状と課題―」『季刊　経営情報リサーチ（Vol.33大和総研編）』
(2) トーマス・Ｅ・ヒューズ（2000）「大学によるベンチャービジネスと地域開発―米国の大学における新規企業と地域連携の具体例―」『ＬＡ-26国際部駐在員報告』日本政策投資銀行編
(3) アナリー・サクセニアン（大前研一訳）（1995）『現代の二都物語』講談社
(4) 瀬戸篤（2001・2002）「大学発ベンチャー支援システムの研究Ⅰ・Ⅱ」『商学討究（小樽商科大学編）』第52巻2/3合併号・4号
(5) 瀬戸篤（2011）「日本にテクノロジー・ベンチャーを育てるための国家戦略を」『JST産学官連携ジャーナル2011年9月号（科学技術振興機構編）』
(http://sangakukan.jp/journal/journal_contents/2011/09/articles/1109-03-1/1109-03-

1_article.html）
(6) 小樽商科大学ビジネススクール編（2012）『ＭＢＡのためのビジネスエコノミクス』同文舘出版

第13講　地域にみる企業家精神
(1) 守内哲也（2005）「新米バイオベンチャー教授が商大大学院生になった理由」『JST産学官連携ジャーナル2005年2月号（科学技術振興機構編）』
（http://sangakukan.jp/journal/journal_contents/2005/02/articles/002-07/002-07_article.html）
(2) アナリー・サクセニアン（大前研一訳）（1995）『現代の二都物語』講談社
(3) 登坂和洋（2009）「札幌・イーベックの衝撃　バイオベンチャー初の大型ライセンスはこうして生まれた」『JST産学官連携ジャーナル2009年1月号（科学技術振興機構編）』
（http://sangakukan.jp/journal/journal_contents/2009/01/articles/0901-03-2/0901-03-2_article.html）
(4) 『日刊工業新聞』2005年5月9日，p.21
(5) 『北海道新聞』2008年10月3日朝刊，p.2
(6) 『日本経済新聞』2011年9月6日地方経済面 北海道，p.1
(7) 『北海道新聞』2008年9月19日朝刊，p.2

第14講　企業家精神が組織を救う
ルイス・ガースナー（山岡洋一・高橋祐子訳）（2002）『巨像も踊る』日本経済新聞社
マツダ（2012）『CX-5』自動車カタログ
日産（2011）『エクストレイル』自動車カタログ

【著者経歴】

瀬戸　篤（せとあつし）

小樽商科大学ビジネススクール教授（専門職大学院アントレプレナーシップ専攻），博士（農学）北大

1958年北海道出身，英国私費留学を経て小樽商科大学商学部卒。北海道電力株式会社入社，道北営業所，国際大学大学院修士課程留学派遣，同社総合研究所，北海道大学大学院博士後期課程兼務派遣，小樽商科大学商学部経済学科助教授，名古屋大学大学院併任を経て，2005年より現職。

（公職）文部科学省研究振興局委員，独立行政法人 新エネルギー・産業技術総合開発機構（NEDO）技術委員，東海大学生物理工学部客員教授，経済産業省経済産業政策局WG座長，等。

小樽商科大学ビジネススクール
(正式名称：小樽商科大学大学院商学研究科アントレプレナーシップ専攻)

　国立大学唯一の商学系単科大学である小樽商科大学が母体となり，2004年4月に創設された専門職大学院。ＭＢＡ（経営管理修士）を取得できるプロフェッショナル・スクールとしては，東北・北海道圏で初めて認可され，2009年3月には大学基準協会より経営系専門職大学院認証評価を得た。

　ビジネススクールのコンセプトは，新規事業開発，組織変革，ベンチャー起業を含む広い意味での「事業創造力」を育成する点にある。カリキュラムでは，戦略・会計・財務・マーケティング・組織・人的資源管理といった幅広い経営管理の知識を身につけた上で，「ケース分析能力」と「ビジネスプラン作成能力」を高めることを重視している。
ホームページ：http://www.otaru-uc.ac.jp/master/bs/index.htm

《検印省略》

平成24年8月30日　初版発行　　　略称：MBA企業家精神

MBAのための企業家精神講義

編　者	ⓒ小樽商科大学ビジネススクール
発行者	中　島　治　久
発行所	同 文 舘 出 版 株 式 会 社

東京都千代田区神田神保町1-41　〒101-0051
電話　営業(03)3294-1801　編集(03)3294-1803
振替　00100-8-42935
http://www.dobunkan.co.jp

Printed in Japan 2012　　　製版：一企画
　　　　　　　　　　　　　印刷・製本：萩原印刷

ISBN 978-4-495-38121-9

本書とともに

"MBAのための"シリーズ

小樽商科大学ビジネススクール編

基本問題集

A5判 242頁
定価(2,500円+税)
2009年11月発行

ケース分析（改訂版）

A5判 224頁
定価(2,300円+税)
2010年4月発行

ビジネスプランニング（改訂版）

A5判 204頁
定価(2,300円+税)
2012年1月発行

ビジネスプランニング手法

A5判 264頁
定価(2,500円+税)
2010年9月発行

ビジネスエコノミクス

A5判 260頁
定価(2,300円+税)
2012年4月発行

組織行動マネジメント

A5判 210頁
定価(2,300円+税)
2009年7月発行

財務会計（改訂版）

A5判 228頁
定価(2,300円+税)
2007年4月発行

ERP

A5判 176頁
定価(2,300円+税)
2007年7月発行